北京大学政府和社会资本合作（PPP）研究中心 著

北京大学中国PPP市场
蓝皮书

图书在版编目(CIP)数据

北京大学中国 PPP 市场蓝皮书/北京大学政府和社会资本合作(PPP)研究中心著.—北京:北京大学出版社,2020.7

ISBN 978-7-301-31352-7

Ⅰ.①北… Ⅱ.①北… Ⅲ.①政府投资—合作—社会资本—研究报告—中国 Ⅳ.①F832.48②F124.7

中国版本图书馆 CIP 数据核字(2020)第 104476 号

书　　　名	北京大学中国 PPP 市场蓝皮书 BEIJINGDAXUE ZHONGGUO PPP SHICHANG LANPISHU
著作责任者	北京大学政府和社会资本合作(PPP)研究中心　著
责 任 编 辑	兰　慧
标 准 书 号	ISBN 978-7-301-31352-7
出 版 发 行	北京大学出版社
地　　　址	北京市海淀区成府路 205 号　100871
网　　　址	http://www.pup.cn
微信公众号	北京大学经管书苑(pupembook)
电 子 信 箱	em@pup.cn
电　　　话	邮购部 010-62752015　发行部 010-62750672　编辑部 010-62752926
印 刷 者	天津中印联印务有限公司
经 销 者	新华书店
	730 毫米×980 毫米　16 开本　21.25 印张　393 千字
	2020 年 7 月第 1 版　2020 年 7 月第 1 次印刷
定　　　价	68.00 元

未经许可,不得以任何方式复制或抄袭本书之部分或全部内容。
版权所有,侵权必究
举报电话:010-62752024　电子信箱:fd@pup.pku.edu.cn
图书如有印装质量问题,请与出版部联系,电话:010-62756370

顾　　问：王　博　焦小平　张平文　董德刚
主　　编：孙祁祥
执行主编：刘　怡
编　　委：孙祁祥　刘　怡　韩　斌　平新乔　何小峰
　　　　　王一鸣　夏颖哲　谢　飞　邓　冰
编 写 组
　　第一章　赵煦风　杜浩然
　　第二章　周凌云　王圣博　钟泽铭
　　第三章　何西龙　张宁川
　　第四章　张宁川　何西龙
　　第五章　张宁川　何西龙　牛逸婕　施嘉彧　周岱岳
　　第六章　段小刚　周岱岳　钟泽铭　牛逸婕
　　第七章　陈健恒　但堂华　田昕明　张哲　宋雅琴
　　　　　　段小刚　钟泽铭　牛逸婕　关飞　李旭红
　　第八章　王耀东　张宁川　何西龙
　　附　录　李　曦

目　录

上篇　中国 PPP 发展的背景与实务

第一章　PPP 的内涵辨析与历史沿革 ················ 3
 一、PPP 的含义辨析与分类 ···················· 3
 二、PPP 的历史沿革 ························ 13
 三、总结 ································ 22

第二章　典型行业 PPP 的应用和发展 ··············· 23
 一、PPP 行业分布情况 ······················ 23
 二、轨道交通行业（市政工程）PPP 的应用和发展 ······· 27
 三、污水处理行业（市政工程）PPP 的应用与发展 ······· 32
 四、园区开发行业 PPP 的应用与发展 ·············· 36
 五、生态建设和环境保护行业 PPP 的应用与发展 ······· 41
 六、文化场馆行业（文化）PPP 的应用和发展 ········· 45

中篇　中国 PPP 发展的数据与现状

第三章　中国 PPP 发展的基本现状 ················ 53
 一、中国 PPP 发展的总体项目现状 ··············· 54
 二、中国 PPP 发展的各省项目现状 ··············· 62
 三、中国 PPP 发展的示范项目现状 ··············· 73
 四、中国 PPP 发展的融资主体现状 ··············· 77

第四章　中国各省份 PPP 发展机会评估指标构建 ······· 79
 一、综合指标构建的基本理论与方法 ·············· 79
 二、编制中国各省份 PPP 发展机会评估指标的基本思路 ··· 85

第五章　中国各省份 PPP 发展机会评估结果分析 …………… 101
　　一、中国各省份 PPP 发展机会评估指标的总体结果分析 ……… 101
　　二、中国各省份 PPP 发展机会中经济发展负向指标的结果分析 …… 111
　　三、中国各省份 PPP 发展机会中 PPP 概况正向指标的结果分析 …… 136
　　四、中国各省份 PPP 发展机会中财政收支正向指标的结果分析 …… 157
　　五、中国各省份 PPP 发展机会中政府债务正向指标的结果分析 …… 175
　　六、中国各省份 PPP 发展机会中公共服务负向指标的结果分析 …… 199

下　篇　一个理想的 PPP 发展思考

第六章　PPP 项目中存在的合规性问题 ……………………… 217
　　一、风险分配的规范性问题 ……………………………………… 217
　　二、政府参与主体合规性问题 …………………………………… 220
　　三、社会资本参与主体合规性问题 ……………………………… 222
　　四、运作方式的规范性问题 ……………………………………… 226
　　五、"两评一案"的规范性问题 ………………………………… 228
　　六、项目合规手续的规范性要求 ………………………………… 230
　　七、政府 PPP 规模与区域经济发展不匹配问题 ………………… 231

第七章　PPP 相关热点评论 …………………………………… 236
　　一、广义财政视角下的 PPP ……………………………………… 236
　　二、棚户区改造与 PPP 项目建设中的债务博弈 ………………… 245
　　三、PPP 与政府购买服务：区别与融合 ………………………… 250
　　四、地方政府债券与 PPP ………………………………………… 256
　　五、PPP 与地方隐性债务风险防控 ……………………………… 266
　　六、PPP 发展中的税收问题 ……………………………………… 277

第八章　PPP 未来发展改革方向 ……………………………… 288
　　一、PPP 未来可应用的领域 ……………………………………… 288
　　二、PPP 未来发展趋势研判 ……………………………………… 312

参 考 文 献 ………………………………………………………… 315

附　录　PPP 发展大事记 ……………………………………… 319

致　谢 ……………………………………………………………… 333

上 篇

中国 PPP 发展的背景与实务

第一章 PPP 的内涵辨析与历史沿革

一、PPP 的含义辨析与分类

(一) PPP 的定义与内涵

PPP 是 Public-Private Partnership 的简称,部分文献缩写作 3Ps 或 3P,直观的翻译为"政府与社会资本合作",学术界和世界各国政府、组织之间目前尚无对其的统一定义与解释,不同的国家、机构和学者对于 PPP 的概念有不同的阐释,目前的文献在阐述和梳理 PPP 的定义与内涵时,鲜有能注意到各方对于 PPP 内涵的解释属于狭义还是广义,对 PPP 与其他私有资本和政府合作方式之间的区别等问题,也缺乏相应的意识和辨析,因此对 PPP 进行合理的梳理与定义是必要的过程。同时,我们应注意到各国由于 PPP 的发展历程不同,加之国情不一,对于 PPP 的定义主要服务于本国的经济和金融的建设与监管,因此在定义 PPP 时,追求适用于全球和各国的 PPP 的定义并非本书的目标,而是主要借鉴各国和各组织的定义,结合我国各部委的文件和实际国情,对于中国 PPP 的内涵予以阐述。

广义 PPP 模式最早起源于英国,20 世纪 70 年代中期,英国将私营部门引入公共基础设施建设。彼时英国的 PPP 模式主要是私人融资计划(Private Finance Initiative,PFI),允许私人资本参与公共设施设计、建造、投资和运营。1984 年土耳其总理图尔古特·厄扎尔(Turgut Özal)首次在基础设施建设中采用 BOT(建造—运营—移交)模式,即私有企业负责项目建设、后续运营,最终在合同到期后将项目运营权交还给政府(王守清和柯永健,2008)。90 年代,PPP 这一专有名词被提出,各国关于 PPP 的立法也逐渐开始进行,如美国的加利福尼亚州(1989)、佛罗里达州和密苏里州(1990)、弗吉尼亚州(1995),韩国公布《促进私人资本参与社会间接资本投资法》(1994),南非公布《公共财政管理法案》(1999)等。2012 年,英国政府针对 PFI 效率低下、成本过高和灵活度低下等问题,改进并推出了 PFI 模式,使得政府参与入股,允许政府集中采购,允许长期债务融资,并改进了风险分配机制(吉富星,2017)。

关于 PPP 的定义,主要分为广义与狭义。狭义的 PPP 概念主要出现在各国的法律规定中,用以界定实际操作中的具体情形,在一定程度上属于非学术的概念,主要根据付费方式进行划分。譬如巴西法律将使用者付费项目和政府付费项目区别开来:其《特许经营法》规范的是全部由使用者付费的PPP项目,而其他付费方式的PPP项目则由相应的其他PPP法律进行规范,而后者才被巴西政府规定为PPP模式。在法国,PPP一词仅局限于根据PPP法律实施的由政府部门付费的合同。

关于特许经营和PPP之间的关系,各国也作不同处理。部分国家(如中国)的政府机构认为特许经营是PPP的种类之一。而在巴西,如前文所述,特许经营是完全由使用者付费的PPP项目。智利法规则认为所有PPP项目都称为特许经营,并根据该国的特许经营法律予以对待(世界银行,2018)。在法国,规定使用者付费合同被称为特许经营(Concessions)。

另外,也有部分学者将PPP和BOT、ABS(Asset-Backed Securitization)均作为特许经营项目融资的下属种类,认为PPP与BOT的区别在于PPP更注重政府参与,强调政府企业的长期合作、共担风险、共享成果,而非将BOT理解为PPP的子类形式(王守清和柯永建,2008)。

广义PPP的定义,则大多具有相似性和普适性,政府机构、国际组织和学术界均有相应阐述。就国外政府和组织而言,欧盟委员会认为,PPP是指公共部门和私人部门之间的一种合作关系,双方依据各自的优点和缺点共同承担风险和责任,以此提供传统上由公共部门负责的项目或服务。美国PPP国家委员会指出,PPP模式是私人企业对公共基础设施进行建设、经营和维护,满足相关服务和产品的需求。世界银行定义PPP为政府和私人通过联合推动公共基础设施建设而建立的长期合作关系,私人部门负责建设、经营,承担经营风险和相应责任,政府负责监管。亚洲开发银行认为,PPP是公共部门与私营部门为开展基础设施建设而建立的一系列合作伙伴关系。加拿大PPP国家委员会定义PPP是公共部门和私人部门之间的一种合作经营关系,它建立在双方各自经验的基础上,通过适当的资源分配、风险分担和利益共享机制,最好地满足界定的公共需求。联合国发展计划署的定义是,PPP是政府、营利性企业和非营利性组织基于某个项目形成的相互合作关系的一种形式;参与合作的各方应共同承担责任和融资的风险。澳大利亚政府认为,PPP是政府和经营部门之间的长期合同,私营部门辅助或代表政府提供公共服务和基础设施,政府给私营部门付费,私营部门要负责维护设施在全寿命周期内的状态和性能。英国财政部认为,PPP是公共部门和私人部门联合工作的一种安排,广义的PPP涵盖公私双方在政策制定、公共服务和基础设施领域的合作,目的是实现物有所值。香港效率促进组(Efficiency Unit,EU)定义PPP为政府拟和私有部门共同提供互补的优势,以不同的参与程度,承担不同的风险,共同提供公共服务和产品。德国联邦交通、建设及房地产部(BMVBW)认为,PPP 这个术语是指长期基于合同管理下的公共部门和私营部门的合作,以结合各方必要的资源(如专业知识、运营基金、资金、人力资源)和根据项目各方风险管理能力合理分担项目存在的风险,从而有效地满足公共服务的需要。

总体而言,国际定义中,共担风险、共同投资,社会资本负责运营维护,政府方负责付费或补助,最终目的是提供基础设施和公共服务,达到物有所值标准,这些内容应是能达成共识或高频出现的。

国内关于 PPP 的定义分为政府方面和学者方面。政府方面较为重要的是中华人民共和国财政部(以下简称"财政部")、中华人民共和国国家发展改革委员会(以下简称"国家发展改革委")和中华人民共和国国务院办公厅的三份文件中的定义,三份文件的 PPP 定义均偏广义普适性,但又不同于国际定义,而是部分强调了具体的付费模式或类型划分。

财政部 2014 年发布的《财政部关于推广运用政府和社会资本合作模式有关问题的通知》(财金〔2014〕76 号)对 PPP 的定义为:政府和社会资本合作模式是在基础设施及公共服务领域建立的一种长期合作关系。通常模式是由社会资本承担设计、建设、运营、维护基础设施的大部分工作(此处强调了涉及的项目环节),并通过"使用者付费"及必要的"政府付费"获得合理投资回报(此处强调了付费类型,而且强调了政府付费环节必须是必要的且合理的付费);政府部门负责基础设施及公共服务价格和质量监管,以保证公共利益最大化。

国家发展改革委的定义为:政府和社会资本合作(PPP)模式是指政府为增强公共产品和服务供给能力、提高供给效率,通过特许经营、购买服务、股权合作等方式(此处强调了分类模式),与社会资本建立的利益共享、风险分担及长期合作关系(发改投资〔2014〕2724 号)。

《国务院办公厅转发财政部发展改革委人民银行关于在公共服务领域推广政府和社会资本合作模式指导意见的通知》(国办发〔2015〕42 号)指出:政府和社会资本合作模式是公共服务供给机制的重大创新,即政府采取竞争性方式选择具有投资、运营管理能力的社会资本,双方按照平等协商原则订立合同,明确责权利关系,由社会资本提供公共服务,政府依据公共服务绩效评价结果向社会资本支付相应对价,保证社会资本获得合理收益。政府和社会资本合作模式有利于充分发挥市场机制作用,提升公共服务的供给质量和效率,实现公共利益最大化(此处强调了作用和目标)。

三份文件各自具有相应的特点,侧重点也有所不同。值得注意的是:①国办发的定义中,虽然强调的是社会资本提供服务,但同时说明了社会资本必须具有投资和运营管理能力,也就意味着并不是所有由社会资本提供运营管理服务的项目都属于 PPP 项目,而同时,不具备运营管理能力,只是单纯融资的项目,也不能算作 PPP 项目。① ②国家发展改革委强调了"风险分担""长期合作",与财政部关于长期合作和社会资本承担大部分环节与工作的细致要求也有共通之处。③三者都认为 PPP 应助于政府资金运用效率的提高,这是我国 PPP 反复强调的核心内容之一。《国务院关于创新重点领域投融资机制鼓励社会投资的指导意见》(国发〔2014〕60 号)中,开篇即强调基本原则是"实行统一市场准入,创造平等投资机会;创新投资运营机制,扩大社会资本投资途径;优化政府投资使用方向和方式,发挥引导带动作用;创新融资方式,拓宽融资渠道;完善价格形成机制,发挥价格杠杆作用"。但值得注意的是,在拓宽融资渠道方面,2014 年与 2017 年之后的去杠杆、降风险、减少地方政府隐性债务的口径和要求已然有着巨大的差距,反映在 PPP 项目上则是相应要求的改变(本章第二部分详述),在 PPP 的内涵和解释上也不应拘泥于 2014 年的文件要求。

应指出的是,上述三份文件并不是完全一致、思路完全统一的。譬如,财政部较为狭义地规定了政府的职能应包括价格管理,国务院办公厅也说明了由政府支付对价,但国家发展改革委提到的几类 PPP 模式中,特许经营和股权合作等形式并不意味着政府必须满足价格管理和费用支付的职能;财政部的定义强调企业应承担大部分工作,国办发〔2015〕42 号文的定义中则强调共担风险、共享利益,并不要求分担比例,而国家发展改革委则对此没有要求。

国内学者方面,对于 PPP 的定义分为三类。第一类接近于国际定义,强调 PPP 的目的、合作关系和政企双方角色,属于广义 PPP 定义。如随陶和郑星珂(2017)认为,PPP 通俗来说就是公私合作模式,让私营企业、民营资本与政府进行合作,通过政府授予特许经营权的方式来参与基础设施和公共服务的建设,提供传统上由政府负责的基础设施、公用事业建设和服务的方式。赵阳(2016)定义 PPP 为私营企业参与提供公共基础设施或服务的一种安排,这种安排是通过合同方式体现的。贾康和孙洁(2009)定义 PPP 为政府公共部门在与非政府的主体(企业、专业化机构等)合作过程中,使非政府主体利用其掌握的资源参与提供公共工程等公共产品和服务,从而实现政府公共部门的职能,同时也为民营部门带来利益。赵福军和汪海(2015)认为 PPP 是指公共部门、营利性企业和非营利性组织等在某些公用事业项目的建设或运营中进行相互合作的一种制度安排。

第二类是更为宽泛的定义,具有更强的学术规范性质,力图揭示其本质。刘晓凯和张明(2015)给出的 PPP 含义更为宽泛,他们认为 PPP 可以定义为从

---

① 譬如,金融公司充当项目的资本方,本身不具备任何项目运营能力,属于单纯的融资项目,有悖于法规和要求的主旨。具体内容详见本书第五章。

完全的公共部门提供公共品到完全的私有化之间的一个区间分布。吉富星（2017）认为PPP不论是广义还是狭义，本质上都是公共部门与私营部门为提供公共服务和产品而达成的长期合作关系，而非单纯的融资手段或回报机制。这类分类倾向于提取PPP的抽象性概念，达成定义的最大公约数，但并不一定能够准确全面地定义PPP的现实内容和主要特点，因此仅作为参考。

第三类则是较为狭窄的定义。王守清和柯永建（2008）则对PPP做了较为狭义的界定，认为必须是政府和社会资本双方共同均等地承担风险，前期投入较小的、长期的、较强的合作关系才能被称为PPP。

另一种方法是从特征上来界定PPP，即列出PPP的典型特征和属性。陈志敏等（2015）总结PPP的四个特点为公私合作、提供公共产品或服务、利益共享、风险共担。而欧亚PPP联络网（EU-Asia PPP Network）则总结PPP的四个特点为：①通过适当分担风险和责任获得更高的效率，公共部门主要保留所有权而私营部门行使运营权；②全寿命周期和私营投资作为PPP项目激励结构的关键因素；③长期的合同关系；④创新，特别是通过产出说明（output specification）、服务水平和支付机制作为描述应提供服务的新方法（欧亚PPP联络网，2010）。Yescombe（2007）也给出了PPP的四个特点：①公共部门与私营部门之间的长期合同；②私营部门参与设计、建设、融资和运营公共基础设施；③PPP合同期限内向私营部门一方支付使用该设施的费用，公共部门或普通公众作为设施的使用者；④设施所有权仍然属于公共部门，或在PPP合同结束时所有权重新回到公共部门手中。贾康和孙洁（2009）指出，PPP模式的重要特征是政府和非政府主体之间的风险共担及与其对称的利益共享。Farquharson et al.（2011）认为PPP具有如下促进作用：PPP能更高效地利用资源，资本风险与长期绩效挂钩能够激励私人企业强化风险分担，政府部门需要更高的质量保证和监督环节，且PPP能够确保一个更公开严谨的承诺。OECD给出的PPP的几个特征是：①购买服务而非资产；②对公共部门要物有所值；③项目风险由公共部门和私人部门分担；④充分发挥私人部门的专业技能和经验；⑤基础设施建设中通盘考虑整个项目周期内的成本（刘晓凯和张明，2015）。唐祥来（2006）则总结PPP的四个特点为双主体供给、政企分开、代理运行机制、公平与效率兼顾。

可以看出，风险分担、长期合作与提高效率，是学术领域常常提及的PPP特征和特点。这三点也与我国政府文件中的主旨相吻合。三个特点缺一不可，全面地概述了PPP项目的特征和目的。

在谈及PPP时，部分定义者将PPP的特征范围扩展到公共部门和私有企业合作的各种形式①,本书认为这种过于广义的定义并不一定适合国情,也不符合实际。世界银行的《政府和社会资本合作参考指南》列出了非 PPP 的其他政府和社会资本的合作形式,包括管理合同(相比 PPP 其没有长期绩效,投资额较 PPP 更少,往往是存量资产外包)、租赁合同(社会资本代政府运营,政府付费不考虑绩效,社会资本不参与建设投资)、设计—建造和总包合同(不包含维护和运营,因而不具长期绩效)、金融租赁合同(政府仍承担大量绩效指标要求和风险,仅租赁公共资产),以及其他公共部门与私有资本合作的项目类型,例如政府和社会资本合作创新、政府和资本合作保护、政府和社会资本在医疗方面的合作(如应对疾病,反医疗欺诈),以及政府和资本合作打击恐怖主义等。显然,并不是所有社会资本和政府之间存在的合作形式都属于 PPP。具体而言,就世界银行的标准而言,政府和企业双方的风险要均衡分担,类似金融租赁、租赁合同、设计—建造合同和总包合同等合作形式,政府承担了绝大部分风险,在效率上并没有显著的提升和创新;而管理合同和设计—建造合同没有长期合作机制,不具备长期绩效约束的可能,因此也不属于 PPP 的特征范畴。然而,财政部 2014 年发布的《关于印发政府和社会资本合作模式操作指南(试行)的通知》(财金〔2014〕113 号)将委托运营和管理合同也纳入了 PPP 模式范畴。本书的观点是,这类项目与世界银行提出的观点有所冲突,也与财政部金融司〔2014〕76 号文、国办发〔2015〕42 号文要求的具备投资能力、参与除运营其他环节的表述有所冲突②,因此本书不采纳财政部 2014 年操作指南的观点。

亚洲开发银行还对比了 PPP 和 PSP(Private Sector Participation,私人部门参与)与私有化的区别,该组织编写的《公私合作手册》认为,PPP 强调合作和最优化配置,合理有效地利用双方优势;PSP 则偏重于将公共义务转移给私有部门,而且有时显得过于激进;私有化则是出售国有公司资产或所有权,以及公共部门的服务或运营资产。前两者概念容易混淆,但 PPP 在形式上明显更为新颖,也考虑到发展中国家的实际状况不允许将基础设施建设等义务完全交给私有资本负责的问题。

必须强调的是,不同国家的国情会影响 PPP 的形式和定义上的确立。譬如法国的公共领地是法定不得出售的土地,因此即使私有资本在公共土地上建立资产,其所有权始终属于国家,因此相比于通常的 BOT 等模式,法国公共领地的 BOT 项目合同到期时,私有资本仅仅是归还部分经济权益给政府;而在其他国家,则可能发生所有权的转移;在我国,也存在国有土地和其他国有资产的所有权与其他经济权益间的分割。再比如,我国的国有企业具有独立的法人资格,

---

① APMG:PPP 资格证书体系指南(chapter 1),https://apmg-international.com/zh-hans/article/public-private-partnerships-certification-program-guide-available-chinese。

② 国内政府文件中的冲突不止一处,这一点在后续章节会进一步提及。

因此在 PPP 项目中,国有企业资本也可以作为资本方参与竞标和后续过程的情况①,但国办发〔2015〕42 号文规定,仍然承担地方政府债务的地方融资平台不得参与 PPP 项目,因此并不是所有法人资本都可以参与 PPP 项目竞标。再如如何对待存量资产的 PPP 项目问题,我国财政部的定义中指出,社会资本通常参与从设计到运营的大部分环节,但是对于存量资产进行 PPP,英国认为不能称之为 PPP,而是特许权经营;穆迪的 PPP 定义也对建造过程有明确要求(刘晓凯和张明,2015),认为 PPP 的目的是设计、建造一项基础设施并提供融资,私人部门在一定时期内负责设施的运营、维护,合同到期后,资产移交政府;中国香港效率促进组也将 PPP 与外包项目进行区分。而大部分定义没有涉及这一点,但是在 PPP 的类型划分中,部分学者将租赁—运营类型(如鞠传霄,2017;刘薇,2015;等等)或是特许经营的类型(如刘晓凯和张明,2015)列入了,这显然与世界银行风险均衡分担的标准有所冲突②。事实上,特许经营类型的合作模式早在 18—19 世纪的欧洲就已经出现(Yescombe,2007),对于如今的项目而言是否有模式上的创新还需进行细致考察。

同时,我国 PPP 模式的落实和发展,在 2013 年之后主要由政府推动和提倡,其目的除了学术意义上促进效率、达到物有所值标准,还有增强政府资金运用效率,增强政府(尤其是地方政府)财政承受力,通过股权融资和其他非债务融资形式减少地方政府债务负担等针对我国国情的现实考虑;从 2014 年要求的扩大融资渠道的初衷,到如今的提高政府效率、降低隐性债务风险,PPP 的要求和内涵经历了质的变化,也反映了我国政府宏观调控的方向性改变③。实际情况中存在的明股实债,以及项目运营被忽视、过度强调融资过程等问题,显然是由于对 PPP 的规范不到位,以及对 PPP 的定义和内涵强调不足所致。这一点是国际和学术定义中未曾涉及的现实的考虑,但在定义我国 PPP 项目时,必须考虑到其现实动机和目标,才能反映其符合我国特殊国情的实际特点,也便于进一步规范我国 PPP 的发展和反映我国 PPP 实际运行中存在的诸多问题。

鉴于此,我们必须从 PPP 的内涵和定义上对于实际操作中存在问题的部分做出尽可能的辨析和规避,正本清源,最大限度地保证 PPP 的效率和规范性。首先需要简要说明 PPP 中关于风险分担的问题。如前文所述,部分文献认为 PPP 的风险必须均等分担或是均衡分担;还有一种观点是合理分担,例如欧盟

---

① 需要指出,国有企业或是政府控股和控制的企业,作为社会资本方参与的项目,实际上有违 PPP 的初衷,财金〔2014〕113 号文中也强调了这一点。但具体情况需要具体分析,譬如地方政府和非地方政府关联的国有企业合作,在没有财政资金关联的情况下,可以看作两个独立的实体进行合作。另外,根据财金〔2016〕47 号文规定,国有企业不能作为政府方签署 PPP 项目。

② 特许经营项目并不全是 PPP 项目,这一点后文有叙述。

③ 下一节有详细阐述。

《成功PPP项目指南》(European Commission,2003)提出了风险分担与控制力相称,以及风险分担与收益相称的原则。亓霞等(2009)也赞成这种风险分担方法。这种说法看似与第一种观点的风险均衡分担的原则有所冲突,但实际上并不影响PPP的判定。PPP强调的是在全生命周期的风险共担,而风险具体的承担比例,可以由控制力和收益率决定,而保证PPP风险均衡分担的基础,恰恰是项目周期内环节之间的均衡分配按优势互补的原则。因此,合理分配项目的环节和资金投入比例,是PPP制度创新的亮点和特征所在,而诸如租赁合同、设计—建造合同等,属于传统的政府与私有资本合作的类型,其与PPP项目的根本不同在于双方的参与程度和互补水平不同,并反映在最终的风险和收益分担水平不同这一层面上。但值得指出的是,风险均衡分担绝不是刻板的均等分担,虽然在很大程度上,政企双方的分担比例应该尽量靠近一个居中的数字,极端的风险分担一定意味着该项目不属于PPP项目范畴的可能性较大。因此,外包和政府购买服务等传统合作模式,在风险分担上并不合理,这类模式往往也主要应用于纯公益性领域,本身就不具备太多的盈利性质,对政府资金运用效率的改善并不显著,故而在界定PPP项目时,应着重考察其风险分担和现金流的分配情况。

同时,PPP项目必须强调运营和长期合作,以物有所值为目标。各种仅包含融资和建设过程的项目,由于根本不存在运营的过程,显然不符合PPP的要求。同时,各种明股实债、不以使用量和绩效等实际运营标准作为给付基准的政府付费项目,也是以运营为幌子、实际上只看重融资过程的项目;这类项目虽然有运营过程,但运营与双方合作是完全割裂的,且往往存在各种变相的政府偿债付息过程,是政府隐性债务的表现,故而需要着重将这类项目与PPP项目进行区分。

综合上述的各种观点和文献,我们认为应对我国的PPP做如下定义和解读:

PPP是指公共部门,包括政府和政府支持建立的公共组织机构作为政府方,与社会资本及国有企业及其控股资本(不包括继续承担地方债务的融资平台)作为资本方建立的长期的合同关系,双方共同均衡地承担风险,以物有所值为标准,发挥各自的相对优势(而非传统意义上的政府与市场孰多孰少的零和模式),向社会提供基础设施和其他公共服务,是一种机制的创新。PPP可以伴随社会资本的融资过程,一般由社会资本负责从项目建设到运营、维护等阶段,政府负责提供相应且必要的财政支持和长期绩效考核,部分情况下政府会向社会资本支付合理比例的资金、补贴和绩效奖励,或是参股相关的项目公司,社会资本从项目中获得合理收入。整个PPP项目(需要考虑融资成本)最终应使得社会福利最大化,并提升效率指标、减轻政府财政和债务负担(包括隐性债务)、提高政府资金运用效率。

(二) PPP 的分类

文献中 PPP 的分类方式可以从不同的角度予以考量,可以按照融资方式、回报机制和合同模式进行分类。但是并非每一种分类方式都符合前文定义的 PPP 内涵,同时,也并不意味着分类方式是绝对和唯一的。进行 PPP 的分类,其主要目的是厘清 PPP 某一方面的性质,因而其角度也可以多元化。

第一种,按照融资方式分类,主要分为购买服务(外包)、特许经营和股权合作(陈志敏等,2015)。按照陈志敏等人的定义,购买服务时主要投资额来自政府[①],私有资本仅仅提供管理上的经验,且并不支付相应存量资产的对价,在风险承担和利益分配上主要依赖于政府。该类服务主要针对政府存量资产,且完全属于纯公共领域的服务,政府补贴和购买的价格与其自身运营的成本相差不多。虽然该类模式确实在运营环节有助于效率的提高(相较于政府运营而言),但是显然与本书 PPP 风险均衡分担的条件不符。特许经营则包含存量服务和增量服务,存量服务主要集中在盈利能力较弱的公共领域,社会资本单纯依靠该项目获得高于机会成本的足额收益的可能性较小,政府给予补贴的模式较为普遍。如果企业具有投资能力,则可以考虑纳入 PPP 范畴,如果仅是停留在管理合同等类型的特许经营上,则不算作 PPP 模式。增量服务往往是企业出资或共同出资建立项目公司(SPV),如果能够进行长期的绩效考核和相应的运营合作,则可算作 PPP 模式。股权合作中包含部分私有化的内容,而私有化是否属于 PPP 尚值得商榷,如果私有化是伴随项目公司的建立、由双方共同投资,并且存在长期的绩效合同,则可以算作 PPP 项目。否则,单纯的国有资产和企业的私有化并不能看作 PPP 项目。因而按照融资方式进行划分的传统分类方法并不符合 PPP 严格的定义划分,仅仅可以视作对公私合作的广义范围进行划分。

第二种,按照付费方式分类,也即按照回报机制分类。根据财政部《政府和社会资本合作模式操作指南》(2014)[②]主要可以分为政府付费、使用者付费和政府可行性缺口补助。付费方式和回报机制与风险分担有较大关系,但同时也必须考虑初始投入额、项目的风险构成和具体的激励机制。政府付费不一定意味着社会资本的风险较小,而政府补助往往才是导致企业风险分担过少的原因,这取决于可行性缺口补助的具体方式(如收入担保、信用担保、绩效奖励、低息贷款等)。值得指出的是,政府付费不等于政府购买服务,也不允许政府以明股实债的形式进行付费。政府付费必须结合企业的运营情况,采用绩效考核的

---

① 此处陈志敏等人认为购买服务等于外包,此处存在争议。本书后文有阐述。
② 财金〔2014〕113 号文。

形式,动态地、合理地进行付费,且必须做到物有所值标准所要求的财政资金效率的提升。如政府只是定期给付固定金额,或是基于不考虑运营情况的方式给付,相当于是政府从企业处借债建设项目,以这种形式偿债的过程。这类现象目前也时常可见,不能视作合乎规范的PPP项目。

第三种,按照合同类型分类。亚洲开发银行的分类为服务合同、管理合同、包干制委托经营合同/租赁合同、BOT模式或类似安排、特许权和合资企业。按照其定义,服务合同期限一般为1—3年,且政府承担大部分风险,整体模式类似于购买服务,无论是时间长短还是风险分担,都不属于PPP范畴。管理合同与租赁合同参照前文世界银行给出的解释,也不属于PPP模式。特许权经营和合资企业与前文分析的按照融资方式分类中的特许权和股权合作基本等同。而BOT模式不同于特许权经营的地方在于,BOT更多是全新项目的设立和建设,而特许权经营往往是存量资产的扩展和翻新,同时BOT存在最终利益返还的机制,且BOT项目一定由私有资本参与其中的投资、建设环节。亚洲开发银行将BOT、BOO(建设—拥有—运营)、DBFO(设计—建设—融资—运营)、DBO(设计—建设—运营)等含有建设、运营模式的PPP项目合同类型也算作与BOT类似的同一大类的模式。BOT模式作为较为标准的PPP项目类型,其风险分担均衡,存在长期合作和绩效考核,有助于双方资源和优势互补。对BOT及其延展的其他模式进行归纳和划分,更能反映PPP的特点和内在的多样性,同时也符合本书关于PPP的定义。

陈志敏等人总结新建项目的PPP模式包括设计—建设(DB)、设计—建设—维护(DBM)、DBO或建设—移交—运营(BTO)、设计—建设—运营—维护(DBOM)或BOT、建设—拥有—运营—移交(BOOT)、设计—建设—融资—维护(DBFM)或DBFO,都包括建设环节。但是,DB类型缺乏后续运营过程,也与本书定义的PPP主旨不符,不能纳入PPP范畴。可见,PPP模式并不是以是否包含建造投资环节为唯一标准的。

刘薇(2015)引用世界银行《1999—2000年发展报告》中关于PPP的分类,将PPP按照外包类、特许经营类和私有化类进行区分,虽然与陈志敏等人的划分方法类似,但有三处较大的区别,值得辨析。第一处区别是外包类分为模块式外包和整体式外包,模块式外包与购买服务基本等同,而整体式外包包含DB、DBM和DBO,但是这一种分类方式应该与前文所述的DBO等存在重要区别,即缺乏社会资本的投资;在同一种分类体系下,世界银行在特许权经营的子类中纳入了DBFO和设计—建设—运营—移交(DBOT),其与整体式外包类型中的DB等类型的区别就在于是否存在社会资本的融资和所有权(或使用权)的转移过程。可以看出,世界银行《1999—2000年发展报告》的PPP划分标准的思想脉络与最近的参考指南中的思想内涵是统一的,也与本书的PPP范畴相符。因此,在论及 DBO 等模式时,本书一般特指由社会方参与融资和投资建设的项目,而非指简单地将相关部分的操作实务内容予以外包的项目。

第二处区别是特许经营类别中,购买和租赁合同被归入移交—运营—移交(TOT)项目,但 TOT 项目与购买服务、租赁合同实际上都存在区别。TOT 在政府将项目移交企业时,企业理论上需要支付一定的对价,相当于承担了政府一定的建设等费用,并且后续的经营过程中的政府付费必须与绩效挂钩,这与传统的政府预算拨款形式的购买服务及租赁合同等都存在区别。因此这样的划分是不太合理的。

第三处区别是私有化类别中,进行了部分私有化与完全私有化的区分,部分私有化即股权转让等,完全私有化被分为购买—更新—经营(PUO)和建设—拥有—经营(BOO)两大类。值得指出的是,虽然 BOO 包含社会投资建设和经营的过程,但要判断其是否符合 PPP 定义,还必须判断其是否有政府的投资和长期的绩效管理机制,是否用于公共品的有效提供,是否满足物有所值的标准。

综合而言,世界银行《1999—2000 年发展报告》中的分类方式,与陈志敏等人的分类方式有一定的区别,但依然存在将非严格的 PPP 项目形式纳入分类框架中的问题,但对于 PPP 合同类型进行了尝试性的划分,结合了本部分所述的第一种和第三种划分方法,有一定的参考价值。

本书尝试将 PPP 的合同类型按照是否实际参与建设环节进行划分,可以分为直接参与型和间接参与型。直接参与型包括 BOT、DBOM、DBM、DBO、BOOT、BOO、DBFO 或者 DBFM。间接参与型包括 TOT、更新—运营—移交(ROT)等,间接参与类项目虽然没有直接参与到投融资和建设环节中,但是仍然支付了部分建设成本和费用;同时,间接参与类项目不一定是存量资本项目,也可以是政府全额出资或是举债新建项目完毕后与社会资本采用 TOT 等模式进行长期合作。从付费角度而言,作为社会资本,如果愿意直接投资参与建设环节,说明项目后续现金流往往能够带来较高的收益,以获得合理的回报率,采用使用者付费的方式更加合理。而在 TOT 模式和 ROT 模式下,企业的收益往往需要政府补助,可行性缺口补助的付费方式更为合理;政府付费方式由于很容易出现实际操作中的不规范问题,往往不能实现提高财政资金效率这一目标,因此不鼓励这类付费模式的出现。

二、PPP 的历史沿革

为了充分理解我国 PPP 的内涵与实际发展状况,必须厘清 PPP 在我国的发展脉络。由于我国 PPP 经历了市场主导阶段到政府主导阶段的转变,PPP 的目标、要求和发展状况也发生了多次变化,本书认为这些变化都与我国的宏观经济状况的波动有着一定的关联。梳理 PPP 在我国的发展沿革,必须结合我国的宏观经济形势变化,如此可以更好地解释我国 PPP 目前面临的机遇和挑战,也能够更好地理解 PPP 的未来发展状况,对 PPP 的认识也能够更加深刻。

从 1978 年改革开放我国开始初步形成现代化的 PPP 模式至今,伴随我国经济的高速发展及市场在资源配置中的作用日渐突出,本书认为,根据 PPP 模式可以将 PPP 在我国的发展分为六个阶段。

(一) 第一阶段:起步探索阶段(1978—1992)

1978 年 12 月,党的十一届三中全会召开,标志着中国的改革开放正式拉开大幕,成为开辟了有中国特色社会主义道路的伟大转折,也开启了我国经济快速发展的步伐。1992 年,我国全年实现 GDP 总量 26 923.5 亿元,相较于 1978 年,实际年均增速为 9.4%。同时,人均 GDP 由 1978 年的 222 美元增加至 1992 年的 419 美元,标志着我国的温饱问题基本解决,达到世界银行标准的"下中等收入"起点。这一阶段,我国的经济体制由计划经济向市场经济逐步过渡,宏观经济主要处于需求膨胀、供给不足的短缺阶段,尤其是资本和技术要素较为稀缺。因此,我国实行了对外开放的基本国策,设立经济特区,开放沿海对外主干线,通过吸引境外直接投资和先进技术来发展经济。

在这样的大背景下,PPP 模式先进的投资理念开始由中国香港地区逐渐传入中国内地。从 1979 年开始,一批境外资金采取 BOT 模式,开始参与到我国各个行业及领域的投资建设中,其中包含一部分公共基础设施的建设。深圳沙角 B 电厂 BOT 项目被称为中国第一个现代化 PPP 项目。该项目于 1985 年由香港合和电力有限公司与深圳电力开发公司合作建设,1988 年 4 月正式投入商业运行。1999 年 8 月,合作期满后,沙角 B 电厂产权正式移交中方,由深圳市广深沙角 B 电力有限公司运营管理。深圳沙角 B 电厂 BOT 项目的成功建设,是我国 PPP 项目的里程碑,从此 PPP 模式在我国进入了探索性的发展时期。但是也要看到,这一项目的开展过程中也存在一定的不足,比如项目有关协议文件约定过于简单、很多重要事项未能在前期达成合意,不利于后期项目的顺利开展。又如,项目的特许经营期限较短,前期投资者为了节省成本,一些设施的寿命较短,在移交政府后已无法继续使用,需要重新进行建设,导致政府的成本大幅增加。

此外,为了鼓励境外资本支持我国经济发展,1986 年国务院颁布了《关于鼓励外商投资的规定》(国发〔1986〕95 号),在场地使用费、信贷资金、税费缴纳等多个方面的优惠政策鼓舞下,境外资本掀起了投资中国的热潮。在开放较早的广东沿海地区,一些外商华侨部分出于支持家乡建设的考虑,开始以合资企业的形式探索进入中国的基础设施建设领域。他们的资金主要投向了一些电力和交通项目,除了上文提到的深圳沙角 B 电厂项目,还有广州北环高速公路项目、广深高速公路项目、顺德德胜电厂项目等。

这一时期,尽管随着沙角电厂项目影响力的扩散,PPP 模式开始逐步应用到电力及交通设施等领域的基础设施建设,但由于刚刚起步探索,这一阶段的 PPP 项目没有直接法律法规的支持,未能引起中央政府的足够关注,同时各级地方政府也没有出台相关的政策。另外,这一阶段的 PPP 项目通常由社会资本发起,通过政府部门与社会资本之间的谈判达成一致意见,没有公开的招标环节,也未被中央政府大规模推广,合作方式以 BOT 模式为主。

(二) 第二阶段:初步试点阶段(1993—1997)

这一阶段,PPP 模式发展的历史背景主要有两个方面:一方面,1992 年,改革开放的总设计师邓小平同志发表了重要的南方谈话,同年党的十四大正式确立了社会主义市场经济体制的改革目标,极大地加快了我国的市场化改革进程,为 PPP 项目的大力推进提供了理论依据。市场化进程的加快也助推了我国宏观经济的快速发展,1993—1997 年,我国经济的年均增长率为 11.4%,人均 GDP 由 377 美元增长至 781 美元。另一方面,党的十四届三中全会通过了《关于建立社会主义市场经济体制若干问题的决定》,拉开了分税制改革的序幕,对中央政府与地方政府之间进行了事权与财权的重新划分。中央政府上收了地方大量的财权,但地方政府仍承担着大量的基础设施和公共服务的供给职责,不得不积极寻求与社会资本的合作,PPP 模式逐渐被政府所关注。

这一阶段 PPP 项目的主要特点为小规模试点,但在全国多个省份均有显现。这一时期,中央政府也开始注意到 PPP 模式在基础设施建设中的作用,并且开始有意识地进行顶层设计。1994 年,国家计划委员会(现国家发展改革委)开始研究投融资体制的改革问题,探讨 BOT 模式的可行性,同时有组织地开展 PPP 试点工作。1994 年,国家计划委员会推出了 BOT 项目试点的五个重点项目,即成都市自来水第六水厂项目、武汉军山长江大桥项目、广东电白高速公路项目、广西来宾 B 电厂项目、长沙望城电厂项目。其中,广西来宾 B 电厂项目是我国第一个国家正式批准的 BOT 试点项目,成都市自来水第六水厂项目是我国第一个经国家批准的城市供水基础设施 BOT 试点项目。广西来宾 B 电厂项目引起了众多外国投资者的关注,在共计 31 家世界知名电力公司和设备公司的竞争中,最终确定法国电力联合体(国际公司/通用电气-阿尔斯通)获得特许经营权,经营期限共计 15 年。从 1995 年 5 月电厂批准进行试点,到 1997 年中国政府与法国电力联合体签订正式合同,项目从招标到融资的全过程仅耗时 28 个月,被《亚洲金融》杂志评为 1996 年亚洲最佳融资项目。

1995 年 8 月,国家计划委员会、电力部、交通部联合下发了《关于试办外商投资特许权项目审批管理有关问题的通知》,为试点项目提供政策依据。与此同时,地方政府也陆续推出了一些 BOT 试点工程,如上海黄浦江大桥项目、北京第十水厂项目、新疆托克逊电厂项目等。

在这一阶段,PPP 项目的合作模式仍以 BOT 为主,社会资本以国外资本为主,但逐步有相关政策出台以引导政府部门与社会资本合作,国内民间资本开始尝试性地进入 PPP 领域。如 1995 年开工的泉州刺桐大桥项目,是国内首例以内地民营资本为主的 BOT 投资模式案例,开创了我国以本土民营经济主体为主组建特殊项目公司(SPV)投资基础设施项目建设的先河,实现了以较小量国有资金引导较大量民营企业资金投资于基础设施建设的目的。同时,这一阶段的项目虽仍以电力和交通为主,但已开始逐步向污水处理及通信设施等领域扩展。

(三)第三阶段:初次调整阶段(1998—2002)

1997 年,亚洲金融危机爆发,打破了亚洲经济迅速发展的局面。在这场金融危机里,泰国、马来西亚、新加坡、日本和韩国等多个国家的经济出现萧条,一些国家的政局也开始混乱。与此同时,我国经济受到了全方位冲击,承受了巨大压力,付出了巨大代价。这一阶段,我国宏观经济的突出特点是需求疲软,产能过剩。产能过剩主要集中在工业消费品上,经济年均增长率下降为 8.3%,其中 1998 年、1999 年的经济增速均低于 8%。1998 年,3 600 多万名国有企业职工下岗,1/3 的乡镇企业倒闭,大量农民工提前返乡,进一步加剧了我国经济的下行压力。但我国政府本着高度负责的态度,从维护本地区稳定和发展的大局出发,做出人民币不贬值的决定,对亚洲乃至世界金融、经济的稳定和发展起到了重要作用。与此同时,我国政府采取努力扩大内需、刺激经济增长的政策,保持了国内经济的健康和稳定增长,还与有关各方协调配合,积极参与和推动地区和国际金融合作,对缓解亚洲经济紧张形势、带动亚洲经济复苏发挥了重要作用。进入 21 世纪,我国经济逐渐走出危机,开启了新一轮的高速增长。

PPP 方面,伴随亚洲金融危机的到来,我国的 PPP 项目试点工作也进入低潮期。为了抵御金融危机对我国经济的外生冲击、保持我国国内经济的健康和稳定增长,我国政府实施了积极的财政政策以刺激经济,政府分数次共发行 4 800 亿元的中长期国债,用于增加公共基础设施的建设资金。由于这一举措增加了政府对基础设施的投资,使得地方政府对于社会资本的需求不再像以往一样紧迫,削弱了 PPP 项目对地方政府的吸引力,对 PPP 模式发展起到一定的挤出效应。与此同时,这一时期也暴露了 PPP 前期试点时存在的违规现象,政府部门也对这些违规现象进行了清理。

在这一调整时期,PPP 模式的发展虽遭遇了一定的阻力,但是经历本次金融危机和政府的清理工作,为后期 PPP 模式在我国的大规模发展和推广奠定了坚实基础。

(四) 第四阶段：快速发展阶段(2003—2007)

这一阶段，我国开启了投资驱动下的新一轮高速经济增长，宏观经济需求旺盛，年均增长率高达11.7%，五年经济增长率均高于10%，人均GDP由1 090美元迅速增加到2 652美元，出现通货膨胀率居高不下和流动性过剩的现象。以房地产行业的蓬勃发展带动上下游产业链的发展，全社会固定资产投资明显增长，资本形成占国内生产总值的比重由2000年的36.4%上升到2003年的42.7%，经济过热特征明显。此外，2001年我国正式加入世界贸易组织(WTO)之后，对外开放迈出新的步伐，使我国经济的出口导向驱动增长的特点更加显著。在政策层面，党的十六届三中全会通过了《中共中央关于完善社会主义市场经济体制若干问题的决定》，明确"允许非公有资本进入法律法规未禁入的基础设施、公用事业及其他行业和领域"，为社会资本通过PPP方式投资公共基础设施进一步提供了理论和政策支持。

伴随这一阶段的经济飞速发展，各地对于公共基础设施的需求越来越迫切，但是财政资金有限，而PPP模式经过前期的试点工作，开始被中央和地方政府大力推广。这一时期，国家建设部相继出台《关于加快市政公用行业市场化进程的意见》和《市政公用事业特许经营管理办法》，鼓励社会资金和外国资本参与市政公用设施的建设。各地政府也相继出台了具体实施规定，如北京市发布《北京市城市基础设施特许经营办法》、江苏省出台《江苏省城市市政公用事业特许经营招标投标制度》、山东省出台《山东省城市市政公用事业经营许可管理办法》等。在此期间，亚洲开发银行也在一直积极推动PPP在我国的发展，支持一些城市的PPP示范项目。

这一阶段PPP模式的代表性案例包括北京国家体育场项目、北京地铁四号线项目、杭州湾跨海大桥项目等。其中，北京国家体育场项目是国内第一个大型体育场馆的PPP项目，由中信集团联合体与北京国有资产有限责任公司共同组建了国家体育场有限责任公司，承担国家体育场的投融资和建设工作。国家体育场2003年12月24日开工建设，2008年3月竣工，总造价为22.67亿元，其主体结构设计使用年限为100年，被誉为"第四代体育馆"的伟大建筑作品，也被英国《建筑新闻》评为"世界十大令人惊讶的建筑"之一。并且随着北京申办2008年奥运会的成功，有一半以上的体育场馆均采取了PPP模式进行建设，使得PPP模式在国内被社会各界所认知，政府也在PPP项目的开展过程中积累了丰富的经验。北京地铁四号线项目是我国城市轨道交通行业中第一个正式运用PPP模式的项目，由香港地铁与北京市基础设施投资有限公司、北京首创集团合作投资的地铁项目。杭州湾跨海大桥项目是国内第一个投资超过百亿元的民营化基础设施项目。在 PPP 项目广泛推广的过程中,尽管涌现出像北京地铁四号线这样获得成功并被官方广泛推广的项目,但也有部分项目以失败告终,例如部分社会资本参与建设的北京奥运会场馆在奥运会结束后长期处于荒废状态,部分参与杭州湾跨海大桥项目的民营资本也因收益惨淡而纷纷退出。

在各级政府的大力推广下,这一阶段的 PPP 项目运作特点明显:国有资本、民间资本、境外资本同台竞争,溢价频出,竞标过程较为公开透明;项目运作更加规范,特别是对于市政特许经营项目,抛弃了过去地方政府直接与意定投资商发起项目的旧方式,采取了更加规范、阳光的招投标机制。在这一阶段,通过北京奥运会的筹办,PPP 模式在国内被广泛认知,政府也积累了丰富的 PPP 项目开展经验。

(五)第五阶段:二次调整阶段(2008—2012)

2008 年,美国的次贷危机引发了全球金融危机,继而导致了全球经济衰退。在全球金融风暴下,我国经济受到了相当大的冲击,尤其是外向型经济的发展受到了很大影响,大批农民工返乡,经济面临硬着陆的风险。正如总理政府工作报告中所说的,"这场危机来势之猛、扩散之快、影响之深,百年罕见"。这一时期,我国经济由之前的持续两位数高速增长,下降到 2012 年的 7.7%,年均增长率也下降到 9.3%。宏观经济需求持续疲软,尤其是出口需求遭受沉重打击,此外钢材、木材、水泥等工业投资品出现严重的产能过剩。为应对全球金融危机的影响,2008 年我国实施更加积极的财政政策和适度宽松的货币政策,并于 2008 年 11 月推出了进一步扩大内需、促进经济平稳较快增长的十项措施,初步匡算,实施这十大措施,到 2010 年年底约需投资 4 万亿元,从而更加强有力地来刺激经济,应对世界金融危机的冲击,寻求增长的新动力。

在国家 4 万亿经济刺激计划中,计划有 2.8 万亿元需要地方政府配套实施。为此,各级地方政府成立了许多国有背景的城市投资建设公司、城建开发公司等作为融资平台,承接宽松货币政策下大量银行信贷资金,大规模地开展基础设施建设,运作方式以政府委托代建、建设—移交(BT)模式为主。尽管政策规定没有明确指明民间资本不能进入某一领域,但具有国资背景的城投公司、城建公司多方面具有社会资本无法比拟的先天优势,很快挤占了民营经济的生存空间,出现了民间资本在投资领域遭遇"玻璃门"和"弹簧门"的现象。这一趋势使得 PPP 模式在我国再次遭遇挤出效应,受到了较大的冲击,进入二次调整阶段。

在这一大背景下,这一时期 PPP 项目运作的特点包括:大量 PPP 项目在地方被搁浅,转而由国有资本接手;对于新开工项目,国有企业也取代民营企业,成为 PPP 模式里代表社会资本的一方;很多项目缺乏公开的招投标流程,社会资本无法进入;在相关制度不健全的情况下,民营企业自身在参与PPP过程中也出现大量的合谋串标、贪污腐败、豆腐渣工程等现象,使得政府对于社会资本介入公共基础设施建设有所顾虑。

(六) 第六阶段:规范发展阶段(2013年至今)

在经历了全球金融危机的风暴之后,2013年以来,我国在跨入上中等收入经济体的同时,经济发展进入新常态,进入了增长速度换挡期、结构调整阵痛期、前期刺激政策消化期的"三期叠加"阶段,2013年以来的经济年均增长率下降至7.1%,2015年开始增长率低于7%,呈现明显的"L"形态势。与此同时,我国的经济结构发生重大调整,发展环境发生深刻变化,逐渐由高速增长向高质量发展转变。特别是2016年以来,围绕经济新常态下深层次的矛盾,针对"去产能、去库存、去杠杆、降成本、补短板"五大任务,我国着力推进供给侧结构性改革和新旧动能转换,取得了明显成效。

这一阶段PPP模式发展的历史背景主要有三方面:一是2013年党的十八届三中全会通过了《中共中央关于全面深化改革若干重大问题的决定》,提出"发挥市场在资源配置中的决定性作用",政府和市场的联手合作成为破题的关键;二是中国进入城镇化加速阶段,国务院印发的《国家新型城镇化规划(2014—2020年)》提出,到2020年我国实现常住人口城镇化率达到60%的目标,因此未来仍然需要大规模公共基础设施的建设,需要政府投入大量的资金;三是地方政府的债务规模迅速膨胀,以往土地财政的模式难以维系,也无力承担大规模公共基础设施建设的开支。地方政府的债务余额由2010年年底的10.7万亿元,迅速上升到2013年6月的17.9万亿元,涨幅高达67%;同时由于举债规模过大、举债项目未达到预期经济效益、债务平台运作不规范等,地方政府的偿债风险急剧增加。此外,2013年我国银行业遭遇了"钱荒",使得地方政府面临雪上加霜的困境。

在全面深化改革深入推进、城镇化水平大幅提高、地方债务压力剧增的背景下,2014年以来,中央和财政部、国家发展改革委等部门不断推出鼓励PPP的新政,PPP进入了发展的新阶段,并掀起又一波发展高潮。比较重要的有2014年9月财政部公布的《关于推广运用政府和社会资本合作模式有关问题的通知》(财金〔2014〕76号)、2014年11月16日国务院公布的《关于创新重点领域投融资机制鼓励社会投资的指导意见》(国发〔2014〕60号)、2014年12月2日国家发展改革委公布的《关于开展政府和社会资本合作的指导意见》(发改投资〔2014〕2724号)、2014年12月30日财政部公布的《关于规范政府和社会资本合作合同管理工作的通知》(财金〔2014〕113号)。此外,2015年5月19日国务院办公厅转发财政部、国家发展改革委、中国人民银行《关于在公共服务领域推广政府和社会资本合作模式的指导意见》(国发〔2015〕42号),明确提出要在能源、交通运输、水利、环境保护、农业、林业、科技、保障性安居工程、医疗、卫生、养老、教育、文化等公共服务领域推广PPP模式,将PPP模式提升到了前所未有的战略高度。

在政策的大力支持下,大量PPP项目开始在全国各地开展起来。从财政部2015年推出的两批共计236个PPP试点项目来看,PPP项目已经涵盖了交通、供水、供气、供暖、污水处理、垃圾处理、环境综合治理、教育、医疗养老、文化体育、保障房及园区开发等多个领域,第一批示范项目于2014年11月30日公布,之后每年公布一批,目前示范项目已进行到第四批,四批示范项目共计1 009个,投资额为2.3万亿元。第一批21个示范项目在2016年年末全部落地、第二批160个示范项目于2017年3月末已100%落地,2016年第三批432个示范项目在2018年3月已100%落地。第四批示范项目中落地项目截至2018年3月已达230个,落地率为58.1%。① 从地方分布来看,按累计项目数排序,前三位是河南、山东(含青岛)、湖南,分别为734个、609个、563个,合计占入库项目总数的25.7%。按累计投资额排序,前三位是贵州、湖南、河南,分别为9 749亿元、8 876亿元、8 763亿元,合计占入库项目总投资额的23.8%。②

此外,PPP项目资产证券化取得了进一步实质性进展。2017年4月7日,广发恒进-广晟东江环保虎门绿源PPP项目资产支持专项计划在深交所挂牌转让。4月11日,中信证券-首创股份污水处理PPP项目收费收益权资产支持专项计划、华夏幸福固安工业园区新型城镇化PPP项目供热收费权资产支持专项计划、中信建投-网鑫建投庆春路隧道PPP项目资产支持专项计划,在上交所挂牌转让。

近两年,PPP的政策风向和宏观环境较2013年后几年有了重大的变化。2017年以来,我国将宏观经济政策的主要着力点放在了"防风险"上,由于PPP项目存在隐性债务风险,因而政府对于PPP项目的风险防控和规范发展给予了高度关注。2017年5月3日,财政部等六部委联合发布了《关于进一步规范地方政府举债融资行为的通知》,要求规范地方政府举债融资行为,各地须在7月31日前摸底排查并改正地方政府和相关部门不规范融资行为。2017年6月2日,财政部发布了《关于坚决制止地方以政府购买服务名义违法违规融资的通知》,对政府购买服务进行了进一步规范,明确基础设施建设等工程不属于政府购买范围、需坚持先预算后购买服务、金融机构的审查必须合规等事项。7月

---

① 财政部PPP中心:2018年第一期季报,http://www.cpppc.org/zh/pppjb/6795.jhtml。
② 同上。

21日,国务院法制办发布了《基础设施和公共服务领域政府和社会资本合作条例(征求意见稿)》。这是我国首部PPP条例,意义重大:一是对社会资本准入等PPP关键要素给出了明确界定;二是提出了执行期项目绩效与社会资本方收益、政府方支出"双挂钩"的机制,防止政府过度的风险承担;三是规定了竞争性的采购程序,维护非公企业公平竞争的权利。2017年11月10日,财政部办公厅发布了《关于规范政府和社会资本合作(PPP)综合信息平台项目库管理的通知》(财办金〔2017〕92号,以下简称"92号文"),指出要防止PPP异化为新的融资平台,坚决遏制隐性债务风险增量;具体措施包括清理在库PPP项目,严格规范新项目入库标准,具体清理期限为2018年3月31日,责令各地方政府统筹协调,按时完成任务。92号文正式启动了PPP行业的控风险、严标准工作,并给出了具体的实施办法。11月21日,国资委办公厅印发了《关于加强中央企业PPP业务风险管控的通知》,要求央企管控PPP风险,以促进PPP事业的长期、健康、可持续发展。该通知从强化集团管控、严格准入条件、严格规模控制、优化合作安排、规范会计核算、严肃责任追究六方面来防范央企参与PPP的经营风险,引发市场广泛关注。

根据财政部PPP中心2018年第一季度PPP报告显示,自2017年12月至2018年3月末,综合信息平台已累计清理管理库项目1160个,累计清减投资额1.2万亿元,覆盖除港澳台地区、西藏、新疆生产建设兵团外的29个省(自治区、直辖市)和全部19个行业领域。2018年4月26日,财政部发布了《财政部关于进一步加强政府和社会资本合作(PPP)示范项目规范管理的通知》,对存在问题的173个示范项目进行分类处置,将尚未完成社会资本方采购或项目实施发生重大变化的北京市丰台区河西第三水厂等54个项目,调出示范项目名单,保留在项目库,继续采用PPP模式实施。对于运作模式不规范、采购程序不严谨、签约主体存在瑕疵的89个项目,如果逾期仍不符合相关要求的,将调出示范项目名单或清退出项目库,同时还公布了一系列入库标准和后续监督要求。由此可以看出,我国政府在进一步严格控制PPP项目入库标准,将政府债务风险控制在合理范围内。

总而言之,这一阶段PPP项目呈现出的新特点包括:由于国家的大力支持,PPP模式参与项目的领域越来越广泛,且发展迅猛;强调社会资本与政府共享利益、共担风险,制度配套更为完善、规范性更强;大型基础设施项目开始出现多个PPP项目同时进行的案例,有利于节约成本、提高效率、整体推进;PPP项目的资产证券化取得实质性突破;政府逐渐将"防风险"作为PPP模式的政策重点,推出一系列规定以规范PPP模式的健康发展。

三、总结

我国PPP内涵当中,运营合作与投资能力是两大主要支柱,物有所值与增强政府资金使用效率是核心目的和考核标准,对其中任一因素有所偏失,都会造成PPP项目的变质。纵观我国PPP项目发展的历史沿革,可以发现,随着新常态的到来,我国经济从粗放式增长向平稳增长转型,尤其是2014年之后对地方政府债务风险的重视程度不断加深,PPP所担负的责任和随之而来的质疑也越发凸显。PPP本身的初衷是提高政府资金运用效率,减少政府财政压力,但并不意味着PPP可以解决所有的政府融资难、债务风险高等问题,甚至较政府债务成本、PPP的交易成本和协商成本会更高。因此,PPP绝不是万能的良药,而是需要合理评估、正确运用的合作手段。20世纪,我国引入PPP的目的是发挥市场优势,弥补政府资金的不足;经济快速增长时期发展PPP,是客观的经济发展需要所致;2008年之后鼓励PPP,则是为了拓宽政府融资渠道,调动市场活力;近两年来,则是着力避免PPP滑入隐性债务和不合规融资的轨道,可以看出其中的经济逻辑与宏观调控思维。但PPP本身是一种市场合作行为,是应建立在政企双方平等互惠的市场经济基础上的自愿行为,而不是单纯的指标和政绩工程,更不是利用各种违规违法渠道服务其他目的的手段和工具。鉴于我国PPP是主要由政府推动的、政府占据主要资源,市场相对处于被动和被调控的地位,因此有必要从政府和立法方面,明晰PPP的地位、作用和流程,将政府约束到合理的符合PPP初衷的轨道上来,同时发挥市场的能动性,真正发挥出PPP的优势和特点,以质量为目标,更好地服务于宏观经济和国家发展,才是PPP本应具有的职责。

第二章 典型行业 PPP 的应用和发展[①]

一、PPP 行业分布情况

（一）PPP 总体行业分布情况

PPP 一级行业目录中共包含 19 大门类（见表 2-1）。按项目行业个数来看（见表 2-2），截至 2018 年 3 月[②]，排名前三的行业分别是：市政工程 4 641 项，占全部项目数的 35.29%；交通运输 1 854 项，占全部项目数的 14.10%；生态建设和环境保护 931 项，占全部项目数的 7.08%，三大行业项目数占 PPP 项目库全部在库项目的 56.47%。按项目行业投资额来看（见表 2-3），截至 2018 年 3 月，排名前三的行业分别是：交通运输 54 627.99 亿元，占全部项目投资额的 30.67%；市政工程 48 744.40 亿元，占全部项目投资额的 27.37%；片区开发 20 430.59 亿元，占全部项目投资额的 11.47%，三大行业项目投资额占 PPP 项目库全部在库项目总投资额的比重高达 69.51%。

表 2-1 PPP 一级行业目录

编号	一级行业	编号	一级行业
1	能源	11	教育
2	交通运输	12	文化
3	水利建设	13	体育
4	生态建设和环境保护	14	市政工程
5	农业	15	政府基础设施
6	林业	16	片区开发
7	科技	17	旅游
8	保障性安居工程	18	社会保障
9	医疗卫生	19	其他
10	养老		

---

① 由于数据统计口径等原因，本书中对中国各省份相关数据的分析及汇总未涉及港澳台地区。
② 数据截止日期 2018 年 3 月是根据成书时，Wind-PPP 专题统计库的最新数据统计日期。

表 2-2　PPP 行业分布情况（按项目行业个数）

单位：个

行业	时间				
	2018年3月	2017年12月	2017年6月	2016年12月	2016年6月
能源	163	212	210	195	160
交通运输	1 854	1 941	1 756	1 375	1 132
水利建设	588	678	643	518	430
生态建设和环境保护	931	958	825	633	498
市政工程	4 641	5 049	4 732	3 998	3 241
片区开发	819	841	809	688	554
农业	130	154	140	111	101
林业	43	35	30	17	9
科技	170	180	157	127	87
保障性安居工程	446	530	551	515	471
旅游	751	865	843	659	515
医疗卫生	496	561	580	494	433
养老	244	295	306	283	240
教育	641	714	649	553	483
文化	364	416	398	317	267
体育	211	242	236	208	176
社会保障	89	112	114	103	105
政府基础设施	290	324	255	175	131
其他	280	317	320	936	252

资料来源：Wind-PPP 专题统计库。

表 2-3　PPP 行业分布情况（按项目行业投资额）

单位：亿元

行业	时间				
	2018年3月	2017年12月	2017年6月	2016年12月	2016年6月
能源	890.44	1 416.49	1 394.00	1 220.00	980.00
交通运输	54 627.99	53 885.06	50 828.00	39 573.00	33 238.00
水利建设	4 867.72	5 626.06	4 861.00	3 874.00	3 069.00
生态建设和环境保护	10 659.45	10 502.81	8 350.00	6 534.00	4 918.00
市政工程	48 744.40	49 207.79	44 046.00	37 801.00	27 830.00

(续表)

行业	时间				
	2018年3月	2017年12月	2017年6月	2016年12月	2016年6月
片区开发	20 430.59	18 720.88	16 261.00	13 984.00	10 128.00
农业	948.16	1 189.38	961.00	747.00	661.00
林业	679.67	543.48	410.00	80.00	38.00
科技	1 393.05	1 421.53	1 127.00	1 087.00	641.00
保障性安居工程	6 876.25	7 916.39	7 542.00	7 560.00	6 892.00
旅游	9 366.56	11 108.8	10 247.00	7 154.00	5 005.00
医疗卫生	2 765.42	2 770.91	2 764.00	2 333.00	1 851.00
养老	1 605.05	1 886.16	1 816.00	1 659.00	1 411.00
教育	3 385.35	3 330.24	2 622.00	2 189.00	1 667.00
文化	2 877.21	2 920.04	2 564.00	2 141.00	1 782.00
体育	1 623.50	1 913.00	1634.00	1 405.00	1 163.00
社会保障	263.64	289.27	252.00	252.00	302.00
政府基础设施	2 727.60	3 103.73	2 626.00	2 000.00	1 254.00
其他	3 386.54	3 858.05	3 334.00	3 405.00	3 157.00

资料来源：Wind-PPP专题统计库。

接下来，我们将从市政工程，片区开发，生态建设和环境保护，文化这四个PPP相对重要的行业入手，通过选取典型行业的典型项目，对相关行业PPP的应用和发展进行细致而深入的分析。之所以选取这四个行业，主要基于以下几方面的原因：一是这四个行业具有很强的正外部性。在建设期的投入越大，运营期内社会资本可以从该类项目中获得的正向影响也就越大，因而这些行业可被视为适合采用PPP模式发展的典型行业。二是这四个行业运营期投入成本相对较低，建设期的企业希望参与到运营中来进一步分摊建设成本、提高净收益，那么此时PPP模式较优，具有更为广泛的应用前景。三是这四个行业建设期风险较大，传统的政府独自承担风险模式不利于项目的推进和风险共担。而在PPP模式中，政府与企业共担风险的模式事实上有利于该行业项目的推进。具体来说，当政府预料到项目的建设期风险较大时，便倾向于同社会资本方签订PPP合约，社会资本方也因为较大的建设期风险而希望进一步参与到运营期中。如生态建设和环境保护行业，一方面对技术要求很高，要求在治理现有环境污染的同时坚决杜绝"二次污染"问题，与此同时，这一公共服务领域目前越来越要求建设上的创新，以真正实现"生态城市"和美丽城市的目标；另一方面，由于环境在遭到破坏以后很难恢复,因此项目的建设风险很大,环境保护项目失败的风险也就更高(姚东旻和邓涵,2017)。四是这四个行业进入运营期以后,建设期的实际修建情况及治理的效益会日益凸显。此时,作为委托方的政府和作为代理人的社会资本方均有更高的意愿签订合约。此外,类似于交通运输中的高速公路、供水、供电等行业的需求本身就较为稳定,运营期风险不大,适合推进 PPP 项目模式。因而在接下来的内容中,我们选取了这四大行业中的五个典型 PPP 项目进行分析。

(二) PPP 行业地域分布情况

PPP 行业从地域分布来看(见图 2-1),项目数排前五名的省份分别是贵州(1 801 个)、河南(1 419 个)、四川(1 340 个)、山东(1 032 个)、湖北(640 个)。按项目投资额来看,排前三名的省份分别是贵州(19 348.48 亿元)、河南(17 098.60 亿元)、四川(16 935.28 亿元)。因此,中西部财政支出压力较大的省份 PPP 项目的投资金额远高于东部省份,这与项目数量的分布情况相一致。

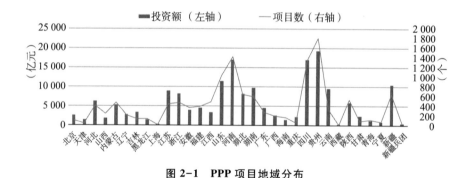

图 2-1　PPP 项目地域分布

资料来源:Wind-PPP 专题统计库,数据为截至 2018 年 3 月财政部文件公布的累计数。

(三) PPP 项目趋势分析

整体来看(见图 2-2),截至 2018 年 3 月,PPP 在库项目数 13 151 项,投资额 178 118.59 亿元,落地率 47.97%。同 2017 年 12 月相比,在库项目数减少 1 273 个,下降比例为 8.85%;在库项目投资额减少 3 881.41 亿元,下降比例为 2.13%,这应该与 2017 年 11 月开始财政部主导集中清理不合规项目有关①。

2018 年 3 月,PPP 全部 13 151 项在库项目中,处于识别阶段、准备阶段、采

---

① 《关于规范政府和社会资本合作(PPP)综合信息平台项目库管理的通知》,中华人民共和国财政部金融司网站,http://jrs.mof.gov.cn/ppp/zcfbppp/201711/t20171116_2751374.html,2018 年 7 月 2 日。

购阶段和执行阶段的项目数分别为 5 893 个、1 529 个、2 247 个和 3 482 个,占比分别为 45%、12%、17% 和 26%(见图 2-3),这说明目前 PPP 在库项目中处于识别阶段的占比最高,被叫停的风险相应也越大。

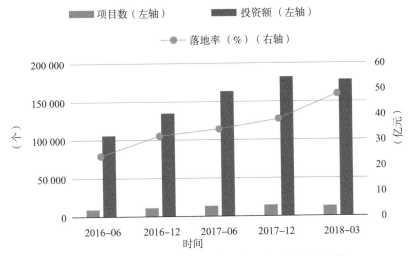

图 2-2　2016 年 6 月至 2018 年 3 月 PPP 项目趋势统计

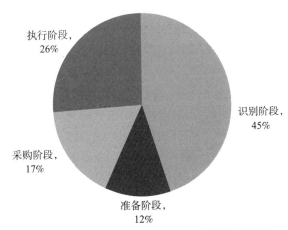

图 2-3　2018 年 3 月在库项目所属阶段分布情况

二、轨道交通行业(市政工程)PPP 的应用和发展

轨道交通行业属于市政工程一级行业大类,截至 2018 年 3 月,市政工程一级行业大类累计项目数 4 641 项,累计投资额 48 744 亿元(见图 2-4)。相比 2016 年 6 月的 3 241 个的项目数、27 830 亿元的投资额,项目数已累计增加 43.2%、项目投资额已累计增加 75.15%。

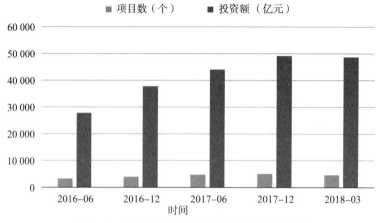

图 2-4 市政工程一级行业大类 PPP 发展情况

下面,我们将选取轨道交通行业的典型项目——郑州市轨道交通 3 号线一期工程对 PPP 模式在轨道交通行业的应用进行介绍。

(一) 项目概况

1. 项目建设背景

(1) 城市经济快速发展,对公共交通基础设施提出了更高要求。郑州市是中原城市群中心城市、区域性通信中心,是河南省政治、经济、文化中心,是国家交通枢纽级城市。未来郑州市中心城区的交通圈将会不断扩大,城市交通需求将在更大范围内形成集聚,这就要求郑州市在发展的大形势之前建立多层次、一体化的公共交通系统与之相匹配。随着郑州市规模急速扩大、城市化水平不断提高,轨道交通的发展可以直接带动两侧用地的开发建设,使周围地区迅速城市化。在轨道交通的支撑下,城市的空间结构形态可以由单一的集聚形态转化为疏散的都市区形态,促使主城和片区,以及外围组团之间均衡发展,加快城市化的进程。同时,轨道交通的建设能有效改善交通拥堵、缓解中心城区交通压力、改善郑州市城市环境、促进社会经济发展,对引导城市合理布局具有重要的意义。①

(2) 轨道交通项目投资金额巨大,对财政造成压力。城市轨道交通项目具有初始投入高、经济回报率较低、项目回收周期长、工程结构复杂等突出特点,若采取政府直接投资的方式建设无疑将对郑州市本级财政造成较大资金压力,也将间接影响其他经济建设项目和民生工程的推进。为缓解政府财政压力,筹集项目建设所需资金,提高郑州市轨道交通的建设水平、建设速度和运营管理

---

① "郑州市轨道交通(3 号线一期)PPP 项目",郑州市财政局网站,http://zzcz.zhengzhou.gov.cn/ggtz/206725.jhtml,2018 年 6 月 28 日。

水平,提升郑州市基础设施的整体服务水平,同时结合郑州市的实际情况,郑州市政府决定采用 PPP 模式吸引具有相应资质和实力的社会资本参与郑州市轨道交通 3 号线一期工程的投资、建设和运营。

2. 项目建设内容及规模

郑州市轨道交通 3 号线一期工程北起于惠济片区的省体育中心,沿长兴路、南阳路、铭功路、解放路、西大街、东大街、郑汴路、商都路和经开第十七大街走向,南止于陇海铁路圃田站以南的航海东路站。根据初步设计,郑州市轨道交通 3 号线一期工程全长 25.488 千米,总投资额 206.08 亿元,技术经济指标为 8.09 亿元/正线千米,其中由 PPP 项目公司负责部分的总投资为 59.49 亿元。

项目的政府方(甲方)为郑州市轨道交通建设管理办公室,社会资本合作方(乙方)为中国建筑股份有限公司、深圳市地铁集团有限公司和深圳前海基础设施投资基金管理有限公司组成的联合体。

项目总合作期限包含建设期和运营期,其中运营期为开始试运营日起 25 年。工程已于 2017 年开工,计划 2020 年年底前全面建成通车。

3. 项目发展愿景

项目引入 PPP 模式主要有三方面的积极意义[①]:一是引入社会资本,减轻财政负担。通过市场化机制引入社会资本,有利于提高政府在城市轨道交通项目中的管理效率,而且可以缓解政府当期投资压力,充分发挥政府资金杠杆作用。二是为郑州市基础设施 PPP 模式积累经验。基于城市轨道交通项目的实际特点,采用 PPP 模式具有典型性和代表性。项目的实施能为郑州市全面推广基础设施 PPP 模式积累经验,具有一定的示范价值。三是引进先进的管理技术与经验。通过市场化竞争机制,按照信誉、业绩、资本、技术等条件,严格筛选社会资本。通过社会资本的进入,为郑州市轨道交通领域引进先进的管理技术和经验,提高城市轨道交通运行效率。

(二) 运作模式

1. 项目基本特征

郑州市轨道交通 3 号线一期工程将分拆成 A、B 两部分,其中 A 部分主要为土建工程部分,由轨道公司负责投资建设;B 部分采用 PPP 模式由成立的项目公司负责投资建设,具体的运作方式是 BOT。

具体的实施方案为:由轨道公司与社会资本方签订《合资合同》,两者按照 7∶3 的股权比例在郑州市组建项目公司,市政府授权的项目实施机构郑州市轨

---

① "郑州市轨道交通(3 号线一期)PPP 项目",郑州市财政局网站,http://zzcz.zhengzhou.gov.cn/ggtz/206725.jhtml,2018 年 6 月 28 日。

道交通建设管理办公室与项目公司签订《PPP项目合同》,授予项目公司项目的经营权。项目公司和轨道公司分别负责B部分和A部分的投资、建设。合作期限内,轨道公司与项目公司签订《资产租赁协议》,将A部分项目设施租赁给项目公司使用;在整个合作期限内,项目公司负责轨道交通3号线一期工程全部项目设施的运营维护和除洞体的资产更新,并取得客运票务收入和非票务收入;合作期限届满,项目公司将B部分项目设施完好无偿地移交给项目实施机构或市政府指定的其他机构,并终止A部分项目设施的租赁,将A部分项目设施归还给轨道公司。

项目公司获得投资回报主要来自四个方面:①票务收入。项目公司在执行市政府制定的运营票价的前提下,实际获得的客运服务票务收入。②非票务收入。项目公司可以在合作期限内从事相关法律允许的其他业务,包括在项目设施范围内依据相关法律开展零售、商铺、广告、移动通信服务、提款机服务及其他商业经营。③可用性服务费。可用性服务费指项目公司为项目建设符合适用法律及协议规定的竣工验收标准的公共资产目的投入的资本性总支出而需要获得的服务收入,主要包括项目建设成本、融资成本、税费及必要的合理回报。④可行性缺口补助。在合作期限内,若运营年度实际平均人次票价低于调整后的约定平均人次票价,其差额部分由政府方根据票价差额补助公式对项目公司进行补助或分成。

2. 主要创新点

(1) 引入异地具有丰富轨道交通投资运营经验的社会资本。PPP模式在城市轨道交通领域推广存在难度的一个重要原因是该市场尚未培育成熟,具有建设及设备制造能力的企业尚未向运营投资商转变,同时各地在轨道交通建设运营过程中大多存在地域限制的情况,部分有运营能力的企业未能突破地域限制拓展业务。郑州市轨道交通3号线项目选择了具有丰富行业经验的深圳市地铁集团有限公司作为社会资本方之一,打破了地域限制,成功地将深圳地铁的投资运营经验引入到郑州轨道交通的发展进程中。

(2) 构建合理的收益分配及风险分担机制。项目中政府方和社会资本方之所以能够顺畅地达成合作,得益于项目具有合理的收益分配机制,以及有效的风险分担机制,社会资本方的经济利益和政府方的公共利益得到了有效的平衡,在为社会资本方带来合理预期收益的同时,也提高了轨道交通领域的管理和服务效率。项目公司将通过获取客运服务票务收入、非票务收入及政府补贴(补贴方式可采用授予项目公司地铁上盖物业开发受益权、票款补贴、贷款贴息、政府股东放弃分红权等形式)方式收回投资,实现合理的投资回报。

(3) 政府设置完善的政策支持和配套安排。项目中,郑州市政府及各职能部门为项目的顺利设立与实施设置了较为完善的政策支持和配套安排,提供了有力的保障。一是郑州市政府积极研究建立政府购买服务机制,确保将项目购买服务费用在运营年度纳入市政府财政预算,并足额、及时予以拨付,从而形成票务收入、非票务收入和政府补贴三者共同保障社会资本投资回报的基本架构。二是设立了郑州市轨道交通发展专项资金,每年从市本级和市内各区公共财政预算收入、土地出让收入中提出一定比例的资金,专项用于轨道交通类项目的政府补贴。三是政府积极研究在项目经营范围和时限内给予项目公司运营政策支持,并在政策允许范围内研究将沿线一定范围内的土地开发权赋予项目公司以保障其后续运营的可行性。四是市政府还主动参与协调相关部门及时推进项目的征地拆迁等配套工作。

(三)实施效果

郑州市轨道交通 3 号线一期工程项目于 2017 年 3 月签订项目合同,全线建设工作已经全面铺开并有序推进,预计将于 2020 年年底前完工并投入试运营。轨道交通 3 号线是中心城区一条由西北至东南的斜向轨道交通骨干线路,作为郑州市 2017 年十件重点民生实事之一,项目建成后将大大增加郑州的轨道交通运营总里程,进一步完善郑州市轨道交通"米"字形的规划格局,方便沿线市民的交通出行。

(四)借鉴价值

PPP 模式在全国各地推广以来,城市轨道交通存量项目的成功案例仍然相对有限,郑州市轨道交通 3 号线一期工程项目的成功设立和实施,为国内其他省份城市轨道交通领域的 PPP 实践提供了可借鉴的经验。郑州 PPP 模式的探索经验主要有以下三个方面:一是高度重视前期立项工作,工作完成扎实细致。郑州市轨道交通 3 号线一期工程项目的各项前期工作得到各项目参与方高度重视,可行性研究、"两评一案"、合规审批等工作材料充分、方法得当,并辅以充分的数据和政策依据作为支撑,整体完成情况扎实细致,具有较好的规范性,为项目的顺利设立和实施奠定了良好的基础。二是设置合理的风险与收益分配机制,增强了对社会资本的吸引力。项目实施方案统筹了项目投资、建设、运营和移交全周期利益和风险,设置了合理的投资回报机制,方案能够较好地平衡和兼顾政府、公众与社会资本方的利益诉求,在缓解政府财政资金投资压力的同时增强了项目对社会资本的吸引力。三是引入经验和竞争,提高轨道交通投资运营的管理水平。郑州市轨道交通 3 号线一期工程项目在社会资本方选择的过程中打破了传统的地域限制,引入异地具有丰富投资运营经验的社会资本方参与项目,引进了其他城市先进的轨道交通投资、建设、运营理念,能够有效地提高本市轨道交通行业的建设效率和运营服务水平,同时给行业内部带来了

"鲶鱼效应",激活了轨道交通原有的投资运营体制。

三、污水处理行业(市政工程)PPP 的应用与发展

污水处理行业同轨道交通行业一样均属于市政工程一级行业大类,市政工程一级行业大类 PPP 的发展情况如图 2-4 所示。我们选取污水处理行业的典型项目——广安市洁净水行动综合治理项目对 PPP 模式在污水处理行业的应用进行介绍。

(一) 项目概况

1. 广安市洁净水行动综合治理项目建设背景

(1) 广安市水污染防治形势严峻,"野蛮蔓延"的水污染成为广安市环境治理、转型发展的毒瘤。广安市洁净水行动始于 2014 年,当时,全市水污染防治形势严峻;农村水源污染日益加重,全市 172 个乡镇仅建成污水处理厂(站)69 座,且无生活污水处理设施的乡镇污水直排。此外,饮用水安全隐患重重,由于资金缺乏,城区部分备用水源的取水、净化、输送管网等硬件设施建设落后;环境监管力量薄弱,尚未形成横向到边、纵向到底的信息监控网络。[①] 在此背景下,2014 年 9 月 28 日,广安市市委第 86 次常委会审议通过了《中共广安市委广安市人民政府关于全面开展"洁净水"行动的意见》,要求全面扎实地开展洁净水行动,坚持"控建并举、保治结合"的八字方针不动摇,促进全市经济社会和环境协调可持续发展。

(2) 本级政府财力有限,引入 PPP 模式能有效化解治污资金困境。2014 年,广安市地方公共财政支出中节能环保支出总额为 4.43 亿元[②],与洁净水行动综合治理项目 29.51 亿元的总投资额相比,单就广安市自身财力状况而言显然无力承担。并且由于政府举债受限,广安市洁净水项目迫切需要引入社会资本等"金融活水"的参与,PPP 模式的适时引入可以有效化解治污资金困境。

2. 广安市洁净水行动综合治理项目建设内容及规模

广安市洁净水行动综合治理项目(以下简称"项目")总投资额为 29.51 亿元,项目的政府方(甲方)是广安发展建设集团,社会资本合作方(乙方)是中信水务产业基金管理有限公司(其中,广安发展建设集团占股 10%,中信水务产业基金管理有限公司占股 90%),项目合作期限 30 年。

[①] "为了水清天蓝广安美——广安市深入开展'洁净水'行动纪实(上篇)",广安市人民政府网站,http://www.guang-an.gov.cn/gasrmzfw/jjsxd/2014-10/19/content_1560d4a0abc54501a720270d0 85cb47a.shtml,2018 年 6 月 13 日。

[②] 《四川统计年鉴 2015》,四川省统计局网站,http://www.sc.stats.gov.cn/tjcbw/tjnj/2015/indexce.htm,2018 年 6 月 13 日。

项目的主要内容包括：一是广安市域流域内的流域治理工程；二是广安市域范围内新建的污水处理厂、污泥资源化处理处置中心、乡镇污水处理站（含管网）；三是广安市域范围内已建的污水处理厂、乡镇污水处理厂（站）特许经营转让及升级改造。

3. 广安市洁净水行动综合治理项目发展愿景

广安市洁净水行动综合治理项目旨在建立一个让人民群众"望得见山，看得见水，记得住乡愁"的新广安，通过适时引入 PPP 模式解决资金不足困境，并充分利用中信水务产业基金管理有限公司在城市供排水、水环境治理、垃圾处理等领域所具备的丰富的行业经验和雄厚的投融资实力，努力将广安的水环境综合治理项目打造成国内领先、国际一流的 PPP 示范项目。

（二）运作模式

1. 广安市洁净水行动综合治理项目基本特征

（1）整体打包 PPP 项目，政企高效联动。广安市洁净水项目在探路之初，就将辖区内 1 个县级市、2 个国家级开发园区、3 个县、108 个乡镇的城镇污水处理及资源化利用、农村污水处理、江河湖库水体治理等项目统一打捆包装成 PPP 项目，并公开招标引进中国水环境集团全域实施。此外，为了避免多方利益协调不易导致项目进程迟缓的局面，广安市专门成立洁净水行动 PPP 领导小组，由市(区、县)、财政、住建、水务等部门组成，简化办事程序；政府效率的提高有助于实现与社会资本合作的高效、有序衔接，真正发挥政企联动的优势。

（2）项目实施模式多元化，因地制宜选择实施模式。广安市洁净水行动综合治理项目包括污水处理厂等基础设施类、流域治理等工程类、污水处理设施改建等服务类。广安市在组织项目实施时，并没有采取只允许特许经营模式的"一刀切"做法，而是根据不同类别选择了差别化的实施模式，具体做法如下：①特许经营模式：对于新建污水处理厂（站）、污泥资源化处理处置中心、乡镇污水处理设施等基础设施类项目，采用授予项目公司特许经营权，由项目公司完成项目投资、建设、运营，并在特许经营期满后无偿向政府方移交该项目全部资产，并确保资产保存良好，运行正常。在特许经营期限内，由甲方向项目公司支付特许经营服务费。②流域治理服务模式：对于流域治理等工程类项目，采用项目公司提供投资、建设、服务的模式，政府方向项目公司支付服务费。此外，为了保障服务费按时支付，除整体项目付费在市财政预算中统一安排以外，各区(市县)财政部门也需要将每一年度需要支付的服务费纳入财政年度预算，并由市相关部门负责监督，并确保所有服务费在期限内必须支付。③托管运营模式：对于需要改建的污水处理厂、污泥处置中心等基础设施，采取项目公司托管运营方式进行合作，政府方向项目公司支付托管运营费。

（3）量化政府方保留风险，所选PPP行业属于国家重点扶持、推广示范项目。广安市洁净水行动综合治理项目在成立之初，就邀请四川大学等高校团队对建设期间政府保留风险进行了量化，并模拟测算了项目的净现金流量、风险承担支出占净现金流量的比例上限及相应的风险承担支出金额。结果发现：建设期内，政府保留风险成本与同期公共部门比较值建设成本的比值都在1%以内；运营期内，政府保留风险成本与同期公共部门比较值运营成本的比值都在13%以内，因此政府方保留风险都在风险承受能力范围以内。不仅如此，从产业所处宏观背景来看，洁净水工程属于国家大力支持的环保行业，不存在大的法律变更风险；同时，财政部等多部门也在积极推广支持此类项目试点示范，因而开发审批风险较低。

2. 主要创新点

（1）整体打包PPP项目，做实验改革的先行者。广安市洁净水行动展开之初，政府实施PPP模式建设项目尚在探路，中央也没有出台相关政策。3年探路过程中，广安洁净水项目将辖区内1个县级市、2个国家级开发园区、3个县、108个乡镇的城镇污水处理及资源化利用、农村污水处理、江河湖库水体治理等项目统一打捆包装成PPP项目，公开招标引进中国水环境集团全域实施。中国水环境集团对广安市洁净水项目进行了整体规划，并成为国内唯一的区域性和跨流域的水环境综合治理项目。① 事实上，重资产特许经营项目、农村乡镇污水处理项目、河/湖/库水体治理项目"肥瘦搭配"的综合打包模式，既提高了项目对社会资本的综合吸引力，又一次性地解决了政府的老大难问题；既提高了社会资本方的投资效率和政府投入效率，也有助于社会资本方站在区域整体的角度统筹考虑，并进行整体优化。

（2）专业的人干专业的事，克服传统政府方直接治理技术低下的弊端。建设污水处理厂是广安市洁净水行动综合治理项目中的重要内容。2015年年初，污水处理厂动工之初，施工方中国水环境集团就组织多次调研及专家论证，认为原排放标准达不到受纳水体渠江的环境容量与生态功能要求，于是自发提高出水水质标准。2016年12月，四川省环保厅发布了《四川省岷江、沱江流域水污染物排放标准》，要求省内重要流域污水处理厂需提高出水标准，此时的广安市污水处理厂已按该标准建成投入运营。这种专业团队事先的预见性克服了传统上由政府直接出资治理的技术弊端，不仅体现出专业社会资本方对区域环境容量的精准把握，而且避免了事前论证不充分、事后匆忙改造，以及"建成之

---

① 杨基松："由'补建设'向'补运营'转变 广安探路整体打包PPP项目治理水环境"，广安市人民政府网站，http://www.guang-an.gov.cn/gasrmzfw/pppxm/2017-07/17/content_c42fd1c0a842481d9ebe36a36fcd98ef.shtml，2018年6月13日。

日就是改造之日"的窘境。

(三) 实施效果

广安市洁净水行动综合治理项目PPP模式自2015年实施以来,通过全流域"打包"模式综合解决全区域水环境问题,县级以上集中式饮用水源达标率达100%,渠江、嘉陵江在重庆出水断面水质保持国家Ⅱ类标准,重庆市3 000多万人的饮水安全得到了保障。

广安市洁净水行动不仅让广安水更清、天更蓝、地更绿,也产生了巨大的经济利益。良好的生态环境吸引了正威国际、光大集团等一批世界500强企业和央企、知名企业入驻广安,深圳、北京、天津与广安共建产业园区成功落地。[①]

依托良好的生态环境,广安市规划建设形成了多个乡村旅游产业带,邓小平故里成功创建为国家5A级景区。目前,广安市已成功创建中国优秀旅游城市、国家卫生城市、国家森林城市,并以全国地级城市第三名的优异成绩进入全国文明城市行列。

(四) 借鉴价值

广安市洁净水行动综合治理项目是西部地区突破"缺钱、缺人、缺技术、缺管理"困境,率先在全流域利用PPP模式展开全流域综合治理的典型示范项目,并成功入选财政部PPP中心第二批国家示范项目。广安PPP模式探索可以总结的经验如下:一是通过PPP模式从全国找"专业的人干专业的事",避免"建成之日就是改造之日"的窘境。广安市污水处理厂正是由于专家团队在事前进行了充分论证,并自发提高出水水质标准,才满足了省环保厅提高出水水质标准以后的要求。而事实上,PPP模式下政府每年定期的绩效考核让企业有约束力和激励去提供长期的优质服务。二是建立洁净水行动PPP项目专门领导小组,避免区域范围内"多龙治水"引发的效率低下。鉴于普遍存在管理体制上"多龙治水"的格局,广安市在专门领导小组下,直接设立"洁净水"办公室,并将财政、住建、水务、环保等多部门集合在一起,简化办事程序,提高工作效率和服务水平。三是牢固树立"PPP不是简单的搞工程,而要注重事后数十年的合作运营"的信用理念。政府要合理安排每年度PPP的预算支出,事先量化并预测政府方可能承担的保留风险,不急于上马PPP项目,而要尽可能地确保所有经过物有所值评价和财政承受能力论证的项目能够高效运营。

---

① "四川省广安市用PPP模式治理全域水环境纪实",中国政府采购网,http://www.ccgp.gov.cn/specialtopic/pppzt/news/201703/t20170301_7960623.htm,2018年6月13日。

四、园区开发行业 PPP 的应用与发展

园区开发行业属于城镇综合开发(即片区开发)①一级行业大类,截至 2018 年 3 月,城镇综合开发一级行业大类累计项目数为 819 个,累计投资额为 20 431 亿元(见图 2-5)。相比于 2016 年 6 月的 554 个的项目数、10 128 亿元的投资额、项目数已累计增加 47.8%,项目投资额已累计增加 101.7%。

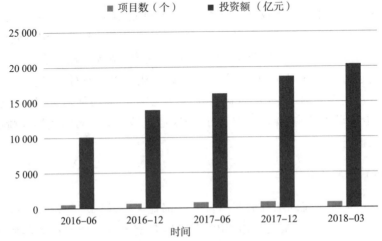

图 2-5 城镇综合开发一级行业大类 PPP 发展情况

我们将选取园区开发行业的典型项目——南浔区产业新城项目对 PPP 模式在园区开发行业的应用进行介绍。

(一) 项目概况

1. 南浔区产业新城 PPP 项目建设背景

(1) 地处长三角腹地,区位优势独特。南浔区是 2003 年 1 月建立的湖州市辖区,2017 年全区完成财政总收入 50.02 亿元,同比增长 30.45%。其中,一般公共预算收入完成 28.97 亿元,同比增长 32.6%。② 南浔区位于上海市西南方向 120 千米,地处长三角腹地区域,是湖州市接轨上海的前沿阵地。建立南浔区产业新城,是新时期湖州市打造优质产业载体、搭建高端产业平台承接上海产业外迁的战略选择。

---

① 城镇综合开发一级行业之前在 PPP 综合信息平台上也称"片区开发",因此 Wind-PPP 专题库中片区开发行业的数据与其保持一致。

② "湖州市南浔区 2017 年预算执行情况及 2018 年预算草案的报告",中国南浔政府信息公开平台网站,http://www.nanxun.gov.cn/xxgk/jcms_files/jcms1/web19/site/art/2018/1/30/art_10373_77152.html,2018 年 6 月 14 日。

（2）产业新城模式经受考验,焕发蓬勃活力。南浔区产业新城是华夏幸福基业股份有限公司(以下简称"华夏幸福")在浙江省开发建设运营的第二座产业新城,之所以选择产业新城的开发模式,是因为"固安产业新城""嘉善产业新城"等经过时间检验,迸发出了旺盛的生命力。以固安县为例,2017年,全县财政收入完成98.5亿元,同比增长21.9%;一般公共预算收入完成41.4亿元,同比增长13.7%,总量居河北省第3位。在中国社会科学院发布的《中国县域经济发展报告(2017)》中,固安县入选"中国投资潜力百强县(市)"。毫无疑问,产业新城模式是固安县实现跨越式发展的助推器。南浔区产业新城PPP项目由湖州市南浔区政府与华夏幸福在2016年12月正式签约,按照"东城西产"的空间格局,重点发展"新能源汽车、机器人、轻工装备、生物医药"四大产业集群,致力于打造以产业、科技、城市为发展方向的科技新城。①

2. 南浔区产业新城PPP项目建设内容及规模

南浔区产业新城PPP项目合作区域面积49.09平方千米(其中,北区23.54平方千米,南区25.55平方千米(见图2-6);实际开发面积约为29平方千米),项目总投资额为450亿元,合作期限为35年。

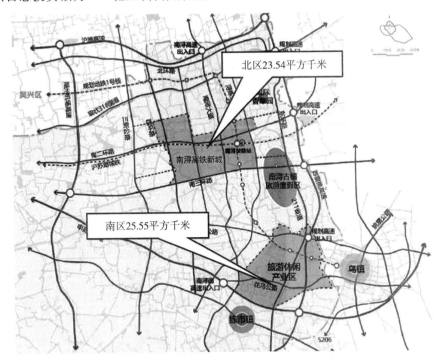

图2-6 南浔区产业新城规划

---

① 秦正长:"南浔产业新城 理想照进现实",浙江新闻网站,http://baijiahao.baidu.com/s?id=15879268 57612933184&wfr=spider&for=pc,2018年6月14日。

南浔区产业新城PPP项目属于新型城镇化产城融合综合类项目,建设内容包括以下方面:①规划设计咨询服务:整合国际、国内顶尖的产业规划资源,为区域制订精准的产业发展规划,并为后续规划设计与产业招商提供依据和方向。②土地整理投资:社会资本提供资金配合政府相关职能部门对区域土地进行整理及相关的安置建设,保证区域内土地直接供给所需企业。③基础设施及公共配套设施建设:在区域中进行道路、供水、供电、排水等基础设施及学校、医院等公共配套项目的建设,保证入园企业全方位生产生活需求,促进公共资源配置均等化。④产业发展服务工作:在政府主导下,政府和社会资本共同搭建产业发展与招商引资平台,对区域进行宣传、推广并进行招商引资,努力将本项目打造成新型城镇化全国示范项目。⑤区域运营管理:在政府授权范围内,社会资本对区域进行物业管理、公共项目经营和维护、基础设施维护等。

3. 南浔区产业新城PPP项目发展愿景

南浔区产业新城确立了"太湖南科技高铁新城、长三角中西合璧水乡"的目标定位。按照"东城西产"的空间格局,重点围绕"新能源汽车、机器人、轻工装备、生物医药"四大产业集群规划专业园区,通过实现高端产业资源的导入和集群发展,书写"重振南浔辉煌"的新篇章。

(二) 运作模式

1. 南浔区产业新城PPP项目基本特征

(1) 政企合作,采用"BOT+政府付费"的具体运作方式。南浔区产业新城PPP项目选择的社会资本方是国内产业新城模式最深入的践行者华夏幸福,南浔区政府和华夏幸福合作设立项目公司,承担工程项目开发、建设、产业发展服务、运营、维护和移交等职责。合同期内,由项目公司负责产业新城的运营和维护,政府则是通过向项目公司支付服务费等方式购买委托区域内的开发运营服务。合同期满后,项目公司将基础设施和公共服务类资产及相关权利完整无偿地移交给政府或政府指定机构。

(2) 建立恰当的定价和利益调整机制,适时开发引领产业新城建设。南浔区产业新城PPP项目属于片区开发经营项目,以新建固定资产项目为主。不同于单体PPP项目,该项目投资规模巨大、投资回报期限长,很容易出现收益率偏差。因此,该项目特别安排了定价调整机制,当项目投资收益出现和预期收益较大偏差的情况时,政府方和社会资本方都有权提议对原收益回报方案进行调整,经双方协商一致后另行签订PPP补充协议予以修正。

(3) 回报机制及绩效考核安排。南浔区产业新城PPP项目的回报机制由政府付费和使用者付费相结合,社会资本的投资及回报资金来源主要为政府付费,上限不超过合作区域新增财政收入企业应享有的部分。政府需支付的费用包括建设服务费、土地整理投资费、产业发展服务费、规划设计、咨询等服务费、运营维护服务费等。使用者付费的内容包括合作区域物业管理服务、部分公共项目及公用事业服务等。此外,南浔区产业新城PPP项目由政府方建立绩效考核机制,就社会资本方受托事项进行全生命周期的绩效考核,具体包括三方面内容:①建设工程可用性考核验收标准:对设计标准、施工标准、验收标准、安全生产要求、环境保护要求等做出具体规定;②运营维护绩效考核标准体系:项目公司负责编制项目运营维护方案并交政府方审核通过,项目公司应严格遵守维护方案,其最终提供的公共服务质量会成为支付对价的重要依据;③奖励激励机制:若项目公司在节约成本、引入优质企业、招商引资等方面取得实效时,对项目公司进行奖励,不断提升产业新城的招商口碑和服务品质,上限不应超过约定的产业发展服务费。

(4) 风险分担机制安排。南浔区产业新城PPP项目在启动之初,就确立了如下的分项风险分配原则,包括但不限于:①承担风险的一方应对该风险最具控制力,且由该方承担最有效率;②承担风险的一方有能力将该风险合理转移;③承担风险的一方对于控制该风险拥有更大的经济利益和动机;④如果风险最终发生,承担风险的一方不应将由此产生的费用和损失转移给合同向对方。基于上述基本原则,南浔区产业新城PPP项目的核心风险分配框架如下:①设计、地址勘查、融资、建设、运营等风险主要由项目公司承担;②政策、法律变更等保留风险由政府承担;③不可抗力风险等由政府和项目公司合理共担。

2. 主要创新点

(1) 将城市建设与地域文化有机结合,注重文化品牌构建和创新要素集聚。南浔区产业新城PPP项目在建立之初,就确立了"长三角中西合璧水乡"的目标定位,以自然为基底,依托南浔地区特色的水乡资源,将古镇文化元素融入南浔产业新城的发展方案当中。注重文化品牌构建,导入上海科技创新型人才,并吸引创新要素集聚,将成为南浔产业新城的重要抓手。

(2) 产业布局具有前瞻性和预见性,准确把握产业承接趋势,做到"能够承接的绝不外逃"。南浔区产业新城规划之初,确立的四大产业集群分别是新能源汽车、机器人、轻工装备和生物医药。新能源汽车产业属于国家战略性新兴产业,长三角地区整车厂集聚将对核心零部件产生大量需求,具备新能源汽车集群发展的优势。智能制造、生物医药等产业方面,沪苏目前相关产业用地基本处于饱和状态,就近承接需求量巨大。此外,南浔本地制造业、轻工装备等升级需求极大,这些产业的厂商都以市场需求为导向,厂址也多选在靠近消费端,因而南浔与沪苏等地对接以后潜力巨大。

（三）实施效果

南浔区产业新城PPP项目于2016年12月签约，截至2017年12月，南浔区产业新城累计签约项目9个，实现签约落地投资额43.6亿元，其中10亿元大项目3个、5亿元大项目1个。跟踪储备项目12个，预计签约落地投资额达97亿元。目前成功引进的项目包括：生产、设计、销售游艇及游艇设备的上海德菲尔游艇项目，制造彩妆设备的上海天泽项目，以及为医学领域提供技术服务的上海猎源项目和默禾医疗项目。

此外，南浔区产业新城聚焦产业集群打造，北区围绕新能源汽车集群、机器人、生物医药产业集群，建载体、拓资源、落项目，全线出击；南区围绕轻工装备产业集群，精规划，定方向，强配套，成效明显。产业新城正是抓住了沪苏当地智能制造装备、生物医药等产业用地基本处于饱和状态，就近转移需求量巨大的实际，才致力于完善相关产业基础，真正做好承接沪苏产业的排头兵。

（四）借鉴价值

南浔区产业新城PPP项目是湖州市响应长三角地区进一步深化区域协调发展战略、加快区域新型城镇化建设的重要举措，并成功入选财政部PPP中心第四批国家示范项目。南浔区产业新城PPP模式探索可以总结的经验如下：一是产业新城建设过程中要从根本上提升职住平衡度，实现产业、配套及人员之间的良性互动关系。南浔区产业新城在建设过程中，除了积极布局新兴产业、引进上海"高精尖"项目承接上海产业外溢，还致力于构建有利于创业创新的人居生态环境，通过相关基础设施配套、居住功能强化等方式，让南浔区产业新城真正可以留得住人，留得久人。二是产业新城建设要充分利用好地理区位优势条件，通过完善本地产业基础做到"能够承接的绝不外逃"。南浔区产业新城将新能源汽车、机器人、轻工装备及生物医药定位为四大支柱性行业，正是看中了其毗邻沪苏等新能源汽车和智能制造装备产业中心的地理区位优势，而沪苏周边相关产业的用地已趋于饱和，因而目前正是承接沪苏等地存在大量外溢需求的新能源汽车、机器人、轻工装备及生物医药企业的最佳时机。当然，只有建立完善的配套产业基础，才能确保满足这些高技术产业对人员、配套基础设施等的需求。三是产业新城要做出新意，必须打好"文化"牌，注重区域文化品牌构建。南浔作为江南水乡名镇，产业新城建设中在考虑周边原有水系的基础上，结合水体再现水乡古镇的传统街道空间，真正做到了活用生态、塑造文化，致力于打造"长三角中西合璧水乡"。

五、生态建设和环境保护行业 PPP 的应用与发展

截至 2018 年 3 月,生态建设和环境保护一级行业大类累计项目数为 931 个,累计投资额为 10 659.45 亿元(见图 2-7)。相比于 2016 年 6 月的 498 个的项目数、4 918.00 亿元的投资额,项目数已累计增加 86.9%,项目投资额已累计增加 187.1%。

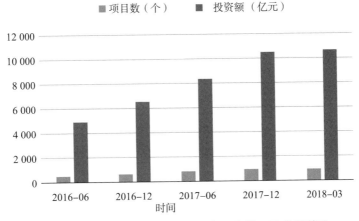

图 2-7　生态建设和环境保护一级行业大类 PPP 发展情况

我们将选取生态建设和环境保护行业的典型项目——云南省保山市腾冲市全域旅游综合能力提升及生态修复项目①对 PPP 模式在生态建设和环境保护行业的应用进行介绍。

(一)项目概况

1. 项目建设背景

(1)生态环境良好,环境问题逐渐显现,公共设施制约发展。腾冲市历史悠久,生态环境良好,有着中国"极边第一城"的美称。腾冲市具有区位、土地、生态、旅游等多重价值,拥有国家级风景名胜区、火山地热国家地质公园等自然资源和风景名胜,天然旅游资源十分丰富,是云南省乃至全国范围内热门的旅游目的地,于 2016 年被列入国家公布的首批 262 个"全域旅游示范区"名单。长期以来,腾冲市缺乏全面而系统的全域旅游发展规划,制约了当地实现更加长足的发展。腾冲市的基础设施建设已经难以满足生态建设和环境保护的需求,伴随经济社会的不断发展,环境破坏和污染问题逐渐显现,部分生态环境受

---

① 本项目在财政部 PPP 项目库中的行业类别为生态建设与环境保护(一级行业)中的其他行业(二级行业)。

损,对当地造成了一定的负面影响,亟待修复和改善。

(2)本级政府财力有限,城市建设和生态建设的需求带来较大财政资金压力。作为国家级对外开放口岸,腾冲市公共服务、社会事业及基础设施等领域急需建设的项目较多,且出于防范地方政府债务风险的目的,国家收紧地方政府债务规模,对地方政府融资方式进行了规范,对地方财力产生了重要影响。腾冲市2011—2015年财政一般公共预算支出分别为30.55亿元、35.94亿元、38.71亿元、41.86亿元、45.36亿元,项目确定的投资规模(18.21亿元)约占2015年财政一般公共预算支出的1/4,如果该项目单独由腾冲市本级政府财力作为保障,将使地方财政承受巨大的资金压力,引入PPP模式成为解决城市建设与生态环境发展需求和地方财力相对不足矛盾的有效方式。

2. 项目建设内容及规模

腾冲市全域旅游综合能力提升及生态修复项目总投资额约为18.21亿元,项目的政府方(甲方)为腾冲市住房和城乡建设局,社会资本合作方(乙方)为腾冲全域东方文化旅游投资有限公司,项目公司设定的政府和社会资本出资比例为2∶8,项目合作期限为15年。

项目的主要内容包括大盈江及两岸生态河滨景观工程、海绵城市四湖(欢乐湖、如意湖、绮罗湖、小西湖)建设工程、水生态湿地修复景观工程、两山(宝峰山、来凤山)生态屏障及生态体系建设工程、老城区道路(迎宾大道、腾梁路)提升景观工程、城市夜间亮化工程、城市水秀工程、万亩田园通行系统及绿道建设工程、游客集散中心建筑工程,建设内容涵盖了旅游开发、基础设施提升、生态治理等多个方面。

3. 项目发展愿景

项目建设积极响应国家对全域旅游的号召,依托腾冲市核心的自然和人文资源,按照"全景式打造、全方位服务、全社会参与、全季节体验、全产业发展、全区域管理"的全域旅游思路,重点打造腾冲市全域旅游的基础设施,为全景化、资源优化整合、空间有序、产品丰富、产业发达、科学系统的全域旅游奠定坚实基础。项目建成后将显著地提高腾冲市的城市形象,改善居民生活环境,提高腾冲市人民的生活水平,对腾冲市的生态环境保护和旅游业发展有积极的推动作用。同时,腾冲市全域旅游项目的实施对开发云南省其他地区的生态环境保护具有良好的带动作用和推广示范价值。

(二)运作模式

1. 项目基本特征

项目采用"BOT+政府付费"的具体运作方式,由腾冲市建安公司作为政府资本实际出资方与选定的社会资本方签订《合资合作协议》,组建项目公司。腾冲市住建局与项目公司签订《PPP 项目合同》,授予项目公司投资、设计、建设、运营、管理项目,对游客集散中心的物业进行管理并收取费用、运营管理游客集散中心停车场并收取停车费的权利。合同期满后项目资产及相关权利等按法定程序无偿移交给政府或政府指定的其他机构。对于项目经营收入不足以覆盖社会资本投资及合理回报的缺口部分,政府通过财政承受能力论证后将其纳入财政预算,根据 PPP 项目合同约定,按照绩效考核结果给予项目公司可行性缺口补助。项目政府和社会资本合作期限为 15 年,其中建设期 3 年,运营期 12 年。

2. 主要创新点

(1) 集生态修复、城市建设、旅游开发于一体,综合提升城市竞争力。项目在建设内容方面将城市建设、旅游开发、生态修复等腾冲市经济社会发展过程中的重要组成部分融汇其中,包含河道治理、生态修复、亮化、城市景观提升、道路建设等多个维度的内容,项目完成后将极大地提升城市整体竞争力,推动经济产业、生态环境、百姓民生等领域共同改善和协调发展,实现经济效益、环境效益、社会效益的三重目标。项目的开展有助于促进腾冲市变得更加宜居住、宜生产、宜旅游,使广大居民受益,同时也将为腾冲市创建良好的商贸环境,推进全域旅游模式、经济结构、社会结构、城市功能结构及生态环境面貌的转换和现代化建设,保障经济社会的可持续发展,为社会的和谐与繁荣创造良好环境。

(2) 充分发挥社会资本方丰富的行业服务经验,深度推进全域旅游模式。作为项目的社会资本合作方,东方园林文旅集团依托的东方园林集团具有从事市政基础设施、城市景观系统、城市生态系统、城市运营系统等相关业务的丰富服务经验,具有较强的设计、建设和运营能力,具备较好的全域旅游开发建设能力和管理经验。对于腾冲市全域旅游的发展规划,东方园林文旅集团从生态环境整治、景观体系构建、区域产业核心系统升级等方面进行了全局规划,充分发挥腾冲市的生态、气候、资源、区位优势,协助腾冲市政府完成全域旅游体系搭建,推动腾冲市旅游、文化、体育、生态等领域多重业态转型升级和提质增效,合作对深入解决腾冲市全域旅游的整体布局与投资平衡问题具有深远意义。①

(3) 紧密结合国家和地区发展战略,得到各层次政策高度支持。项目紧密地将国家发展战略和地区发展特点相结合,以环境治理修复和旅游综合能力提升为主要项目建设内容,与国家、省、市等各个层面政策方针高度契合,得到政策的有力支持。国家层面,《国务院关于促进旅游业改革发展的若干意见》(国

---

① 李齐凡:"崭露头角开先河 PPP 力促云南文旅产业投融资",云南旅游政务网,http://www.ynta.gov.cn/Item/33729.aspx,2018 年 6 月 28 日。

发〔2014〕31号）提出创新发展理念、推动区域旅游一体化，为腾冲推动旅游产业转型升级，实现从小旅游格局向大旅游格局转变。同时国家大力推进美丽乡村建设和生态文明建设，生态环境的保护和建设上升到国家战略的高度，对腾冲市等生态环境优美、旅游资源丰富的地区提出了更高要求。云南省层面，2016年，《云南省旅游产业转型升级三年（2016—2018年）行动计划》《全域旅游创建项目名录》及云南省旅游产业发展推进会议提出，实施全域旅游发展战略是新时期云南省旅游发展的总体战略，全省要以全域旅游为方向，以优化结构、转型升级、提质增效为主线，全力推动旅游产业转型升级。保山市层面，"十二五"以来，保山市把握国家实施"一带一路一廊"倡议和云南建设"旅游强省"机遇，全面实施"文化旅游名市"战略，围绕打造温泉之都、珠宝之都、休闲之都"三张旅游名片"，转变发展方式，推进旅游转型升级。

（三）实施效果

项目于2017年6月签订项目合同，成为全国率先落地建设的全域旅游PPP项目之一，项目建设内容预计将在三年的建设周期内陆续建成并投入运营，各项目前正在有序推进，部分项目已取得一定的经济社会效益，重点景区公共交通和基础设施得到大幅提升。项目实施过程中，作为社会资本方的东方园林文旅集团以PPP投资形式，与腾冲在全域旅游、城市品牌运营、景区投资建设、产业招商运作、重大体育赛事组织等方面展开深度合作，实现了腾冲市在全域旅游系统的构建与升级，腾冲市的旅游业逐步实现了从"景点旅游"到"全域旅游"转变和跨越，其全域旅游发展模式获得国家旅游局关注和认可，被写入《2017全域旅游发展报告》。[①]

（四）借鉴价值

项目结合地区经济、社会、环境发展的实际需要和突出问题，在全域旅游和生态修复领域创新性地使用PPP模式，解决了发展建设资金和管理运营经验相对不足的问题，实现了经济效益、社会效益和环境效益的三重目标，为国内其他省份的实践提供了可借鉴的经验。腾冲市PPP模式的探索经验主要有以下三个方面：一是项目本身充分考虑了地区发展的实际需要，将全域旅游开发和生态环境修复纳入项目建设内容，着力解决腾冲市目前存在且较为突出的旅游业"大而不强"、基础设施建设水平相对薄弱和部分生态环境受损问题，契合了国家、省、市等各级的发展战略，得到相关政策的有力支持，为项目成功设立实施

---

① "东方园林打造'云南样板'开启全域旅游时代"，搜狐网，http://www.sohu.com/a/235725924_493239，2018年6月28日。

奠定了扎实的基础。二是项目实施方案设计合理,综合运用运营机制设计、财政支出安排等方式合理地将具有盈利能力和公益性质的项目内容"打包结合",使两者能够相互促进、协调发展,既提高了项目的盈利性、增强了项目本身对社会资本的吸引力,又极大地缓解了项目实施对地方财政造成的资金压力,风险和收益得到了较好的平衡,实现了政府和社会资本方的合作共赢。三是充分发挥社会资本方的项目开发和管理经验优势,选择了具有城市设计、建设、运营完整产业链服务经验的社会资本方参与项目,对项目的全过程进行规划和把控,为项目的实施和管理注入了强大的"软实力",确保项目实施和后续运营的高质高效。

六、文化场馆行业(文化)PPP 的应用和发展

文化场馆二级行业同古城保护行业一样均属于文化一级行业大类,文化一级行业大类 PPP 的发展情况如图 2-8 所示。我们选取文化场馆行业的典型项目——肥乡区文化艺术中心项目,对 PPP 模式在文化场馆建设行业的应用进行介绍。

图 2-8 文化一级行业大类 PPP 发展情况

(一)项目概况

1. 肥乡区文化艺术中心 PPP 项目建设背景

(1)政策支持助力文化领域 PPP 发展迈上新台阶。近年来,作为一种新型的公私合作模式,PPP 被广泛地运用到公共交通公用设施及社会公共服务等领域中来。2016 年 5 月,国务院办公厅正式发布《关于在公共服务领域推广政府与社会资本合作模式指导意见的通知》(国办发〔2015〕42 号),首次将文化领域纳入 PPP 模式的推广范围。2017 年 2 月,在《文化部"十三五"时期文化发展改革规划》里,重点提到要鼓励和引导社会资本进入文化产业,鼓励社会资本进入

文化企业孵化器、文化资源保护开发等新兴领域。地方政府在提供公共服务时一般以公共服务均等化作为政策目标，引入社会资本有助于打破政府垄断，提高资金利用效率，推动公共服务质量和水平的提升。

（2）本项目符合肥乡区规划发展的需要。肥乡区（时称肥乡县）位于河北省南部，地处晋、冀、鲁、豫四省交界，区位优势得天独厚，交通便利，资源丰富。肥乡区辖9个乡（镇），265个行政村，总面积502.5平方千米，人口40.6万余人。肥乡区古称肥邑，是战国时赵国首辅相国肥义的封地，三国魏文帝建县至今已有1700多年的历史。境内拥有战国"四君子"之一的平原君赵胜墓景区和窦默墓、圣井3处省级文物保护单位。与平原君赵胜密不可分的、具有历史和现实教育意义的"一言九鼎"等历史成语典故有30多个。为改善目前肥乡区文化基础设施欠缺的现状，与经济发展和人民群众日益增长的文化需求相适应，当地政府根据《肥乡区城乡总体规划》，经过详细的调研论证，听取各方意见，从当前和长远发展考虑，经肥乡区城乡规划委员会2016年10月21日会议，原则同意拟在泰安路与希望街交叉口西南角建设本项目。

（3）本项目符合肥乡区文化发展的需要。近年来随着经济发展，城乡一体化规模的不断拓展，肥乡区加快推进各项基础、公建配套设施建设，大力发展城乡一体化，致力于把自身打造成为邯郸市重要的开发区之一。启动本项目是适应肥乡区又快又好发展的迫切需求。文化中心是群众进行文化活动的重要场所，是传播社会主义精神文明的阵地。加强文化事业设施的建设，对于加强基层文化工作，进一步建设和巩固社会主义文化阵地，活跃和丰富人民群众的精神文化生活，促进经济和社会发展，具有重要意义。宣传文化中心的多功能厅不仅具有会议功能，还具有观看高质量文艺演出功能；博物馆的建设弥补了肥乡区没有博物馆的空白；规划展览馆能够记录展出县城的历史变迁与美好蓝图；新图书馆的建成为群众提供了环境优美、设施一流的学习环境，有利于市民文化素质提高；休闲娱乐及辅导培训室为群众提供了陶冶情操、培养艺术情趣的场所。

（4）本项目符合提高区域公共服务质量的需要。随着肥乡区经济的快速发展，本项目凭借其优越的地理位置，合理规划、科学管理，能够不断地提升城市品位和档次，方便城乡居民生活。本项目的建设将有助于完善肥乡区文化事业发展环境，改善肥乡区的投资环境，提高公共文化事业服务水平和服务质量。对于提升肥乡区的知名度和美誉度，以及提高邯郸市肥乡区新区域竞争力和影响力影响深远。

2. 建设内容及规模

文艺中心占地110亩，总建筑面积2.8万平方米，总投资金额约为2.4亿元，主要是针对拟建设一栋综合性质的文化艺术中心，包含电影院、文化馆、规划馆、会议用房、文化展览、博物馆、剧场、其他配套服务用房等使用功能的公用服务设施,并建设配套广场、道路、绿化等基础设施进行运营和维护。

3. 发展愿景

肥乡区文化艺术中心 PPP 项目是一个公益文化服务和商业文化消费的有机结合,依托政府的资源禀赋和地理区位优势,结合各地独特的历史人文积淀、科技创新成果和地方各族人民群众的文化需求,以打造文化科技综合服务中心为目标,打造文化服务的新载体、文化消费的新地标,并通过项目的运营不断提高公共文化服务能力,促进城市的商业文化消费,为新型城镇化建设增添文化力量。

(二) 运作模式

1. 项目基本特征

(1) 采用 PPP 模式中的 BOT 模式,政企高效联动。本项目采用 PPP 模式,融资责任及风险由项目公司来承担,项目公司会根据项目实际资金需求安排和调整融资计划,在一定程度上降低了项目融资成本;此外,相比于 BOT 模式,本项目采用 PPP 模式,前期政府方仅需支出股权投资费用,公共财政投入较少,较好地发挥了杠杆作用,这对提高财政资金效率、加快新型城镇化建设有比较重要的意义。通过合理的风险分配和良好的合作机制,使得项目失败的概率大大降低,避免了公共资源的浪费。

本项目作为新建项目,有融资需求,而政府方为加快项目进展、合理把控项目总投资,已委托规划设计单位开展了规划、设计工作,因此结合本项目的实际情况,则本项目适宜选择 BOT 模式,由政府和社会资本方合资成立的项目公司承担项目融资、建设、运营、维护和用户服务职责。采用 BOT 模式有助于政府降低财政负担,提高项目的运作效率,且组织机构相对简单,项目回报率明确,有利于减少政府和社会资本的利益纠纷。

(2) 精准风险识别,确保风险可控。风险识别与分配主要考核在项目全生命周期内,各风险因素是否得到充分识别,并在政府和社会资本方之间进行合理分配。本项目合作期长达 12 年,不确定因素较多,风险(如项目审批风险、税收风险、土地获取风险、社会稳定性风险、设计风险、融资风险、建设风险、运营风险、信用风险和不可抗力等风险)较大。本项目风险分配遵循风险最优分配、风险可控、风险和收益对等的原则,准确识别了项目开始后可能存在的各种风险,将可识别的项目风险在政府方和项目公司/社会资本方间进行了优化分配,以确保项目的顺利进行。

(3) 绩效导向明确,创新动力十足。PPP 模式下,政府方财政补贴支出与项目公司绩效考核结果挂钩,并且均建立了覆盖项目全生命周期的履约保函机制,将激励社会资本方提高契约精神、改进管理模式、加强管理人员及职工培训、提高运营管理效率、重视项目实施效果,从而集约化项目资源、降低项目建设运营维护成本、提高公共服务质量。此外,PPP 模式能把政府机构的社会责任、远景规划、协调能力与社会资本方的企业家精神、资金支持、技术手段和管理效率结合到一起,可以实现 1+1>2 的效果;通过政府与社会资本方合作模式,政府的政绩工程与社会资本方经济利益及社会责任感能够有效地衔接起来,在一定程度上激励着政府和社会资本方追求互利的长期目标,以最有效的方式为公众提供高质量的服务。本项目采取 PPP 模式,由社会资本方参与项目能推动项目投融资、施工、设施管理等方面的革新,通过传播先进管理理念和经验,提高办事效率;项目公司的收入来源主要为影院收入、场地租赁收入、剧场收入,政府可行性缺口补助总额与项目公司绩效考核结果及使用量挂钩,正向激励社会资本与项目公司(SPV)提高实施效率、管理水平,从而提高肥乡区文化艺术中心 PPP 项目运营维护质量。此外,肥乡区人民政府迫切希望通过 PPP 模式,加快推进本地区文化工程领域投融资体制改革,加快转变政府职能,充分发挥政府方在监督、协调方面及社会资本方在资金、技术、管理经验等方面的优势。同时本项目在确保项目建设质量的前期下,鼓励社会资本方优化施工组织设计、创新施工技术,加快项目进度。

2. 主要创新点

(1) 率先加入先进科技文化模式,做实验改革的先行者。文化领域的 PPP 项目建设目前还处在摸索阶段,社会资本方北方华录作为其中的先行者,始终围绕"文化+科技""公益+商业""设施+活动"的理念,积极与当地政府合作,谋求契合点,本着"以文化人,以人化城"的企业理念,打造综合一体化的文化场馆。事实上,文化场馆综合体的建造,既提高了项目对社会资本的综合吸引力,又一次性地解决了政府的老大难问题;既提高了社会资本方的投资效率和政府投入效率,也有助于社会资本方站在区域整体的角度统筹考虑,并进行整体优化。

(2) 发挥社会资本方为央企的比较优势。社会资本方北方华录多年来扎根于三四线城市文化建设,比较优势明确,致力于城市公共文化基础设施、文化娱乐设施、文化旅游设施的策划、投资、建设、提档升级与综合运营管理。目前公司已为全国九十多个县市提供了文化设施和文化活动的策划、投资、建设及运营全案服务,建立了以公共文化服务为核心,文化娱乐、文化旅游、文化教育为依托的文化场景生态圈,大力推动文化与旅游、娱乐、教育融合发展,不断提升城市公共文化服务能力,促进城市商业文化消费,为新型城镇化建设注入文化力量。

(3) 引进社会资本,助力完善文化场馆建设,联动多行业发展机制。本项目公共产品或公共服务的内容为融资、建设一栋文化艺术中心楼,包含影院、文化馆、规划馆、会议用房、文化展览、博物馆、剧场、其他配套服务用房等使用功能的公用服务设施,社会资本方在运营期内对以上设施进行运营、维护。加快推进项目地公共文化设施建设,助推文化事业发展,实施文化科技综合服务中心建设行业标杆。项目落成后将带动文化服务、教育培训、创意产品、文化会展、演出经纪等相关行业人员就业岗位 1 000 余个,激发本地文化消费市场总量跃升进入千万级行列。该项目是集城市规划、产业发展、历史人文与特色资源于一体的综合性城市展览展示场馆。

(三) 实施效果

项目建成后将进一步带动当地文化服务、教育培训、创新产业、文化会展、演出经纪等相关行业人员实现就业,激发地方文化消费市场总量,逐步形成以文化中心为城市新热点的区域一体化发展新格局。

社会资本方将利用自身在品牌、产业、资金、技术、管理等方面的优势,与政府机构共同打造精品文化项目,推动文化产业发展,提升当地文化品质,拉动文化消费。

项目建成后将成为城市对外交流平台、新城市文化中心与旅游目的地及国内外游客、投资者了解地方的重要窗口,同时提升政府文化形象,丰富人民精神生活,推动文化、经济发展及建设和谐社会。

中 篇

中国 PPP 发展的数据与现状

第三章　中国 PPP 发展的基本现状

随着社会资本参与 PPP 项目的广度与深度不断提升,越来越多的 PPP 项目开始在全国各地普遍开展。近几年,从中央到地方均建立了 PPP 项目库,以搜集社会资本在公共服务领域多个行业的 PPP 项目数据,推广典型示范项目,为更多潜在的 PPP 参与者提供案例指引。目前,我国社会资本参与 PPP 项目的数据主要集中在两个国家级项目库中。两个项目库分别由国家发展改革委与财政部牵头建设,分别由各地财政厅及地方发改委申报具体项目,财政部与国家发展改革委择优遴选入库。除国家级项目库外,各地还有自己的 PPP 项目库,遴选标准会相对放宽,故地方项目库的项目总和远远大于国家级项目库。

其中,国家发展改革委 PPP 项目库于 2015 年 5 月正式建立,主要负责推介我国各省份基础设施建设领域的 PPP 项目。至今,国家发展改革委已对外推介四批示范项目:2015 年 5 月,首批向社会公开推介 1 043 个项目,总投资约为 1.97 万亿元,伴随后续部分项目清理出库,目前首批项目在库 638 个,总投资约为 1.28 万亿元;同年 10 月,国家发展改革委与全国工商联联合推介 7 个省份的 287 个项目,总投资约为 0.95 万亿元;同年 12 月,国家发展改革委公布第二批 1 488 个项目,总投资约为 2.26 万亿元;2016 年 9 月,国家发展改革委向社会公布第三批示范项目,也是第一批向社会资本推介传统基础设施领域 PPP 项目,共计 1 233 个,总投资约为 2.14 万亿元。

财政部项目库,又叫财政部 PPP 综合信息平台,于 2016 年 1 月正式上线,其推介项目主要集中在公共服务领域。截至 2017 年 12 月 31 日,项目库已包含 12 259 个 PPP 项目,总投资近 17.2 万亿元。财政部也先后对外推出了四批示范项目:首批示范项目于 2014 年 11 月公示,目前在库 21 个项目,总投资约为 687 亿元;第二批于 2015 年 9 月公示,目前在库 160 个项目,总投资约为 4 676 亿元;第三批于 2016 年 10 月公示,目前在库 432 个,总投资约为 9 623 亿元;第四批于 2018 年 2 月公示,目前在库 396 个,总投资约为 7 531 亿元。

综合项目的数量、质量与数据的可获得性,本章将结合国家发展改革委 PPP 项目库和财政部 PPP 综合信息平台数据。截至 2017 年 12 月 31 日,国家发展改革委 PPP 项目库中有 3 646 个项目,财政部 PPP 项目库有 12 259 个项目。我们将以此为基础,进一步从总体项目、各省项目、示范项目来对我国 PPP

发展的基本现状进行分析,从而更直观地了解我国目前 PPP 发展呈现的典型行为特征。

一、中国 PPP 发展的总体项目现状

(一) 总体数量显著增长,政府发起占据主导

如图 3-1 所示,按项目库中项目的发起时间计算,2015 年以前 PPP 项目发起数量较少,仅财政部 PPP 项目库有部分数据记载,2015 年以前累计发行 PPP 项目 805 个,总投资额为 13 200 亿元。2015 年以后,伴随中央鼓励政府社会资本合作的政策支持,PPP 迎来了井喷式的发展。财政部 PPP 项目库显示,仅 2015 年一年,PPP 项目发起数量就超过了 2004—2014 年的总和,达到 3 679 个,总投资额为 489 000 亿元,随后在 2016 年和 2017 年 PPP 项目发起数量与发起金额仍居高位。如图 3-2 所示,国家发展改革委 PPP 项目库显示,2015 年先后面向社会推介了三批 PPP 项目,共计 2 413 个,总投资额为 449 000 亿元;2016 年第一批向社会资本推介传统基础设施领域 PPP 项目 1 233 个,总投资额为 214 000 亿元。目前,伴随对 PPP 项目的规范管理和对入库项目的严格要求,PPP 增长速度有所放缓,但仍然是地方政府提供公共服务和基础设施的重要采纳手段。

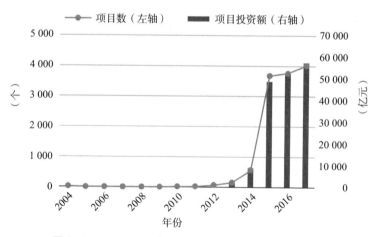

图 3-1　2004—2016 年 PPP 项目发起数量和发起金额
资料来源:财政部 PPP 项目库。

此外,财政部 PPP 项目库数据对于项目是否由政府或社会资本发起进行了区分。我们发现,在发起人分布上,政府始终占据绝对优势,社会资本主动发起项目的热情相对不足。如图 3-3 所示,根据对财政部 PPP 项目库的数据统计,全部 PPP 项目中,政府发起的项目数量占比超过 98%,社会资本发起的项目仅

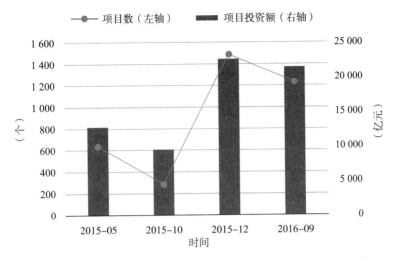

图 3-2　2015 年 5 月至 2016 年 9 月 PPP 项目发起数量和发起金额

资料来源：国家发展改革委 PPP 项目库。

占项目库的不足 2%。而对发起人进行的逐年统计更显示出由社会资本发起项目占比的下降趋势（见图 3-4），从 2013 年的超过 7% 下滑至 2017 年的不足 1%。社会资本在 PPP 项目发起占比较低体现出了我国的社会资本在参与 PPP 项目的热情上，存在积极但不主动的倾向。

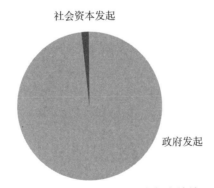

图 3-3　全部 PPP 项目发起人统计

资料来源：财政部 PPP 项目库。

（二）行业选择上，广泛分布与相对集中，市政和交通行业占据前两位

从行业上看，当前我国 PPP 项目已经覆盖了公共服务和基础设施的绝大多数领域，呈现广泛分布态势。财政部 PPP 项目库（见图 3-5）显示，PPP 项目涵盖的一级行业包括保障性安居工程、城镇综合开发、交通运输、教育、旅游、能源、生态建设和环境保护、市政工程、水利建设、体育、文化、养老、医疗卫生、政府基础设施等 19 个行业。国家发展改革委 PPP 项目库没有对 PPP 项目所属

图 3-4　2013—2017 年 PPP 项目发起人

资料来源：财政部 PPP 项目库。

行业进行统一分类,项目库中涉及的行业有 60 个之多,其中项目覆盖较多的行业有市政工程、交通运输、生态建设和环境保护等 7 个行业。

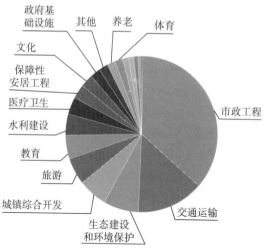

图 3-5　各行业 PPP 项目数

资料来源：财政部 PPP 项目库。

同时,社会资本在参与 PPP 项目时,在行业选择上又呈现出个别行业的相对集中。如图 3-5 所示,以财政部 PPP 项目库数据为例,从项目数来看,市政工程和交通运输两个行业居前两位,项目数分别为 4 443 个和 1 741 个,两者之和占比超过了 50%,而农业、林业、社会保障等 3 个行业项目数量各自占比均小于 1%;如图 3-6 所示,从项目投资额来看,行业的集中分布更加凸显,交通运输和市政工程仍居前两位,项目投资额分别为 53 000 亿元和 48 000 亿元,两大行业投资总额占比达到 59%,而体育、养老等 7 个行业分别在项目投资额占比均小于 1%。此外,基本公共服务领域(包括文化、体育、医疗卫生、养老、教育、旅游等 6 个行业)的项目数之和为 2 470 个,占比 20%,项目投资额为 20 000 亿元,占比 12%,占比依然相对较小。

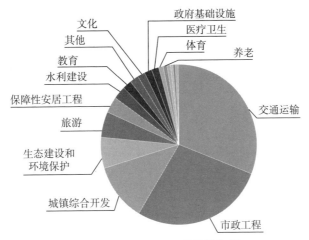

图 3-6　各行业 PPP 项目投资额

资料来源:财政部 PPP 项目库。

以国家发展改革委 PPP 项目库数据为例(见图 3-7 和图 3-8),交通运输、市政工程、公共服务、水利、基础设施、生态环境等 6 大行业的 PPP 项目占据了项目库的绝大多数,其中 6 大行业项目数占比为 97%,项目投资额占比为 94%。而在 7 个行业中,PPP 项目也进一步呈现行业集中的态势,从项目数来看,交通运输、市政工程和公共服务位列前三,占比分别为 36%、33% 和 16%,远远高于其他行业占比;从项目投资额来看,交通运输、市政工程和公共服务位列前三,占比分别为 68%、18% 和 5%,其中前二者之和超过了 80%,占据绝对主导地位。

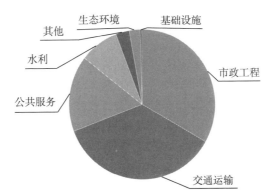

图 3-7　各行业 PPP 项目数

资料来源:国家发展改革委 PPP 项目库。

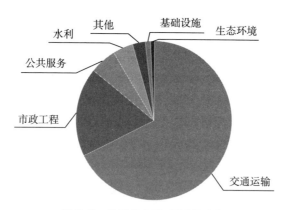

图 3-8 各行业 PPP 项目投资额

资料来源:国家发展改革委 PPP 项目库。

由上述分析可知,我国 PPP 项目在行业选择上,呈现行业广泛分布和相对集中的特点,其背后的原因大致有二:一是地方政府在市政工程与交通运输两个行业存在较为集中的发展和融资需求;二是社会资本更加偏好有良好市场需求并有较为成熟的合作模式的行业。这两个原因决定了我国 PPP 项目在行业选择上的突出特点。

(三)回报机制上,财政部项目可行性缺口补偿占据首位,国家发展改革委项目特许经营占据首位

付费机制是 PPP 项目的核心条款,确保 PPP 的社会资本参与方获得合理的项目回报是 PPP 项目能够落地推广的关键。由于 PPP 项目自身存在特性差异,将面临不同的市场环境,而使得参与项目的社会资本面临多种回报机制的选择,不同的回报机制又将进一步影响政府和社会资本方在 PPP 项目中的收益、责任和风险分担。

财政部 PPP 项目库按照 PPP 项目回报的资金来源,将 PPP 项目明确分为可行性缺口补助、政府付费与使用者付费三种回报机制,而政府付费项目和可行性缺口补偿项目均会对地方政府的财政支出责任产生压力。通过进一步对财政部 PPP 项目库的数据进行统计,从项目数来看(见图 3-9),可行性缺口补助项目最多,总数为 5 233 个,占比为 43%;政府付费项目次之,总数为 4 559 个,占比为 37%;使用者付费项目最少,总数为 2 467 个,占比为 20%。从项目投资额来看(见图 3-10),仍然是可行性缺口补助项目最多,总投资额约为 96 000 亿元,占比为 56%;政府付费项目次之,总投资额约为 48 000 亿元,占比为 28%;使用者付费项目最少,总投资额约为 28 000 亿元,占比为 16%。由此可知,对于财政部 PPP 项目库中的项目来说,地方政府在参与 PPP 项目中承担较多的财政支出责任。

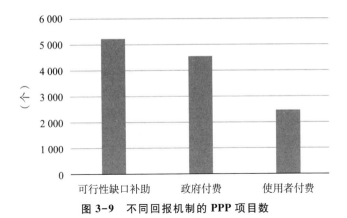

图 3-9　不同回报机制的 PPP 项目数

资料来源:财政部 PPP 项目库。

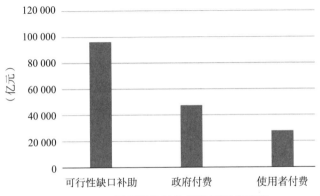

图 3-10　不同回报机制的 PPP 项目投资额

资料来源:财政部 PPP 项目库。

国家发展改革委 PPP 项目库并没有严格区分 PPP 项目的不同回报机制,只是粗略地统计了政府参与 PPP 项目的不同方式,其中常见的政府参与方式有特许经营、股权合作、财政补贴、购买服务等四类,其中特许经营和股权合作对地方政府财政支出责任要求较低,财政补贴和购买服务对地方政府财政支出责任要求较高。通过进一步对国家发展改革委 PPP 项目库数据的不完全统计,从项目数来看(见图 3-11),包含特许经营的 PPP 项目最多,总数为 1 945 个,占比为 53%;股权合作项目次之,总数为 800 个,占比为 22%;财政补贴项目随后,总数为 595 个,占比为 16%;购买服务项目最少,总数为 434 个,占比为 12%。从项目投资额来看(见图 3-12),仍然是特许经营项目最多,总投资额约为 38 000 亿元,占比为 57%;股权合作项目次之,总投资额约为 22 000 亿元,占比为 32%;财政补贴项目随后,总投资额约为 10 000 亿元,占比为 15%;购买服务最少,总投资额约为 4 000 亿元,占比为 6%。因此,相比于财政部 PPP 项目库数据,国家发展改革委 PPP 项目中包含特许经营和股权合作的项目占据大多数，对地方政府财政支出责任造成压力较小。

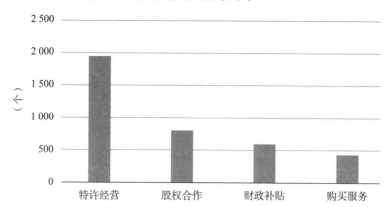

图 3-11　不同回报机制的 PPP 项目数

资料来源：国家发展改革委 PPP 项目库。

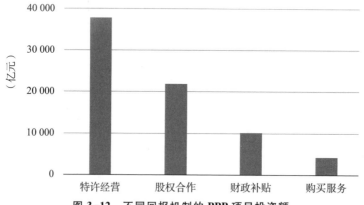

图 3-12　不同回报机制的 PPP 项目投资额

资料来源：国家发展改革委 PPP 项目库。

财政部 PPP 项目库和国家发展改革委 PPP 项目库政府支出责任存在差异的原因是，财政部 PPP 项目覆盖的领域更多的是公共服务，项目本身不产生稳定的收益，因此对政府财政支出责任要求较高；国家发展改革委 PPP 项目覆盖的领域更多的是基础设施，项目本身投资多、周期长，并可运营产生稳定收益，因而政府更倾向于通过特许经营和股权合作的方式参与 PPP 项目，从而对政府财政支出责任造成的压力较小。但从总体来看，财政部 PPP 项目库规模更大，因此，地方政府在参与 PPP 项目中的财政支出责任仍然较大。

（四）进展阶段上，以识别、准备、采购等前期阶段为主，仍面临一定的落地难问题

关于 PPP 项目的进展阶段，仅有财政部 PPP 项目库对其进行了规范的统计，而国家发展改革委 PPP 项目库并未对其进行有效统计。因此，本节我们将

着重以财政部PPP项目库当前的PPP项目进展阶段进行分析。如图3-13和图3-14所示,根据财政部PPP项目库的数据统计,在目前的12 259个项目中,处于识别阶段的共4 719个,项目投资额约为54 000亿元;准备阶段共计1 640个,项目投资额约为26 000亿元;采购阶段共计2 306个,项目投资额约为33 000亿元,执行阶段共计3 594个,项目投资额约为59 000亿元。其中,PPP项目只有处于执行阶段才算真正落地,由此可以计算出PPP项目数落地率为29%,项目投资额落地率为34%。由此可知,PPP项目进展阶段仍以识别、准备、采购等前期阶段为主,整体落地水平相对较低。

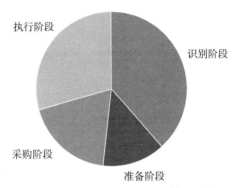

图3-13 PPP不同进展阶段的项目数

资料来源:财政部PPP项目库。

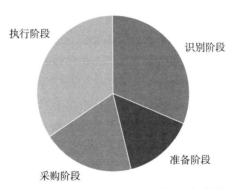

图3-14 PPP不同进展阶段的项目投资额

资料来源:财政部PPP项目库。

如图3-15所示,按年份进行统计,2013—2017年,随着PPP项目数的逐年增加,不同进展阶段PPP项目的绝对数也呈现与总体数相一致的增长趋势。但在各阶段项目占每年总项目数量的比重方面,仍表明以前期阶段(识别、准备、采购)为主,处于执行阶段的项目占比均小于37%,相对较低,并且自2016年以后显著降低的趋势。在PPP项目各个阶段中,在前期的识别阶段与准备阶段,政府是主要推进人,而在准备阶段与执行阶段,社会资本则具有更强的主观能动性。因此,即使考虑到 PPP 项目的推进需要一定时间,后期申报的项目相比此前有一定的时滞,但整体看来,社会资本在参与 PPP 项目时,仍呈现一定的"落地难"现象。

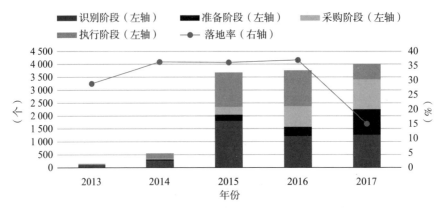

图 3-15　2013—2017 年 PPP 各进展阶段项目数量及落地率

资料来源:财政部 PPP 项目库。

二、中国 PPP 发展的各省项目现状

(一)地域分布上,在部分省份呈现相对集中的趋势,西部地区位居第一

在 PPP 项目地域分布选择上,我国 PPP 发展在部分省份呈现出相对集中的趋势。如图 3-16 所示,根据财政部 PPP 项目库数据统计,截至 2017 年年底,PPP 项目数前四的省份项目数均超过了 1 000 个,四个省份分别是贵州、四川、河南、山东,项目数分别为 1 725 个、1 170 个、1 013 个、1 012 个,与这些 PPP 高速发展的省份相比较,PPP 项目数少于 100 个的省份也达到了 7 个,分别为北京、甘肃、宁夏、重庆、天津、上海、西藏,其中西藏和上海为倒数前两位,项目数分别仅为 2 个和 4 个。从项目投资额看,全国共有 5 个省份的 PPP 项目投资额超过了 10 000 亿元,分别是贵州、四川、河南、山东、新疆,项目投资额分别为 19 000 亿元、16 000 亿元、13 000 亿元、12 000 亿元、11 000 亿元;与此相对,上海、西藏、宁夏为倒数三位,项目投资额分别为 30 亿元、97 亿元、683 亿元。整体来看,PPP 项目数量和项目投资额排名靠前的省份和排名靠后的省份差距悬殊,项目数最多的贵州是项目数最少的西藏的 862 倍,项目投资额最多的贵州是项目投资额最少的上海的 633 倍,这说明我国并非所有省份都热衷于上马 PPP 项目,PPP 发展在部分省份呈现相对集中的趋势。

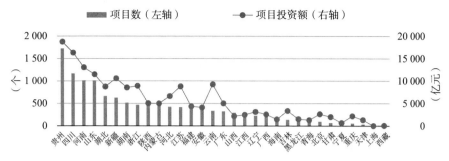

图 3-16　分省 PPP 项目数及金额

资料来源：财政部 PPP 项目库。

根据国家发展改革委 PPP 项目库数据统计，依然可以观察到基础设施领域的 PPP 项目也在部分省份呈现相对集中的趋势。如图 3-17 所示，在目前国家发展改革委 PPP 项目库中，从项目数量出发，共有 6 个省份项目数超过 200 个，分别是安徽、新疆、云南、贵州、甘肃、四川，项目数分别为 377 个、333 个、259 个、247 个、238 个和 204 个；有 3 个省份项目数低于 10 个，分别是北京、西藏、上海，项目数分别为 7 个、3 个、1 个。从项目投资额出发，共有 4 个省份项目投资额超过 4 000 亿元，依次为云南、安徽、浙江、山东，项目投资额分别为 8 916 亿元、6 205 亿元、5 736 亿元、4 196 亿元；同时有 3 个省份项目投资低于 200 亿元，分别为海南、上海、西藏，项目投资额分别为 188 亿元、120 亿元、40 亿元。其中，项目数最多的安徽是项目数最少的上海的 377 倍，项目投资额最多的云南是项目投资额最少的西藏的 222 倍。整体来看，国家发展改革委 PPP 项目库相对财政部 PPP 项目库体量相对较小，但是仍然在部分省份呈现相对集中的趋势，再次验证了我国并非所有省份都热衷于上马 PPP 项目。

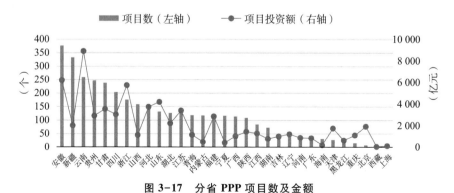

图 3-17　分省 PPP 项目数及金额

资料来源：国家发展改革委 PPP 项目库。

进一步观察 PPP 项目在我国东、中、西部的分布情况，在财政部 PPP 项目库和国家发展改革委 PPP 项目库中，无论是从项目数还是从项目投资额来看，西部地区均位列第一(见图3-18和图3-19),其中,财政部PPP项目库中,西部地区项目数为5 277个,占比为43%,项目投资额为74 000亿元,占比为43%。国家发展改革委项目库中,西部地区项目数为1 876个,占比为51%,项目投资额为26 000亿元,占比为39%。财政部PPP项目库中,东部地区项目数和项目投资额均位居第二,项目数为3 563个,占比为29%,项目投资额为54 000亿元,占比为31%;中部地区项目数和项目投资额均位居第三,项目数为3 415个,占比为28%,项目投资额为44 000亿元,占比为26%。国家发展改革委PPP项目库中,东部地区项目数位居第三,项目投资额位居第二,项目数为845个,占比为25%,项目投资额为26 000亿元,占比为39%;中部地区项目数位居第二,项目投资额位居第三,项目数为925个,占比为25%,项目投资额为14 000亿元,占比为21%。整体看来,在地域分布上,西部经济欠发达地区的PPP项目开展情况较好,数量最多,总体投资金额也较大。可能的原因有,西部地区省份由于自身经济发展和财政约束,有更强的通过参与PPP发展经济、缓解财政压力的意愿,加之西部地区独特的地理环境和自然资源,容易上马单体投资金额较大的项目,对社会资本具有较强的吸引力。

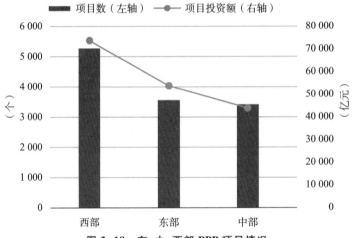

图3-18 东、中、西部PPP项目情况

资料来源:财政部PPP项目库。

(二)行业选择上,呈现共性,市政交通占比较高,基本公共服务占比较低

各省PPP项目在行业选择上,与总体项目呈现的行业特性具有相同特性,即表现为市政交通领域占比较高,基本公共服务领域(包括文化、体育、医疗、养老、教育、旅游等6个行业)占比较低。根据财政部PPP项目库(见图3-20),我们发现,市政交通项目数占比和项目投资额占比,与基本公共服务项目数占比和项目投资额占比基本呈现此消彼长的态势。全国31个省、市、自治区,市政

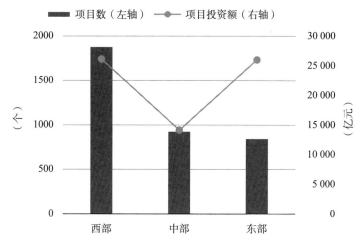

图 3-19 东、中、西部 PPP 投资额

资料来源:国家发展改革委 PPP 项目库。

交通项目数占比最高为 80.0%(天津),最低为 40.0%(江苏),均值为 55.0%;市政交通项目投资额占比最高为 96.4%(甘肃),最低为 36.4%(江苏),均值为 63.3%。基本公共服务项目数占比最高为 27.1%(山东),最低为 0(西藏),均值为 16.8%;基本公共服务项目投资额占比最高为 21.7%(山东),最低为 0.0%(西藏),均值为 9.4%。整体来看,市政交通的项目数占比和项目投资额占比均值都超过了 50%,占比相对较高;基本公共服务的项目数占比和项目投资额占比均值均小于 20%,占比相对较低。

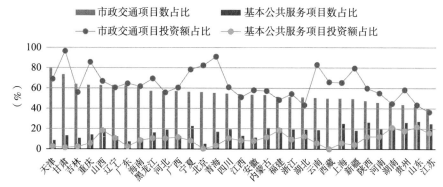

图 3-20 分省市政交通和基本公共服务 PPP 项目数占比及投资额占比

资料来源:财政部 PPP 项目库。

同样,从国家发展改革委 PPP 项目库数据中,我们也得到了相同的结论,即市政交通领域占比较高,基本公共服务领域占比较低(见图 3-21)。全国 31 个省、市、自治区,市政交通的项目数占比最高为 93.3%(重庆),最低为 0(上海),均值为 64.3%;市政交通项目投资额占比最高为 99.6%(重庆),最低为 0(上

海),均值为75.7%。基本公共服务的项目数占比最高为31.2%(贵州),最低为0(重庆、广东、河南、北京、西藏、江西、上海),均值为11.7%;基本公共服务项目投资额占比最高为24.4%(贵州),最低为0(重庆、广东、河南、北京、西藏、江西、上海),均值为5.7%。由此可知,市政交通的项目数占比和项目投资额占比均值依然较高,都超过了60%;基本公共服务的项目数占比和项目投资额占比均值依然较低,都低于15%,而且有7个省份在国家发展改革委PPP项目库中完全没有上马公共服务项目。这其中的原因包括国家发展改革委PPP项目更加注重基础设施领域,市政交通项目自然占比较高,部分公共服务项目可能归属于财政部PPP项目库,因此占比较低;除此以外,各省份在PPP项目行业选择上的一致性取向也是很重要的原因,地方更倾向于将PPP作为传统市政交通等基建项目的替代性融资渠道,而不是回归PPP提升公共服务绩效的初衷。

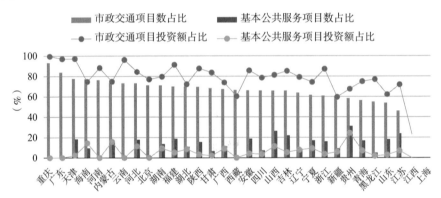

图 3-21　全国各省市政交通和基本公共服务 PPP 项目数占比及投资额占比

资料来源:国家发展改革委 PPP 项目库。

进一步观察全国东、中、西部的PPP项目行业选择情况,各地区的市政交通项目占比和基本公共服务项目占比各自较为接近(见图3-22和图3-23)。财政部PPP项目库中,东、中、西部市政交通项目数占比分别为50.7%、51%和49.9%,市政交通项目投资额占比分别为52.0%、52.0%和67.7%;东、中、西部基本公共服务项目数占比分别为19.8%、18.0%和21.7%,基本公共服务项目投资额占比分别为12.7%、12.8%和10.6%。国家发展改革委PPP项目库中,东、中、西部市政交通项目数占比分别为63.2%、63.8%和65.4%,项目投资额占比分别为80.6%、76.9%和83.5%;东、中、西部基本公共服务项目数占比分别为16.9%、16.1%和12.3%,基本公共服务项目投资额占比分别为5.0%、5.1%和5.2%。整体来看,市政交通项目占比在三个区域占比仍然较高,基本公共服务项目占比在三个区域占比仍然较低。

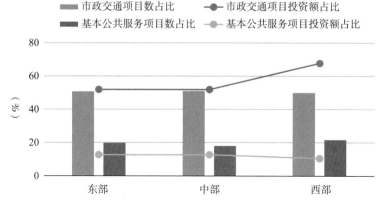

图 3-22 东、中、西部市政交通和基本公共服务 PPP 项目数占比及投资额占比
资料来源:财政部 PPP 项目库。

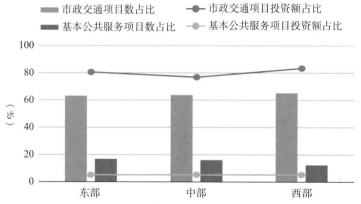

图 3-23 东、中、西部市政交通和基本公共服务 PPP 项目数占比及投资额占比
资料来源:国家发展改革委 PPP 项目库。

(三)回报机制上,呈现部分差异,财政部 PPP 项目整体以可行性缺口补助为主体,国家发展改革委 PPP 项目整体以特许经营为主体

各省 PPP 项目在回报机制的分布上,呈现部分差异性。在财政部 PPP 项目库中(见图 3-24),从项目数占比看,在 4 个省份(贵州、甘肃、重庆、青海)中使用者付费项目数占比居首位,在 12 个省份(上海、广东、安徽、北京、福建、海南、吉林、山西、江西、河南、辽宁、内蒙古)中政府付费项目数占比居首位,在其余 15 个省份中可行性缺口补助项目数占比居首位;从项目投资额占比出发,仅有 2 个省份(甘肃、重庆)使用者付费项目投资额占比居首位,有 3 个省份(上海、广东、海南)使用者付费项目投资额占比居首位,在其余 26 个省份中可行性缺口补助项目投资额占比居首位。整体来看,使用者付费项目数占比最高为40.9%(贵州),最低为 0(上海、西藏),均值为 17.8%,使用者付费项目投资额占比,最高为 52.9%(甘肃),最低为 0(上海、西藏),均值为 14.6%;政府付费项目

数占比,最高为75.0%(上海),最低为0(西藏),均值为38.9%,政府付费项目投资额占比,最高为94.1%(上海),最低为0(西藏),均值为29.5%;可行性缺口补助项目数占比,最高为100%(西藏),最低为20.3%(广东),均值为43.2%,可行性缺口补助项目投资额占比,最高为100%(西藏),最低为5.9%(上海),均值为55.9%。在财政部PPP项目库中,各省PPP项目在回报机制的分布上,尽管存在部分差异,但是从整体上出发,可行性缺口补助项目占据绝对优势地位,政府付费项目次之,使用者付费项目占比最少。这体现出,绝大多数省份在参与财政部PPP项目中,承担的确定付费和或有付费的责任较多。

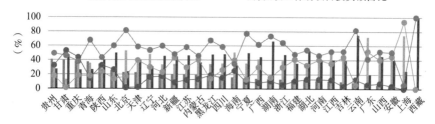

图3-24 分省不同回报机制的PPP项目数占比及投资额占比

资料来源:财政部PPP项目库。

在国家发展改革委PPP项目库中,政府参与PPP项目常见的方式有特许经营、股权合作、财政补贴、购买服务四类。如图3-25所示,从包含某种参与方式的项目数占比出发,上海的股权合作项目数占比居首位,江西的财政补贴项目数占比居首位,广东的购买服务项目数占比居首位,其余28个省份均是特许经营项目数占比位居首位;从包含某种参与方式的项目投资额占比出发,3个省份(上海、山东、浙江)是股权合作项目投资额占比居首位,1个省份(江西)的财政补贴项目投资额占比居首位,1个省份(广东)的购买服务项目投资额占比居首位,其余26个省份均是特许经营项目投资额占比居首位。整体来看,包含特许经营的项目数占比最高为100%(河南、西藏),最低为0(上海),均值为57.5%;包含特许经营的项目投资额占比最高为100%(河南、西藏),最低为0(上海),均值为61.1%;包含股权合作的项目数占比最高为100%(上海),最低为0(西藏、黑龙江),均值为22.6%;包含股权合作的项目投资额占比最高为100%(上海),最低为0(西藏、黑龙江),均值为27.9%;包含财政补贴的项目数占比最高为52.9%(江西),最低为0(西藏、重庆、北京、广东、上海),均值为14.7%;包含财政补贴的项目投资额占比最高为47.2%(宁夏),最低为0(西藏、重庆、北京、广东、上海),均值为14.0%;包含购买服务的项目数占比最高为75.6%（广东），最低为0（河南、西藏、黑龙江、北京、天津、上海），均值为8.0%。在国家发展改革委PPP项目库中，各省PPP项目在政府参与方式的选择上更加集中，特许经营项目占据绝对主导地位。特许经营项目往往以使用者付费作为回报机制，这体现出，绝大多数省份在参与国家发展改革委PPP项目中，承担的财政支出责任相对较小。

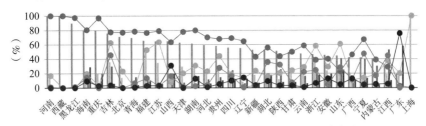

图3-25　分省不同回报机制的PPP项目数占比及投资额占比

资料来源：国家发展改革委PPP项目库。

进一步观察全国东、中、西部PPP项目的回报机制情况。在财政部PPP项目库中（见图3-26），从项目数占比看，东、中、西部的使用者付费项目数占比分别为18.7%、10.7%和27.1%，政府付费项目数占比分别为39.6%、41.2%和32.6%，可行性缺口补助项目数占比为41.7%、47.6%和40.2%；从项目投资额占比看，东、中、西部的使用者付费项目投资额占比分别为13.9%、11.0%和21.1%，政府付费项目投资额占比分别为28.5%、33.6%和23.7%，可行性缺口补助项目投资额占比分别为57.6%、55.4%和55.2%。东、中、西部在参与财政部PPP项目时，回报机制的结构类似，整体均呈现"可行性缺口补助>政府付费>使用者付费"的分布态势。在国家发展改革委PPP项目库中（见图3-27），从项目数占比看，东、中、西部的特许经营项目数占比分别为55.4%、54.4%和51.9%，股权合作项目数占比分别为32.1%、21.5%和17.6%，财政补贴项目数占比分别为16.1%、15.4%和16.9%，购买服务项目数占比分别为14.8%、16.3%和8.4%；从项目投资额占比看，东、中、西部的特许经营项目投资额占比分别为55.8%、54.6%和59.6%，股权合作项目投资额占比分别为45.1%、26.7%和24.4%，财政补贴项目投资额占比分别为12.6%、16.7%和17.5%，购买服务项目投资额占比分别为6.4%、11.1%和3.8%。由此可知，东、中、西部在参与国家发展改革委PPP项目时，参与方式的结构也比较类似，整体以特许经营项目占据主体，股权合作次之，财政补贴和购买服务最后。

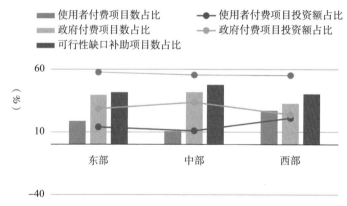

图 3-26　东、中、西部不同回报机制的 PPP 项目数占比及投资额占比

资料来源：财政部 PPP 项目库。

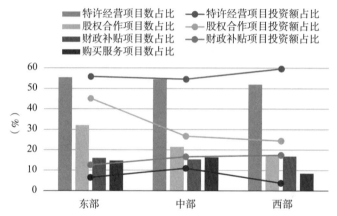

图 3-27　东、中、西部不同回报机制的 PPP 项目数占比及投资额占比

资料来源：国家发展改革委 PPP 项目库。

（四）进展阶段上，整体落地率偏低，东部地区落地率最高，西部地区落地率最低

关于各省份 PPP 项目进展阶段的分析，我们沿用总体 PPP 项目进展阶段的分析方法，仅对财政部 PPP 项目库数据进行了分析。在财政部 PPP 项目库中（见图 3-28），识别阶段项目数占比最高为 77.7%（青海），最低为 0（西藏），均值为 31.6%；准备阶段项目数占比最高为 40.4%（重庆），最低为 0（上海、西藏），均值为 14.2%；采购阶段项目数占比最高为 100%（西藏），最低为 0（上海），均值为 23.2%；执行阶段项目数占比最高为 64.7%（安徽），最低为 0（西藏），均值为 31%。通常，PPP 项目只有处于执行阶段才算真正落地，因此，执行阶段项目数占比也可以认为是 PPP 项目数落地率。从 PPP 项目数落地率来看，安徽、广东、上海位列前三，分别为 64.7%、58.2%、50%，均超过了 50%；

贵州、天津、西藏列倒数三位,分别为 9.9%、2.9%、0,均小于 10%;其余省份则为 10%—50%。总体来看,全国各省份 PPP 项目数落地率均值为 31%,整体偏低。

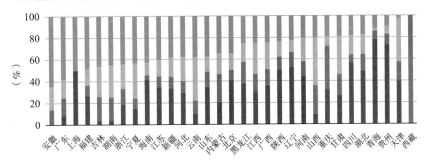

图 3-28 分省 PPP 项目不同进展阶段的项目数占比

资料来源:财政部 PPP 项目库。

阶段项目投资额占比(见图 3-29)最高为 67.7%(青海),最低为 0(西藏),均值为 26.7%;准备阶段项目投资额占比最高为 57.8%(重庆),最低为 0(上海、西藏),均值为 15.9%;采购阶段项目投资额占比最高为 100%(西藏),最低为 0(上海),均值为 22.4%;执行阶段项目投资额占比最高为 73.3%(吉林),最低为 0(西藏),均值为 35.0。此处,执行阶段项目投资额占比也可以认为是 PPP 项目投资额落地率。从 PPP 项目投资额落地率来看,吉林、北京、黑龙江、安徽、上海、福建位列前六,分别为 73.3%、72.4%、60.6%、59.8%、52.1% 和 50.8%,均超过了 50%;青海、天津、西藏列倒数三位,分别为 5.3%、1.5% 和 0;其余省份则为 10%—50%。总体来看,全国各省份 PPP 项目投资额落地率均值为 35.0%,整体也偏低。

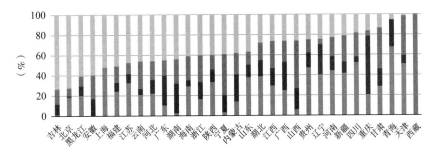

图 3-29 分省 PPP 项目不同进展阶段的项目投资额占比

资料来源:财政部 PPP 项目库。

利用财政部 PPP 项目库数据进一步观察全国东、中、西部 PPP 项目不同进展阶段的分布情况。从项目数占比看(见图 3-30),东、中、西部识别阶段项目数占比分别为 30.1%、28.0%、50.9%,准备阶段项目数占比分别为 12.4%、17.0%、11.7%,采购阶段项目数占比分别为 16.9%、25.0%、16.0%,执行阶段项目数占比分别为 40.5%、29.9%、21.4%。从项目投资额占比看(见图 3-31),东、中、西部识别阶段项目投资额占比分别为 27.1%、24.1%、38.8%,准备阶段项目投资额占比分别为 14.3%、17.6%、13.8%,采购阶段项目投资额占比分别为 16.3%、21.4%、20.7%,执行阶段项目投资额占比分别为 42.3%、36.9%、26.7%。总体来看,东部地区的项目数落地率和项目投资额落地率居首位,中部地区次之,西部地区项目数落地率和项目投资额落地率则偏低。这与各省份项目现状形成了鲜明的对比,即西部地区更倾向于上马 PPP 项目,但是其落地率却普遍偏低,因而西部地区在发展 PPP 项目时存在"盲目跟风、推进较慢"的风险。

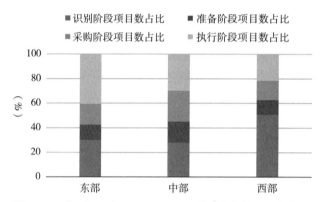

图 3-30　东、中、西部 PPP 项目不同进展阶段的项目数占比

资料来源:财政部 PPP 项目库。

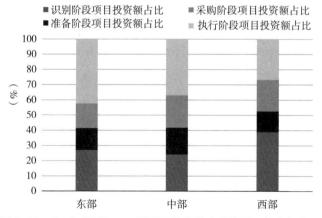

图 3-31　东、中、西部 PPP 项目不同进展阶段的项目投资额占比

资料来源:财政部 PPP 项目库。

三、中国 PPP 发展的示范项目现状

和国家发展改革委 PPP 项目库相比,财政部 PPP 项目库还进一步区分了示范项目和非示范项目。示范项目作为 PPP 项目中的优质项目,代表了 PPP 推广与应用的方向,通常示范项目比例越高,PPP 发展现状也越好。因此,对示范项目现状的分析对推进中国 PPP 的发展也极其重要。本部分对示范项目现状分析的数据主要来自财政部 PPP 项目库。

(一) 总体数量上,示范项目总体占比较低,多批次共同推进

在财政部 PPP 项目库中(见图 3-32),截至 2017 年发起的项目中,示范项目共有 1 008 个,占项目库整体项目数的 8.2%,示范项目投资额共有 2.25 万亿元,占项目库整体投资额的 13.1%。示范项目相对于项目库整体项目体量来说,总体占比相对较低。此外,财政部示范项目前后共分为四个批次,共同推进。其中,2014 年第一批示范项目 21 个(最初为 30 个,陆续调出 9 个),总投资额为 687 亿元;2015 年第二批示范项目 160 个(最初为 206 个,陆续调出 46 个),总投资额为 4 676 亿元;2016 年第三批示范项目 432 个(最初为 516 个,陆续调出 84 个),总投资额为 9 623 亿元;第四批示范项目 396 个(2018 年 2 月颁布),总投资额为 7 531 亿元。

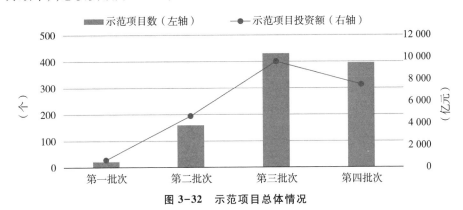

图 3-32 示范项目总体情况

资料来源:财政部 PPP 项目库。

(二) 地域分布上,云南、山东、河南示范项目数位列前三,上海、西藏、天津示范项目数列倒数三位

按示范项目在各地的统计数据(见图 3-33),从项目数看,云南、山东、河南的示范项目位列前三,分别为 86 个、84 个、82 个;上海、西藏、天津的示范项目数列倒数三位,分别为 2 个、1 个、1 个;31 个省份均值为 32 个,其中 14 个省份

在均值之上,17个省份在均值之下。从项目投资额看,云南、河北、北京的示范项目投资额位列前三,分别为 2 978.6 亿元、2 107.3 亿元、1 730.4 亿元;西藏、天津、上海的示范项目投资额列倒数三位,分别为 33.1 亿元、20.2 亿元、15.7 亿元;31 个省份均值为 726.4 亿元,其中 16 个省份在均值之上,15 个省份在均值之下。

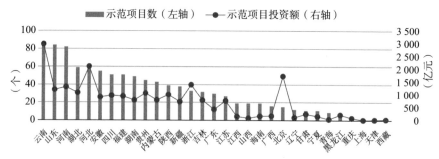

图 3-33　各省示范项目数和项目投资额分布

资料来源:财政部 PPP 项目库。

如图 3-34 所示,各省示范项目数比例排名位列前三位的是上海、西藏、云南,分别为 50.00%、50.00%、25.60%;排名列后三位的省份是重庆、黑龙江、四川,分别为 5.26%、5.15%、4.36%;31 个省份示范项目数比例均值为 12.51%,整体占比较低,共有 10 个省份在均值之上,21 个省份在均值之下。各省示范项目投资额比例位列前三的是北京、上海、西藏,其数值分别为 65.52%、52.06%、33.98%;排名列倒数三位的省份是重庆、山西、辽宁,分别为 4.31%、4.08%、3.66%;31 个省份项目投资额比例均值为 16.27%,整体占比也比较低,共有 10 个省份在均值之上,21 个省份在均值之下。

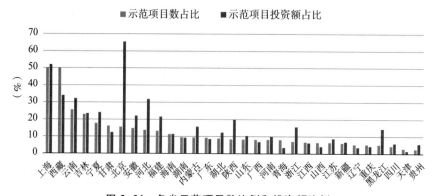

图 3-34　各省示范项目数比例和投资额比例

资料来源:财政部 PPP 项目库。

(三) 行业分布上,市政交通类占比依然较高,基本公共服务相对不足

从项目数看(见图3-35),在1 008个示范项目中,市政工程项目434个,占比43.1%,居首位;交通运输项目106个,占比10.5%,排名第二;生态建设和环境保护项目89个,占比8.8%,排名第三;此外,基本公共服务(教育、文化、医疗卫生、旅游等)项目196个,占比19.4%。市政交通类项目数占比依然较高,基本公共服务项目数占比不足两成。从项目投资额看(见图3-36),在2.25万亿元示范项目投资额中,市政工程项目投资额为8 195.7亿元,占比36.4%,居首位;交通运输项目投资额为6 963.2亿元,占比30.9%,排名第二;城镇综合开发项目投资额为2 334.6亿元,占比10.4%,排名第三;此外,基本公共服务项目投资额为1 953.0亿元,占比8.7%。市政交通项目投资额占比保持高位,基本公共服务项目投资额占比相对较低。

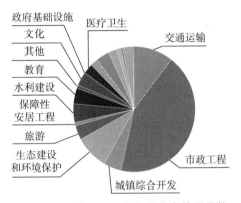

图3-35　示范项目不同行业分布的项目数

资料来源:财政部PPP项目库。

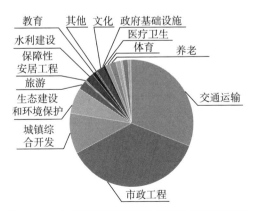

图3-36　示范项目不同行业分布的项目投资额

资料来源:财政部PPP项目库。

(四)回报机制上,可行性缺口补助仍占据绝对主导地位

如图 3-37 和图 3-38 所示,按 PPP 项目的回报机制划分,使用者付费项目为 146 个,项目投资额为 2 425.0 亿元,项目数占比为 14.5%,项目投资额占比为 10.8%;政府付费项目为 251 个,项目投资额为 3 823.8 亿元,项目数占比为 24.9%,项目投资额占比为 17.0%;可行性缺口补助项目为 611 个,项目投资额为 16 268.87 亿元,项目数占比为 60.6%,项目投资额占比为 72.3%。整体来看,无论是项目数占比还是项目投资额占比,可行性缺口补助类项目均占据主导地位。

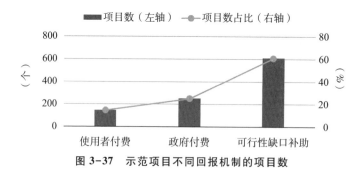

图 3-37　示范项目不同回报机制的项目数

资料来源:财政部 PPP 项目库。

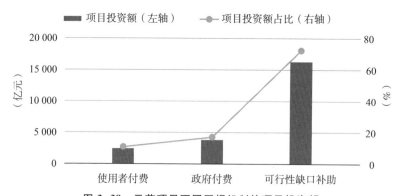

图 3-38　示范项目不同回报机制的项目投资额

资料来源:财政部 PPP 项目库。

(五)进展阶段上,示范项目落地率高达八成,前三批次全部落地

进一步细分示范项目不同进展阶段(见图 3-39 和图 3-40):处于识别阶段的 PPP 项目有 0 个;处于准备阶段的 PPP 项目有 1 个,投资额为 15.8 亿元,项目数占比为 0.1%,项目投资额为 0.1%;处于采购阶段的 PPP 项目有 146 个,投资额为 2 501.2 亿元,项目数占比为 14.5%,项目投资额占比为 11.1%;处于执行

阶段的 PPP 项目有 861 个,投资额为 20 000.7 亿元,项目数占比为 85.4%,项目投资额占比为 88.8%。其中,PPP 项目处于执行阶段又可被称为落地阶段,因此从落地率来看,示范项目数落地率为 85.4%,示范项目投资额落地率为 88.8%,整体落地率较高。分批次来看,前三批次示范项目已全部落地;第四批示范项目落地项目数为 249 个,项目数落地率为 62.9%,落地项目投资额为 5 013.7 亿元,项目投资额落地率为 66.6%。

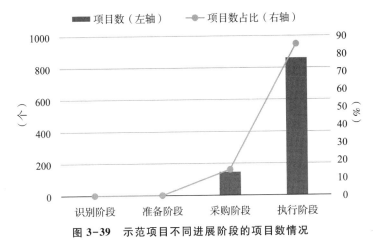

图 3-39　示范项目不同进展阶段的项目数情况

资料来源:财政部 PPP 项目库。

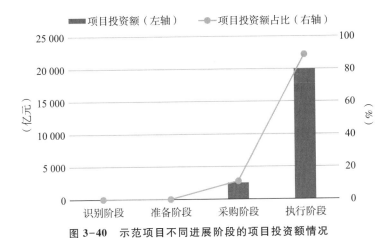

图 3-40　示范项目不同进展阶段的项目投资额情况

资料来源:财政部 PPP 项目库。

四、中国 PPP 发展的融资主体现状

了解 PPP 发展中融资主体的现状,对于分析中国 PPP 的发展同样十分重要,掌握金融机构参与 PPP 项目、提供资金的相关情况,有利于准确地了解中国

PPP发展现状。本部分对融资主体现状分析的数据主要来自前三批示范项目库。按前三批示范项目融资相关数据,截至2018年8月,财政部PPP项目库前三批示范项目有697个,大部分对融资情况有具体数据记载,已记录的项目资本金规模达4 100多亿元,融资金额达4 800多亿元。

(一)资本金来源上,示范项目主要以自有资本金为主

按示范项目的融资相关数据,各地项目资本金来源仍以自有或自筹为主,前三批示范项目通过自有或自筹的项目数量为564个,占比达到项目总数的81%。且全部697个项目中488个项目的资本金已按合同约定缴纳到位,占项目总数的70%。

(二)融资金额上,融资提供方类型多,融资资金以银行贷款为主

前三批示范项目中,目前共有397个项目公布了融资金额,共计约4 800亿元,平均每个项目融资约12亿元。在融资的提供方式上类型较多,在公布融资提供方的346个项目中,采用商业股份制银行的共有224个,采用政策性银行共有57个,占比分别达到公布融资提供方总数的64.7%和16.5%。在融资类型上,共有375个项目公布了融资类型,其中采用银行贷款方式的占比最大,有297个项目,比重占到79.2%。

(三)平均融资期限约为171个月,年利率约为5.5%

已公布的融资期限的325个项目中,平均融资期限约为171个月,而大部分项目的平均融资期限在120—180个月。对应融资期限公布的融资年利率方面,一般项目均采取基准利率上浮的方式,一般为基准利率上浮20%,部分项目采用浮动利率,融资年利率平均在5.5%左右。

第四章 中国各省份PPP发展机会评估指标构建

一、综合指标构建的基本理论与方法

（一）综合指标的概念、特点和分类

1. 综合指标的概念

长期以来，国内外统计学界对综合指标的概念基本都有所涉及，尽管观察角度有所不同，解释表述也有所不同，但是包含的整体含义比较接近。通常，国内外文献又将综合指标称为指数。

大英百科全书对指数的定义为"指数是用来测定一个变量对于一个特点的变量值大小的相对数"。张维达(1983)则认为"指数是一种反映不能直接相加、不能直接对比的现象综合变动的相对数"。徐国祥(2011)认为"指数是综合反映由多种因素组成的经济现象在不同时间或空间条件下平均变动的相对数"。

统计综合指标的含义可以从广义和狭义两方面理解：

广义综合指标指社会经济现象等指标在不同时间或不同空间上对比的相对数，一般都以百分数表示。例如，市场上某种商品当年的零售物价综合指标是99%，这就说明该种商品的价格当年比上年下降了1%。

狭义综合指标则是一种特殊的相对数，是指综合反映由不能直接相加的多种要素所构成的总体数量变动状况的统计分析指标。例如，我们要反映市场上电视机和汽车两种商品的价格综合变动幅度，显然不能将两种商品的价格直接加总与上一年相比，因为两种商品的使用价值不同，其价格所代表的意义也不同，但是狭义综合指标可以解决把多种不能直接相加进行对比的要素转化为可以相加和对比。

本章采用的综合指标是狭义的综合指标，是指所有综合反映由多种因素组成的社会经济现象在不同时间或空间条件下数量变动或差异程度的相对数。

2. 综合指标的特点

概括地讲,综合指标具有以下几个特点:

(1) 综合性。综合指标反映了一组变量在不同时间和空间变动所形成的相对数,也是综合指标理论和方法的核心问题。从这一相对数中看不出哪种变量具体变动了多少,因为它把各变量的不同变化抽象掉了,用一个抽象的数值概况地反映了所有变量综合变动的结果。比如,由政策法规、资金投入、养老服务水平、生态环境四个维度组成的指标,通过综合后可以计算出城市养老保障综合指标,以反映一个城市的养老供给水平。

(2) 相对性。综合指标作为一种衡量不同变量不同场合对比性的统计分析指标,具有相对性的特点,通常以相对数的形式出现。总体变量在不同时间上对比形成的综合指标称为时间性综合指标,在不同空间上对比形成的综合指标称为区域性综合指标。例如,已知某地区某年的 GDP 综合指标为 107.3%,这表示,若将基期年份(通常为上一年)该地区 GDP 的数值看成 100%,则当年的 GDP 水平就相当于基年的 107.3%。

(3) 平均性。综合指标是一个反映复杂总体平均变动状况的统计指标,这主要是因为无论是价格综合指标还是物量综合指标,它们都是通过将其中各个变量分别乘以各自的同度量因素后,再相加对比后取得的结果。平均性的含义则有两个:一是综合指标进行比较的综合数量是作为个别量的一个代表,这本身就具有平均的性质。二是两个综合量对比形成的综合指标反映了个别量的平均变动水平。例如,零售物价综合指标为 105%,它并不是反映某种或每一种商品和服务项目价格均上涨了 5%,而是反映了多种商品和服务项目价格平均上涨了 5%。

(4) 代表性。通常在编制综合性总指标时,所涉及的事物或项目太多,无法一一加以考虑,只能选择部分有代表性的指标作为编制综合指标的依据,这决定了综合指标的代表性。同时,综合指标的代表性也由平均性决定,正是由于平均性,进行比较的综合性指标才能成为多个个别指标的代表。

3. 综合指标的分类

对综合指标进行适当分类,有助于我们更加深入了解综合指标的特征。而依据不同的角度和标准,又可以将综合指标进行不同的分类。统计综合指标的主要分类有:

(1) 按综合指标考察范围不同,可以分为个体综合指标和总体综合指标。个体综合指标考察个别现象或个别项目的数量对比关系的指标在不同时间上的变动程度。例如,市场上某种商品的价格综合指标或销售量综合指标。个体综合指标实质上就是一般的相对数,包括动态相对数、比较相对数和计划完成相对数。总体综合指标考察由多个复杂因素构成的总体现象的数量对比关系的综合指标。例如,多种工业总产量综合指标、全部零售商品的物价总体综合指标等。总体综合指标与个体综合指标有一定的联系,可以用个体综合指标计算相应的总体综合指标。用个体综合指标简单平均求得的总体综合指标,称为简单综合指标;用个体综合指标加权平均求得的总体综合指标,称为加权综合指标。

(2) 按综合指标的指标性质分类,可以分为质量型综合指标、数量型综合指标和总值型综合指标。质量型综合指标是指综合反映了生产经营工作质量变动情况的综合指标。例如,物价综合指标、股价综合指标和成本综合指标等都是质量型综合指标。数量型综合指标是指综合反映现象的总规模、水平或工作总量变化的综合指标。例如,商品销售量综合指标、工业产品产量综合指标等都是数量型综合指标。总值型综合指标是指综合反映了质量和数量变动情况的综合指标。例如,商品销售额综合指标、产品成本总额综合指标或总产值综合指标等都是总值型综合指标。它们均具有"价值总额"的特殊形式,这些价值总额可以分解为一个数量因子与一个质量因子的乘积,而相应的综合指标反映了两个因子共同变化的影响。

(3) 按编制总体综合指标方法不同分类,可以分为综合型综合指标、平均综合指标和平均指标变动综合指标。综合型综合指标是指一个总指标能够分解成两个或两个以上因素指标时,将其中一个或多个因素指标加以固定,只反映其中一个因素指标变动状况的总体综合指标。综合型综合指标的编制方法是先综合、后对比。平均综合指标是指先通过对比计算个别现象的个体综合指标,然后将个体综合指标进行加权平均而得到的总体综合指标。平均综合指标的编制方法是先对比、后平均。平均指标变动综合指标是指某种现象的平均指标报告期与基期相比变化状况的总体综合指标。平均指标变动综合指标的编制方法是先平均、后对比。综合指标的其他分类标准还包括:按所反映对象对比性质的不同,分为动态综合指标和静态综合指标;按综合指标采用基期的不同,分为定基综合指标和环比综合指标;按综合指标计算方法和表现形式的不同,分为简单综合指标和加权综合指标。

(二) 综合指标设计的基本原则

综合指标设计是否科学、合理,直接关系到综合指标编制的质量和结果评估的可靠性。因此,在编制综合指标时,指标的选择不是随意的,而是应当遵循一定的原则,这样指标的选择和综合指标的构建才能科学。通常编制综合指标需要坚持目标性原则、客观性原则、全面性原则、可比性原则、层次性原则、可操作性原则等。

1. 目标性原则

综合指标的编制应有明确的目标,以反映某个社会经济现象的变动程度。综合指标的选择应与研究目的紧密结合,才能全面综合地反映被评价对象的内容,对实现评价目标具有明确的导向性。通常,编制综合指标的目标包括：反映各地区的实现程度,比较各地区的差异,为公众提供各地区信息,为决策者和研究者提供判断政策有效性的依据,为改进和完善政策提供数据支持等。

2. 客观性原则

客观性原则是指编制综合指标时选取各个指标的数据必须真实准确,综合指标才能准确地反映所要研究问题的本质和内涵,客观反映事物的特征。这就要求在设计综合指标时,必须考虑指标的数据是否存在、是否连续、是否可靠等。要尽量选择数据有可靠来源的定量指标,尽量放弃难以定量反映的定性指标。在有多种数据来源的情况下,尽量选择与数据的发布没有利益关系的机构提供的数据,尽量选择由权威机构提供的数据。

3. 全面性原则

全面性原则是指编制综合指标要全面地反映某个社会经济现象。综合指标设计者要深入挖掘社会经济现象的丰富内涵,设计一套尽可能全面科学的指标体系,尽可能将社会经济现象各个方面的进展反映出来。如果指标有所遗漏,一些重要的内容就不能反映出来,综合指标不但不能起到反映社会经济现象变动程度的作用,反而会出现偏差甚至导致错误判断、误导公众和决策者。为了保证编制综合指标的全面性,选取指标应从全局出发,从社会经济现象的各个方面出发,初步构建指标体系时尽量多而广,以便最终确定指标体系时能够有筛选的余地。同时选择指标时要考虑指标之间的系统关联,将所有指标放在一个统一的系统中进行比较筛选。

4. 可比性原则

可比性原则是指编制综合指标要能进行国际国内横向对比和不同时期的纵向比较,这就要求设计综合指标时考虑指标的适用性、稳定性和连续性,同时要求指标的含义明确、计算口径一致,这样才能做到动态可比和横向可比。未来实现编制综合指标的国际国内横向比较,在指标选择时要充分考虑各个国家和地区间的共性与差异性,保证指标的计算口径一致性和数据来源的同一性。

5. 层次性原则

层次性原则是指编制综合指标时为了全面综合地对比社会经济现象的整体和内部变动程度,需要对选择指标进行划分层次。指标体系层次的确定要尽量简化、清晰和易于理解。指标的层次并不是越多越好,而是要适度适中,如果指标体系过大、指标层次过多、指标过细,势必将评价者的注意力吸引到较细、有争议的问题上;如果指标体系过小、指标层次过少、指标过粗,则不能充分反映社会经济现象的真实情况。因此,构成指标的层次不宜太多或太少,以两三层为好,应选取代表性较强的指标,尽可能以最少的指标包含最多的信息。

6. 可操作性原则

为了使编制综合指标能够有效地运用于实际分析,选取的指标必须具有可操作性,不能片面追求理论层次上的完美,更要注意数据的可获得性,使指标可采集、可量化、可对比。编制综合指标必须考虑时间、成本、人员与技术等方面的配合情况,纳入该体系的各项指标必须概念明确、内容清晰、能够实际计量或测算,以便进行定量分析。过于抽象的分析概念或理论范畴不能作为指标引入体系;现阶段还无法实际测定的指标也应不予考虑,即评价指标的数据应该容易获得,否则建立的指标体系只能束之高阁,无法实现目的。

(三) 综合指标计算的基本方法

1. 构建评价指标体系

编制综合指标过程中的首要环节便是指标体系的构建,准确全面的指标体系有助于保证综合指标结果的客观与准确,指标选择的科学性直接关系到综合指标是否合理、有说服力,选取什么指标及选取多少指标是综合指标编制首先要考虑的问题。

综合指标体系构建的方法大体有两种:

(1) 定性方法。定性方法是对原有指标体系中的各个指标进行定性分析,发现指标之间的相互关系,找出具有代表性的若干指标。这种方法简便易行,但是受到研究者个人的判断力和经验的局限。为了使得这种定性选择的方法更加有效,可以采用专家打分法(德尔菲法)加以确定。

(2) 定量方法。定量方法是采用数理统计的方法,根据指标体系中各个指标之间的关系,找出具有最大评价信息量的若干指标,作为选定的评价指标。常用的方法有因子分析法、主成分分析法等。

2. 指标标准化处理

评价指标的标准化是通过一定的数学变换消除指标类型与量纲影响的

方法,即把性质、量纲各异的指标转化为可以综合的一个相对数即标准化。指标的标准化处理一般包括两个步骤:指标的无量纲化处理和指标的一致化处理,前者主要用于解决数据的可比性,后者主要用于解决不同性质数据的问题。

(1) 指标的无量纲化处理。综合指标编制过程中评价指标体系中的各个评价指标,由于其量纲、经济意义、表现形式及对总目标的作用取向各不相同,不具可比性,因而不能直接进行综合和比较。因此,为统一标准,必须对所有评价指标进行标准化处理,以消除量纲影响,将其转化为无量纲、无数量级差异、方向一致的标准指标值,然后再进行指标合成。去掉指标量纲的过程称为数据的无量纲化,是指标综合的前提。常用的指标无量纲化处理方法包括阈值法、比重法、最大最小值法等。

(2) 指标的一致化处理。评价指标可以分为三种类型:正指标、逆指标和适度指标。有些指标越大越好,称为正指标;有些指标越小越好,称为逆指标;有些指标取值越接近某一确定的数值越好,称为适度指标。在对各指标进行综合前,必须确保各指标的类型相同,才能给最终的综合结果一个评判标准。若评价指标体系中既有正指标、逆指标,也有适度指标,那么就必须在进行综合评价之前将评价指标的类型做一致化处理,一般来说,常常把逆指标和适度指标转化为正指标。对于逆指标一般可以用差式转变法或者商式转变法将其转变为正指标;对于适度指标一般可以使用绝对离差法、分段转化法等将其转化为正指标。

3. 确定指标权重

权重是表明各个评价指标重要性的权数,表示各个评价指标在总体中所起的不同作用。权重用于测算单个指标在综合指标中的贡献程度,综合指标的权数是利用加权综合指标法测算综合指标时必须考虑的重要因素。它是权衡各项指标因素的变动对总体综合指标变动影响作用的统计指标,关系到综合指标的代表性和准确性。权重的赋值合理与否,对评价结果的科学合理性起着至关重要的作用;若某一指标的权重发生变化,将会影响整个评判结果。根据计算权重系数时原始数据来源及计算过程的不同,权重确定方法大致可分为三类:主观赋权法、客观赋权法、主客观综合集成赋权法。

(1) 主观赋权法。主观赋权法是采取定性的方法,由专家根据经验进行主观判断而得到权重系数,然后再对指标进行综合评估。主观赋权法的优点是专家可以根据实际问题,较为合理地确定各指标之间的排序;主观赋权法的缺点是主观随意性大,选取的专家不同,得出的权重系数也会不同。常见的主观赋权法包括层次分析法、专家打分法、模糊分析法等。

(2) 客观赋权法。客观赋权法是根据历史数据研究指标之间的相关关系或指标与评估结果的关系来进行综合评估。客观赋权法通过实际的样本观察数据来确定权数,从而避免了主观赋权法可能产生的随意性;但是客观赋权法要依赖于足够的样本数据和实际的问题,通用性和可参与性较差,计算方法也比较复杂,而且不能体现评判者对不同属性指标的重视程度。常见的客观赋权法包括变异系数法、因子分析法和主成分分析法等。

(3) 主客观综合集成赋权法。主观赋权法和客观赋权法各有千秋,也各有局限。针对此,学者又提出了主客观综合集成赋权法,主要是将主观赋权法和客观赋权法结合在一起使用,从而充分利用各自的优点。综合赋权法可根据需要选择各种赋权方法,采用合适的组合方式构造组合权重。

4. 进行综合指标合成

综合指标合成是通过一定的算式将多个指标对事物不同方面的评价值综合在一起,以得到一个整体性的评价。综合指标合成往往是综合指标构建的最后一步工作,同时又是综合指标分析的前置性工作。可用于合成的数学方法很多,常见的合成模型有很多种,包括加权算术平均合成模型、加权几何平均合成模型、混合合成模型等。

二、编制中国各省份PPP发展机会评估指标的基本思路

(一) 评估指标研究的对象、框架、方法和意义

中国各省份PPP发展机会评估指标是用中国各省份相关宏观数据指标构建而成的综合性指标,旨在用于衡量中国各省份每年潜在的PPP发展机会和判定中国各省份在发展PPP时潜在的机遇和风险。本书在构建评估指标时选取的指标,将分别影响"地方政府参与PPP的意愿"和"地方政府参与PPP的实力",通常"意愿强、实力强"的地方,PPP发展机会较多;"意愿弱、实力弱"的地方,PPP发展机会较少;"意愿强、实力弱"的地方,PPP发展风险较高;"意愿弱,实力强"的地方,PPP发展风险较低。

1. 研究对象

中国各省份PPP发展机会评估指标将以我国31个省、直辖市、自治区为样本进行研究。由于缺乏西藏的部分数据,PPP发展机会评估指标包括除西藏的30个省、直辖市、自治区,一级指标包含31个省、直辖市、自治区。

2. 研究框架

中国各省份PPP发展机会评估指标从经济发展、PPP概况、财政收支、政府

债务、公共服务五个维度来构建。其中,五个维度的一级指标又各自包括多个二级指标,共同构成中国各省份 PPP 发展机会评估指标(见图 4-1)。各二级指标的具体情况将在后文展示。

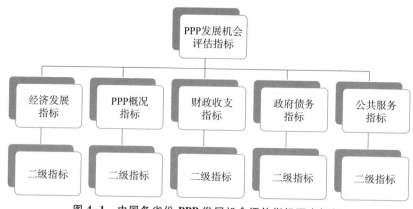

图 4-1　中国各省份 PPP 发展机会评估指标研究框架

3. 研究方法

我们在借鉴国内外已有研究成果的同时,针对我国 PPP 发展中的现实情况,通过大量翔实的数据进行定量分析,并从中总结一般规律和原则。具体方法包括文献分析法、专家打分法、数据标准化法、统计分析法等。

4. 研究意义

近年来我国掀起 PPP 发展浪潮,却始终缺少一个以发展机会为研究对象的评估指标工具。编制中国各省份 PPP 发展机会评估指标,一方面第一次为我国各地 PPP 的发展情况进行梳理,另一方面也能够为政府和社会配置 PPP 资源提供决策参考。

(二) 指标体系的具体构建

1. 指标详细构成

本章在构建中国各省份 PPP 发展机会评估指标时,着重选取了五类一级指标进行综合加权,五类一级指标的构建又分别选取了更加详尽的二级指标进行综合加权而得。具体的指标体系构建如下:

(1) 一级指标。本章为构建中国各省份 PPP 发展机会评估指标选取的五类一级指标包括经济发展指标、PPP 概况指标、财政收支指标、政府债务指标、公共服务指标,旨在从多元的宏观经济维度以全面和综合地考察中国各省份的 PPP 发展机会情况。具体的一级指标体系构成情况如表 4-1 所示。

表 4-1 PPP 发展机会评估指标一级指标的构建与说明

综合指标	一级指标	指标说明
PPP 发展机会评估指标	经济发展指标	通过多个二级经济发展相关指标综合加权所得
	PPP 概况指标	通过多个二级 PPP 概况相关指标综合加权所得
	财政收支指标	通过多个二级财政收支相关指标综合加权所得
	政府债务指标	通过多个二级政府债务相关指标综合加权所得
	公共服务指标	通过多个二级公共服务相关指标综合加权所得

（2）经济发展。本章为选取构建经济发展指标的二级指标从性质上可以分为七大类：GDP 情况、生产结构、固定资产投资、人口、外贸、社会消费需求、社会资本。具体的经济发展指标体系构成情况如表 4-2 所示。

表 4-2 经济发展指标的指标体系构建与说明

一级指标	所属分类	二级指标	指标说明
经济发展指标	GDP 情况	GDP 增速	无
		人均 GDP	无
	生产结构	第三产业增加值占比	第三产业增加值/GDP
		工业增加值	无
	固定资产投资	全社会固定资产投资完成额	无
		房地产开发企业投资完成额	无
	人口	常住人口城镇化率	常住城镇人口/常住总人口
	外贸	进出口总额	无
	社会消费需求	社会消费品零售额	无
	社会资本	金融机构人民币存贷比	金融机构人民币存款余额/金融机构人民币贷款余额
		工业企业负债率	工业企业负债总额/工业企业资产总额

（3）PPP 概况。本章为构建 PPP 概况指标选取的二级指标从性质上可以分为五大类：总体概况、回报机制概况、进展阶段概况、行业分布概况、示范项目概况。具体的 PPP 概况指标体系构成情况如表 4-3 所示。

表 4-3 PPP 概况指标的指标体系构建与说明

一级指标	所属分类	二级指标	指标说明
PPP 概况指标	总体概况	PPP 项目数	无
		PPP 项目投资额/地区 GDP	无
		PPP 项目投资额/地区综合财力	地区综合财力=一般公共预算收入+政府性基金收入+国有资本经营预算收入
	回报机制概况	政府付费项目数比例	政府付费项目数/PPP 项目数
		政府付费项目投资额比例	政府付费项目投资额/PPP 项目投资额
	进展阶段概况	落地项目数比例	执行阶段项目数/PPP 项目数
		落地项目投资额比例	执行阶段项目投资额/PPP 项目投资额
	行业分布概况	基本公共服务项目数比例	(文化项目数+体育项目数+医疗项目数+养老项目数+教育项目数+旅游项目数)/PPP 项目数
		基本公共服务项目投资额比例	(文化项目投资额+体育项目投资额+医疗项目投资额+养老项目投资额+教育项目投资额+旅游项目投资额)/PPP 项目投资额
	示范项目概况	示范项目数比例	示范项目数/PPP 项目数
		示范项目投资额比例	示范项目投资额/PPP 项目投资额
		示范项目社会资本平均出资比例	示范项目社会资本出资规模/示范项目总体出资规模

（4）财政收支。本章为构建财政收支指标选取的二级指标从性质上可以分为五大类：财政收入情况、财政支出情况、财政结构情况、财政自给情况、财政透明情况。具体的财政收支指标体系构成情况如表 4-4 所示。

表 4-4 财政收支指标的指标体系构建与说明

一级指标	所属分类	二级指标	指标说明
财政收支指标	财政收入情况	可支配财力	本级地方财政收入+上级的转移性收入(包含上解收入和调入资金)-对下级的转移性支出-上解上级支出
		一般公共预算收入	无
		一般公共预算收入增速	无
		政府性基金收入	无
		国有资本经营预算收入	无
		社会保险基金预算收入	无
		财政收入弹性	一般公共预算收入增速/GDP增速
	财政支出情况	一般公共预算支出	无
		一般公共预算支出增速	无
		财政支出弹性	一般公共预算支出增速/GDP增速
	财政结构情况	税收收入占比	税收收入/一般公共预算收入×100%
		转移支付占比	中央转移性收入/一般公共预算收入×100%
	财政自给情况	财政平衡率	本级一般预算收入/本级一般预算支出×100%
		政府自给率	(一般公共预算收入-转移性收入)/(一般公共预算支出-转移性支出)
	财政透明情况	财政透明度	无

(5) 政府债务。本章为构建政府债务指标选取的二级指标从性质上可以分为五大类:债务负担概况、新发政府债用途概况、地方政府债债务余额分布概况、地方政府债存量概况、城投债存量概况。具体的政府债务指标的指标体系构成情况如表 4-5 所示。

表 4-5 政府债务指标的指标体系构建与说明

一级指标	所属分类	二级指标	指标说明
政府债务指标	债务负担概况	债务率	当年地方政府债务余额/当年地方政府财政收入
		负债率	当年地方政府债务余额/当年GDP
	新发政府债用途概况	新增债务率	当年新增债务额/当年发行政府债总额
	地方政府债债务余额分布概况	专项债余额率	当年专项债余额/当年地方政府债务余额
		地方政府债利率	加权平均
	地方政府债存量概况	地方政府债剩余债务期限	按当年地方政府债剩余额度加权平均计算剩余债务期限
	城投债存量概况	城投债利率	加权平均
		城投债剩余债务期限	按当年城投债剩余额度加权平均计算剩余债务期限

（6）公共服务。本章为构建公共服务指标选取的二级指标可以分为六部分：教育类公共服务、医疗卫生类公共服务、基础设施类公共服务、交通运输基本公共服务、社会保障类公共服务及环境保护类公共服务。据此，本书针对公共服务指标构建如下的二级指标，指标体系具体情况如表4-6所示。

表 4-6 公共服务类指标体系构建与说明

一级指标	所属分类	二级指标	指标说明
公共服务指标	教育类公共服务	高等教育普及度	普通高校年末在校生人数/年末常住人口数量
		教育支出占比	教育支出/一般公共预算支出
		高等教育资源饱和度	普通高校在校生人数/普通高校数量
	医疗卫生类公共服务	每百人口平均医疗机构床位数	无
		每千人口平均卫生机构数	无
	基础设施类公共服务	基础设施建设投资比重	基础设施支出/一般公共预算支出
		年末固定互联网宽带接入用户数	无

(续表)

一级指标	所属分类	二级指标	指标说明
	交通运输基本公共服务	每万人口公共交通车辆数	无
	社会保障类公共服务	社会基本保险普及率	参加企业职工基本养老保险、职工基本医疗保险、失业保险、工伤保险和生育保险的平均人数/年末常住人口数量
	环境保护类公共服务	污水处理率	无
		城市绿化覆盖率	无

2. 指标选取原则

本章对于五类一级指标和多个二级指标的选取主要依据了全面综合、文献支撑、数据可得三个原则。

(1) 全面综合原则。首先，本章确定了从"经济发展、PPP概况、财政收支、政府债务、公共服务"五类一级指标出发进行构建中国各省份PPP发展机会评估指标，五类一级指标分别从多元、全面、综合的角度展现了各省份在参与PPP项目时的发展意愿和发展实力，进而影响了各省份PPP的政府参与行为和PPP的发展整体态势。其次，为了进一步衡量五类一级指标，本章又选取了分类的多个二级指标，仍然从多元、全面、综合的角度去度量五类一级指标，众多二级指标对各省份PPP发展机会的潜在影响被综合加权为五类一级指标对各省份PPP发展机会的影响。

(2) 文献支撑原则。本章在选取不同二级指标构建一级指标、选取不同一级指标构建PPP发展机会综合指标的过程中，还特别注重了文献支撑原则。通过全面检索相关文献，我们首先梳理了二级指标对一级指标、一级指标对PPP发展机会评估指标的影响机制，进而掌握了二级指标构建一级指标、一级指标构建PPP发展评估指标的计算方法。文献支撑原则使得我们对于不同指标的选取更加有的放矢，也使得我们选取的指标逻辑自洽和方法可信。

(3) 数据可得原则。本章旨在构建中国各省份2017年的PPP发展机会评估指标，在依据全面综合和文献支撑原则确定基本选取指标方向以后，还需要依据数据可得性以判定指标选取的可行性和可操作性。基于数据可得性原则，本章在构建分层次指标时选取指标的数据来源主要包括中经网宏观经济数据、各省份国民经济发展公报、各省份财政预决算报告、Wind政府债和城投债数据、财政部PPP项目库、《中国统计摘要》等。

(三) 指标权重的确定过程

1. 指标确权的方法

在多指标综合评价中,对于指标权重的确定直接影响评价的结果。确定权重的方法有很多,根据计算权重时原始数据的来源不同,大体上可分为主观赋权法和客观赋权法两大类。主观赋权法主要是由专家根据经验主观判断而得到,如德尔菲法、层次分析法(the analytic hierarchy process,AHP)、专家打分法等,这类方法能纳入权威专家对不同指标之间的相对重要程度的考量,但客观性稍差。客观赋权法主要是依据各指标的具体数值计算而得到,它不依赖于人的主观判断,因此客观性较强,但不一定能科学反映不同指标之间的相对重要程度,也不一定能满足决策者的主观要求。客观赋权法的代表有主成分分析法和变异系数法等。主观赋权法和客观赋权法各有优劣。在计算各层级指标对上层目标的权重时,我们使用专家打分法这一主观赋权方法。

2. 指标确权的详细设计

(1) 专家打分表的制作。

我们通过多层次的专家打分法为指标确权,通过专家打分表和重要性分数含义表,建立递阶层次结构,把人们的判断转化为各维度指标的权重,从而把难于量化的定性判断转化为可操作的定量判断。在制作专家打分表的过程中,我们首先制定重要性分数含义表,将权重的重要性用数值1—9来体现(数值的含义如表4-7所示,由在财政和PPP领域具备丰富经验的专家来选择)。

表4-7 重要性分数含义

分数	定义	含义
1	一般重要	相关维度在评估指标构建中的影响较小
3	稍微重要	相关维度在评估指标构建中的影响稍强
5	较强重要	相关维度在评估指标构建中的影响强
7	非常重要	相关维度在评估指标构建中的影响明显地强
9	绝对重要	相关维度在评估指标构建中的影响绝对地强
2、4、6、8	两相邻判断的中间值	相关维度在评估指标构建中的影响在上述相邻等级之间

根据重要性分数含义表,我们课题组专门制作了中国各地PPP发展机会评估指标专家打分表,邀请了包括高校学者代表、政府主管部门代表、社会资本方代表及中介咨询机构代表在内的共17位业内权威专家进行权重的填写和打分,并随后通过专家打分法计算各阶段的具体权重,最后求得不同专家所赋权重的平均数。下面给出了专家打分表。

(2) 专家打分表样表。

北京大学 2018 年中国各地 PPP 发展机会评估指标专家打分表

(样表)

打分表填写及回收说明：

一、本打分表由财政领域及 PPP 领域各位专家填写，旨在为评估指标体系提供权重。为了确保打分表的有效性，请认真耐心地填写打分表中 A 表与 B 表的相关空格。

二、本次打分表所有结果仅限于分析之用，我们将严格遵守统计法律法规，对专家相关打分情况给予保密。

三、填写问卷中如有疑问，请与我们取得联系。联系方式：×××。

A. PPP 发展机会评估指标权重打分

打分说明：我们基于<u>经济发展</u>、<u>PPP 概况</u>、<u>财政收支</u>、<u>政府债务</u>、<u>公共服务</u>共计五个维度评价 PPP 发展机会，并构建 PPP 发展机会评估指标，请为不同维度分别赋予 1—9 分的分数，A 表为打分参考表：

A 表　打分参考

分数	定义	含义
1	一般重要	相关维度在评估指标构建中的影响较小
3	稍微重要	相关维度在评估指标构建中的影响稍强
5	较强重要	相关维度在评估指标构建中的影响强
7	非常重要	相关维度在评估指标构建中的影响明显地强
9	绝对重要	相关维度在评估指标构建中的影响绝对地强
2、4、6、8	两相邻判断的中间值	相关维度在评估指标构建中的影响在上述相邻等级之间

A1. 在 PPP 发展机会评估指标构建中，您认为**经济发展**这一维度　（　　）

A2. 在 PPP 发展机会评估指标构建中，您认为 **PPP 概况**这一维度　（　　）

A3. 在 PPP 发展机会评估指标构建中，您认为**财政收支**这一维度　（　　）

A4. 在 PPP 发展机会评估指标构建中，您认为**政府债务**这一维度　（　　）

A5. 在 PPP 发展机会评估指标构建中，您认为**公共服务**这一维度　（　　）

B. PPP 发展机会评估指标打分

打分说明：请为具体指标在 PPP 发展机会中的重要性程度打分。请为不同指标分别赋予 1 分、2 分或 3 分。其中 <u>1 分、2 分、3 分分别代表"一般""重要"和"特别重要"</u>三种程度。数值越高，代表该具体指标相对越重要。请在 B 表中得分列的（　　）中填写得分。

B 表　得分填写

评估指标维度	具体指标	指标说明	得分
经济发展	GDP 增速	名义 GDP	（　）
	人均 GDP（元）	无	（　）
	第三产业增加值在 GDP 中占比	无	（　）
	全部工业增加值（亿元）	无	（　）
	全社会固定资产投资完成额（亿元）	无	（　）
	房地产开发企业投资完成额（亿元）	无	（　）
	常住人口城镇化率	无	（　）
	进出口总额（万美元）	无	（　）
	社会消费品零售总额（亿元）	无	（　）
	金融机构人民币存贷比	无	（　）
	规模以上工业企业负债率	无	（　）
PPP 概况	PPP 项目数	PPP 项目数和投资额数据来自财政部 PPP 中心项目库	（　）
	PPP 项目投资额/地区 GDP		（　）
	PPP 项目投资额/地区综合财力		（　）
	政府付费项目数比例		（　）
	政府付费项目投资额比例		（　）
	落地项目数比例		（　）
	落地项目投资额比例		（　）
	基本公共服务项目数比例		（　）
	基本公共服务项目投资额比例		（　）
财政收支	可支配财力	本级地方财政收入+上级的转移性收入（包含上解收入和调入资金）-对下级的转移性支出-上解上级支出	（　）
	一般公共预算收入	无	（　）
	一般公共预算收入增速	无	（　）
	政府性基金收入	无	（　）
	国有资本经营预算收入	无	（　）
	社会保险基金预算收入	无	（　）
	财政收入弹性	一般公共预算收入增速/GDP 增速	（　）

（续表）

评估指标维度	具体指标	指标说明	得分
	一般公共预算支出	无	（ ）
	一般公共预算支出增速	无	（ ）
	财政支出弹性	一般公共预算支出增速/GDP增速	（ ）
	税收收入占比	税收收入/一般公共预算收入×100%	（ ）
	转移支付占比	中央转移性收入/一般公共预算收入×100%	（ ）
	财政平衡率	本级一般预算收入/本级一般预算支出×100%	（ ）
	政府自给率	（一般公共预算收入-转移性收入）/（一般公共预算支出-转移性支出）	（ ）
	财政透明度	无	（ ）
政府债务	债务率	当年地方政府债务余额/当年地方政府财政收入	（ ）
	负债率	当年地方政府债务余额/当年GDP	（ ）
	新增债务比例	当年新增债务额/当年发行政府债总额	（ ）
	债务置换比例	当年债务置换/当年发行政府债总额	（ ）
	专项债余额比例	当年专项债余额/当年地方政府债务余额	（ ）
	一般债余额比例	当年一般债余额/当年地方政府债务余额	（ ）
	地方政府债利率	加权平均	（ ）
	城投债利率	加权平均	（ ）
	地方政府债剩余债务期限	按市值加权平均计算久期	（ ）
	城投债剩余债务期限	按市值加权平均计算久期	（ ）

（续表）

评估指标维度	具体指标	指标说明	得分
公共服务	高等教育普及度	普通高校年末在校生人数/年末常住人口数量	（　）
	教育支出占比	教育支出/一般公共预算支出	（　）
	高等教育资源利用效率	普通高校在校生人数/普通高校数量	（　）
	每百人口平均床位数	无	（　）
	每千人口平均卫生机构数	无	（　）
	基础设施建设投资比重	基础设施支出/一般公共预算支出	（　）
	每万人口公共交通车辆数	无	（　）
	社会基本保险普及率	参加企业职工基本养老保险、职工基本医疗保险、失业保险、工伤保险和生育保险的平均人数/年末常住人口数量	（　）
	污水处理率	无	（　）
	城市绿化覆盖率	无	（　）
	年末固定互联网宽带接入用户数	无	（　）

（3）其他核心问题说明。

第一，最终指标体系中，与专家打分表相比，我们增加了"示范项目数比例""示范项目投资额比例""示范项目社会资本平均出资比例"三个二级指标，这主要是由于在向各位专家发放打分表的同时，我们也邀请各位专家提出意见，在综合多方面意见后在PPP概况维度下增加了三个二级指标，考虑到计算的可操作性，我们以PPP概况部分的平均权重作为这三个指标的权重。

第二，本评估指标主要评估的是各地PPP的发展机会，因而既要考虑到某地发展PPP的意愿，同时也要考虑其实力。具体而言，我们将经济发展、PPP概况、财政收支、政府债务、公共服务五个维度具体分为意愿维度与实力维度。我们在考虑不同维度对PPP发展机会的影响时，主要考虑的是意愿或者实力中的一种。实际上，对于单独某个指标而言，其可能既体现了PPP发展机会中的意愿，也体现了实力。为了避免这种分歧，因而我们在指标体现的构建之初就进行了说明,若出现同一指标既能反映一个地方发展 PPP 的意愿,又能反映其发展 PPP 的实力,则暂时不在我们的评估范围内。

3. 指标权重的计算

由于篇幅有限,下面仅展示专家打分表 A 表的结果,表 4-8 是专家的具体打分(专家信息已隐去)。

表 4-8 专家打分结果

维度/专家序号	1	2	3	4	5	6	7	8	9	10	11	12	13	14	15	16	17
经济发展	7	5	5	7	9	3	2	7	7	9	9	9	9	7	9	7	9
PPP 概况	9	7	3	7	7	4	4	5	3	3	3	3	6	3	6	2	7
财政收支	7	7	9	9	7	7	7	5	9	5	5	5	7	8	7	8	7
政府债务	9	7	7	9	8	6	8	9	8	7	7	5	7	8	7	7	9
公共服务	7	7	5	3	8	5	8	9	6	9	9	9	9	6	3	3	4

经过课题组的加权平均计算,经济发展、PPP 概况、财政收支、政府债务、公共服务五个维度在合成 PPP 发展机会评估指标时的权重分别为 21%、15%、21%、23%、20%。由此我们得到五个一级指标加权计算为 PPP 发展机会评估指标的权重(见图 4-2)。

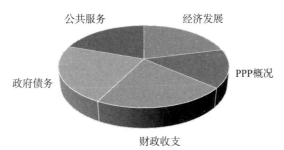

图 4-2 各维度指标权重

通过对专家打分表 B 表结果的计算,我们得到了各二级指标汇总为五个一级指标的权重得分,表 4-9 则给出了根据专家打分表 B 表计算出的二级指标权重得分。

表 4-9 二级指标权重得分

评估指标维度	具体指标	权重得分
经济发展	GDP 增速	2.058824
	人均 GDP(元)	1.882353
	第三产业增加值在 GDP 中占比	1.647059

（续表）

评估指标维度	具体指标	权重得分
	全部工业增加值（亿元）	1.411765
	全社会固定资产投资完成额（亿元）	2.352941
	房地产开发企业投资完成额（亿元）	1.588235
	常住人口城镇化率	2.058824
	进出口总额（万美元）	1.352941
	社会消费品零售总额（亿元）	1.647059
	金融机构人民币存贷比	1.705882
	规模以上工业企业负债率	1.882353
PPP 概况	PPP 项目数	2.058824
	PPP 项目投资额/地区 GDP	2.294118
	PPP 项目投资额/地区综合财力	2.705882
	政府付费项目数比例	2.176471
	政府付费项目投资额比例	2.294118
	落地项目数比例	2.352941
	落地项目投资额比例	2.588235
	基本公共服务项目数比例	2.000000
	基本公共服务项目投资额比例	2.058824
	示范项目数比例	2.281046
	示范项目投资额比例	2.281046
	示范项目社会资本平均出资占比	2.281046
财政收支	可支配财力	2.823529
	一般公共预算收入	2.705882
	一般公共预算收入增速	2.647059
	政府性基金收入	2.176471
	国有基本经营预算收入	1.705882
	社会保险基金预算收入	1.235294
	财政收入弹性	2.411765
	一般公共预算支出	2.647059
	一般公共预算支出增速	2.529412
	财政支出弹性	2.294118

（续表）

评估指标维度	具体指标	权重得分
	税收收入占比	2.176471
	转移支付占比	2.352941
	财政平衡率	2.529412
	政府自给率	2.470588
	财政透明度	2.176471
政府债务	债务率	2.647059
	负债率	2.470588
	新增债务比例	2.235294
	债务置换比例	2.235294
	专项债余额比例	2.235294
	一般债余额比例	2.117647
	地方政府债利率	2.235294
	城投债利率	2.117647
	地方政府债剩余债务期限	2.117647
	城投债剩余债务期限	1.882353
公共服务	高等教育普及度	1.647059
	教育支出占比	1.529412
	高等教育资源利用效率	1.470588
	每百人口平均床位数	1.411765
	每千人口平均卫生机构数	1.529412
	基础设施建设投资比重	2.588235
	每万人口公共交通车辆数	1.411765
	社会基本保险普及率	1.411765
	污水处理率	2.000000
	城市绿化覆盖率	1.764706
	年末固定互联网宽带接入用户数	1.529412

（四）评估指标合成过程

在多指标体系综合评价中，合成是指通过一定的算式将多个指标对事物不同方面的评价值综合在一起，以得到一个整体性的评价。可用于合成的数学方法很多，我们使用加权算术平均合成模型，具体公式为：

$$d = \sum_{i=1}^{n} w_i d_i$$

式中，d 为 PPP 发展机会评估指标，w_i 为各评价指标的权重，d_i 为单个指标的评价得分，n 为评价指标的个数。具体评估指标合成时，是由下往上逐层汇总而成，先计算各层分组指标，然后由各层分组指标加权汇总得 PPP 发展机会总体综合指标。

具体而言，我们根据标准化方法，将这些具体指标的得分加总，计算出某个指标的得分。随后，在此基础上再根据专家打分法得出的 B 表权重，将不同指标合成为五个维度指标。最后，对经济发展、PPP 概况、财政收支、政府债务、公共服务五个维度指标按照专家打分法 A 表的权重进行加权，计算出 PPP 发展机会总体综合指标。

需要说明的是，根据我们的指标体系设计和综合指标计算方法，理论上某地区的 PPP 发展机会评估指标的满分可以达到 150 分，分阶段的发展机会评估指标可以达到 30 分（表示该地区在所有项目上均排名第一），最低分均为 0（表示该地区在所有项目上均排名倒数第一）。

需要强调的是，在计算总体综合指标时，为保证综合指标的稳定性，我们通过权重归一化使得数据量纲保持一致，并对设计的指标进行正确、完整的公开。课题组对所有原始数据进行的标准化方法为两种，正向指标的标准化方法为 $A_m = \dfrac{S_m - \min\limits_{1 \leq n \leq p}(S_m)}{\max\limits_{1 \leq n \leq p}(S_m) - \min\limits_{1 \leq n \leq p}(S_m)}$，负向指标的标准化方法为 $B_m = \dfrac{\min\limits_{1 \leq n \leq p}(S_m) - S_m}{\max\limits_{1 \leq n \leq p}(S_m) - \min\limits_{1 \leq n \leq p}(S_m)}$，式中，$A_m$、$B_m$ 为标准化后的指标值，S_m 为样本原始数值，m 为样本数量。由此得到的数据具有统一的性质，即数字越大，代表该地区越具有 PPP 发展机会。

第五章 中国各省份PPP发展机会评估结果分析

一、中国各省份PPP发展机会评估指标的总体结果分析

（一）指标体系

1. 指标选取原则

本章选取的五类一级指标，包括经济发展指标、PPP概况指标、财政收支指标、政府债务指标和公共服务指标，主要依据PPP相关政策文件和相关文献研究，进而界定了五类一级指标对PPP发展机会评估指标的影响作用。

第一是PPP相关政策文件。回顾中国新一轮PPP发展的历程，2014年9月23日财政部发布《财政部关于推广运用政府和社会资本合作模式有关问题的通知》（财金〔2014〕76号，以下简称"76号文"），正式拉开了中国新一轮PPP发展进程的序幕。76号文提到，"推广运用政府和社会资本合作模式，是国家确定的重大经济改革任务，对于加快新型城镇化建设、提升国家治理能力、构建现代财政制度具有重要意义"。首先，PPP的推广运用是"促进经济转型升级、支持新型城镇化建设的必然要求"。PPP的运用，有利于整合社会资源、盘活社会存量资本、激发民间投资活力、拓展企业发展空间，进而提升经济增长动力。提升经济增长动力的要求促成了地方政府积极参与PPP的意愿，由此，我们考察了经济发展指标对各省份PPP发展机会的影响。其次，PPP的推广运用是"加快转变政府职能、提升国家治理能力的一次体制机制变革"。通过PPP的运用，可以将政府和社会资本进行有效结合，充分发挥各自的优势，提升公共服务的效率与质量。提升公共服务的效率也是地方政府积极参与PPP的另一个动机，由此，我们也考察了公共服务指标对各省份PPP发展机会的影响。再次，PPP的推广运用是"深化财税体制改革、构建现代财政制度的重要内容"。PPP项目尤其是涉及政府付费的项目，实质是政府购买服务，每年项目支出需要进入地方政府的预算收支管理，这对地方政府财政支出责任产生了重要影响。由

此,衡量地方政府财政状况的财政收支指标和政府债务指标也将对各省份 PPP 发展机会产生影响。最后,中国新一轮 PPP 进程已历时几年,各省份也已经发展形成了相应的 PPP 现状。由此,PPP 概况指标将进一步反映各省份 PPP 发展的总体和结构,从而影响各省份未来的 PPP 发展机会。

第二是 PPP 相关文献研究。Devarajan et al. (1998)、Chatterjee (2007),以及严成樑和龚六堂(2014)分别基于宏观内生增长模型验证了 PPP 模式有助于提升经济增长率和促进社会福利。Hart et al. (1997)、Hart (2003)、Besley and Ghatak (2001)、Bennett and Iossa (2006)、Iossa and Martimort (2008)等文献则基于微观契约理论模型验证了 PPP 模式有助于多阶段任务的外部性内在化,从而将有效提升公共服务效率、增进社会福利。Fink et al. (2003)、Andres (2004)利用多个不同国家的电信行业数据,发现了私有化有助于降低行业门槛、降低电信产品价格、大幅提高电信产品的质量。Clarke et al. (2009)、Estache and Rossi (2006)利用多个不同国家的供水数据,研究表明随着私人部门参与的不断增加,自来水和排水设施也不断增加,而且相应的供水效率也更高。王宏伟等(2011)的研究表明私人部门的参与显著提高了城市供水行业综合生产能力和用水普及率。苑德宇(2013)利用中国 35 个大中城市 2002—2009 年面板数据,总体考察了社会资本对整体基础设施绩效提高的改进效用。冀福俊(2015)利用 2006—2012 年中国省级面板数据研究发现,社会资本参与城市基础设施建设对城镇化率的提升有显著的正向推动作用。以上理论和实证文献均考察了 PPP 对经济增长和公共服务效率的促进作用。因此,提升经济增长动力和公共服务效率可能会是地方政府积极参与 PPP 的重要意愿。由此,我们考察了经济发展指标和公共服务指标对 PPP 发展机会的影响。有很多文献还基于不同行业领域的数据探究了 PPP 的决定因素。Krumm and Mause (2010)研究表明通常认为的比较重要的几个因素(如财政压力、党派等)对 PPP 并无显著影响力。Chen et al. (2014)验证了政府财政约束是否会成为高速公路 PPP 项目成功实施的影响因素。袁诚等(2017)利用财政部 PPP 项目库数据探究了财政约束对于地区政府在交通设施领域采用 PPP 模式的影响。以上文献均探讨了地方财政状况对 PPP 发展的影响,由此,衡量地方政府财政状况的财政收支指标和政府债务指标对各省份 PPP 发展机会的影响得到了文献的支撑;并且,以上文献在衡量 PPP 发展状况时,常用 PPP 项目有无、PPP 项目数、PPP 投资额等指标衡量,由此,PPP 概况指标自然也构成了 PPP 发展机会评估指标的重要部分。

综上,本章分别选取了经济发展指标、PPP 概况指标、财政收支指标、政府债务指标和公共服务指标五类一级指标,旨在从多元的宏观经济维度全面和综合地考察中国各省份PPP发展机会。

2. 指标内在机制

本章五类一级指标对各省份PPP发展机会影响的内在机制如下。

（1）经济发展指标。PPP的推广与应用,可以整合社会资源、盘活社会存量资本、激发民间投资活力、拓展企业发展空间,进而提升经济增长动力。提升经济增长率是地方政府积极参与PPP的一个强烈意愿,各省份经济发展现状又会进一步决定这个意愿的强度和力度。因此,经济发展指标对各省份PPP发展机会评估指标影响的内在机制为,某省经济发展状况越差,地方政府将越有意愿和动力去积极参与PPP项目,从而增加了该省的PPP发展机会。综上,经济发展指标为负向指标。

（2）PPP概况指标。PPP概况首先反映了各省份当前PPP发展的总体现状,其次分别从回报机制、进展阶段、行业分布和示范项目反映了各省份当前PPP发展的结构现状。因此,PPP概况指标对各省份PPP发展机会评估指标影响的内在机制为,某省PPP总量越多,结构越完善,该省PPP发展则呈现越好态势,也反映该省在参与PPP项目时实力越强,进而未来该省PPP发展机会也将越好。综上,PPP概况指标为正向指标。

（3）财政收支指标。PPP项目尤其是涉及政府付费的项目,实质是政府购买服务,每年项目支出需要进入地方政府的预算收支管理。各省份财政收支状况将影响地方政府参与PPP项目的综合实力,尤其是有利于以政府付费为主的基本公共服务项目的开展。因此,财政收支指标对各省份PPP发展机会评估指标影响的内在机制为,某省财政收支状况越好,地方政府将越有实力去参与PPP项目,保证了具有"周期长、投资大、回报低"特征的PPP项目顺利进行,从而有助于提升该省PPP发展机会评估指标。综上,财政收支指标为正向指标。

（4）政府债务指标。政府债务,类似于财政收支,也是主要影响地方政府参与PPP项目的综合实力,地方政府的债务规模和债务结构将直接影响地方每年财政支出方向,进而决定每年分配给PPP项目的支出额度。因此,政府债务指标对各省份PPP发展机会评估指标影响的内在机制为,某省政府债务状况越好,地方政府将有越大的自由裁量权去决定上马更多的PPP项目,也保证了PPP项目每年的刚性支出,从而有助于提升该省PPP发展机会评估指标。综上,政府债务指标为正向指标。

（5）公共服务指标。PPP的推广与运用,可以将政府和社会资本进行有效结合,充分发挥各自的优势,提升公共服务的效率与质量。提升公共服务的效率是地方政府积极参与PPP的另一个强烈意愿,各省份公共服务现状也会进一步决定这个意愿的强度和力度。因此,公共服务指标对各省份 PPP 发展机会评估指标影响的内在机制为,某省公共服务状况越差,地方政府越有意愿通过参与 PPP 改变这个现状、实现基本公共服务均等化,从而增加了该省 PPP 发展机会。综上,公共服务指标为负向指标。

五类一级指标对 PPP 发展机会评估指标的影响机制如图 5-1 所示。

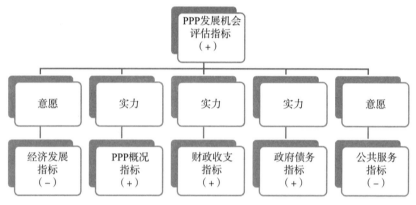

图 5-1　五类一级指标对 PPP 发展机会评估指标的影响机制

(二) 总体结果

经过进一步计算,我们得出了 2017 年中国 30 个省、直辖市、自治区①的 PPP 发展机会评估指标总体得分与排名。结果发现,我国 30 个省份 PPP 发展机会评估指标从高到低依次为上海、广东、山东、山西、江苏、北京、安徽、湖南、甘肃、福建、浙江、宁夏、广西、河北、云南、河南、四川、江西、新疆、海南、辽宁、重庆、陕西、黑龙江、吉林、湖北、贵州、内蒙古、天津、青海(见表 5-1)。排前五名的省份(上海、广东、山东、山西、江苏)的 PPP 发展机会评估指标总体得分分别为 68.75、66.83、66.69、66.43、63.50;30 个省份得分均值为 60.58,共有 15 个省份位于均值之上,15 个省份位于均值之下。直辖市 PPP 发展机会排名依次为上海、北京、重庆、天津,得分分别为 68.75、63.34、58.83、52.95。综合来看,各地 PPP 发展机会评估指标总体得分多集中于 55~65。我们认为,得分高于 60 分的省份在 PPP 方面具有比较好的发展机会,而得分低于 55 分的省份在发展 PPP 方面不具明显优势。

---

① 不包含西藏及港澳台地区。西藏在我们设计的指标体系中排名较为靠前,主要是因为经济发展和公共服务水平较低,财政收支和政府债务情况又较好,但是西藏整体仅上马了两个 PPP 项目,我们认为这与西藏特殊的地理环境等因素相关,故此处将其处理为异常值,不参与 PPP 发展机会评估指标的排名。

表 5-1 中国 30 个省份 PPP 发展机会评估指标总体得分和排名

省份	总体得分	总体排名
上海	68.75	1
广东	66.83	2
山东	66.69	3
山西	66.43	4
江苏	63.50	5
北京	63.34	6
安徽	63.30	7
湖南	63.22	8
甘肃	63.07	9
福建	62.94	10
浙江	62.60	11
宁夏	61.85	12
广西	61.66	13
河北	60.66	14
云南	60.61	15
河南	60.42	16
四川	60.28	17
江西	59.90	18
新疆	59.88	19
海南	59.86	20
辽宁	59.53	21
重庆	58.83	22
陕西	57.86	23
黑龙江	57.08	24
吉林	57.07	25
湖北	56.98	26
贵州	55.03	27
内蒙古	54.57	28
天津	52.95	29
青海	51.80	30

进一步观察我国东、中、西部 PPP 发展机会评估指标,东、中、西部 PPP 发展机会评估指标平均得分(不同区域内总体得分的均值)分别为 62.51、60.55、59.29;东部地区得分远高于 30 个省份的平均得分,中部地区得分略低于 30 个省份的平均得分,西部地区得分差距较大。东、中、西部地区 PPP 发展机会评估指标平均排名(不同区域内总体排名的均值)分别为第 11.82 名、第 16.88 名、第 19.25 名(见表 5-2)。我们可以认为,东部可能具有更好的 PPP 发展机会,而西部地区在发展 PPP 的潜力方面不具明显优势。

表 5-2 中国东、中、西部 PPP 发展机会评估指标平均得分和排名

区域	平均得分	平均排名
东部	62.51	11.82
中部	60.55	16.88
西部	59.29	19.25

(三) 分项结果

我们通过经济发展、PPP 概况、财政收支、政府债务和公共服务等五类一级指标得分加总得出了总体得分和总体排名,其中经济发展和公共服务是两个负向影响指标(越差得分越高),PPP 概况、财政收支和政府债务是三个正向指标(越好得分越高)。由此,可以进一步通过分析各省份五类一级指标的排名观察 PPP 发展机会评估指标排名的内部结构(见表 5-3)。

表 5-3 中国各省份 PPP 发展机会评估指标总体排名和分项排名

省份	总体排名	负向指标[①]		正向指标[②]		
		经济发展指标排名	公共服务指标排名	PPP 概况指标排名	财政收支指标排名	政府债务指标排名
上海	1	26	12	7	4	2
广东	2	30	27	24	1	3
山东	3	27	25	1	2	14
山西	4	5	13	21	9	7
江苏	5	29	18	6	3	8
北京	6	28	30	9	5	1
安徽	7	18	15	12	13	12

(续表)

省份	总体排名	负向指标[①]		正向指标[②]		
		经济发展指标排名	公共服务指标排名	PPP概况指标排名	财政收支指标排名	政府债务指标排名
湖南	8	21	20	2	7	24
甘肃	9	1	1	26	22	17
福建	10	22	28	4	11	6
浙江	11	25	29	13	6	4
宁夏	12	3	6	10	24	21
广西	13	10	2	22	18	16
河北	14	19	24	5	12	18
云南	15	13	16	3	16	26
河南	16	24	14	19	10	13
四川	17	20	21	18	8	22
江西	18	15	7	25	19	11
新疆	19	6	9	23	17	23
海南	20	8	5	20	26	15
辽宁	21	9	11	28	14	25
重庆	22	17	26	27	15	9
陕西	23	16	23	8	20	20
黑龙江	24	11	19	14	23	27
吉林	25	7	8	15	27	19
湖北	26	23	22	17	21	10
贵州	27	12	17	11	25	29
内蒙古	28	4	4	16	28	28
天津	29	14	10	30	29	5
青海	30	2	3	29	30	30

注：①负向指标：经济发展和公共服务越好的地方，参与PPP的意愿越低，得分越低，排名越高；②正向指标：PPP概况、财政收支、政府债务越好的地方，参与PPP的实力越强，得分越高，排名越高。

1. 排名第 1～10 的省份

上海：上海 PPP 发展机会评估指标总体排名第 1，主要源于政府债务、财政收支和 PPP 得分较高，分别排名第 2、第 4 和第 7；此外，公共服务排名第 12，对上海的 PPP 发展机会评估指标呈现相对中性的影响；经济发展由于整体环境较好，从而得分较低，排名仅在第 26，对上海的 PPP 发展机会评估指标有所拖累。

广东：广东 PPP 发展机会评估指标总体排名第 2，同样主要源于财政收支和政府债务得分较高，分别排名第 1 和第 3。经济发展和公共服务由于发展程度较高，从而得分较低，分别排名第 30 和第 27；PPP 概况由于总量和结构存在问题，仅排在第 24，这三类指标对广东的 PPP 发展机会评估指标有所拖累。

山东：山东 PPP 发展机会评估指标总体排名第 3，主要源于 PPP 概况和财政收支得分较高。其中，PPP 概况由于总量和结构较好，排名第 1；财政收支排名第 2。政府债务排名第 14，对山东的 PPP 发展机会评估指标呈现相对中性的影响；经济发展和公共服务由于发展程度较高，二者得分较低，分别排名第 27 和第 25，对山东的 PPP 发展评估指标有所拖累。

山西：山西 PPP 发展机会评估指标总体排名第 4，主要源于经济发展、政府债务、财政收支排名相对较高，山西由于经济发展程度较低，经济发展得分较高，排名第 5；政府债务状况相对较好，排名第 7；财政收支排名第 9；此外，公共服务排名第 13，对山西的 PPP 发展机会评估指标呈现相对中性的影响；PPP 概况排名第 21，对山西的 PPP 发展机会评估指标有所拖累。

江苏：江苏 PPP 发展机会评估指标总体排名第 5，主要源于财政收支、PPP 概况和政府债务状况得分较高，分别排名第 3、第 6 和第 8；公共服务排名第 18，对江苏的 PPP 发展机会评估指标呈现相对中性的影响；经济发展程度较高，经济发展的得分较低，排名第 29，对江苏的 PPP 发展机会评估指标有所拖累。

北京：北京 PPP 发展机会评估指标总体排名第 6，主要源于政府债务、PPP 概况和财政收支得分相对较高，分别排名第 1、第 9 和第 5，较大程度地提升了北京的 PPP 发展机会评估指标；但是，北京由于经济发展和公共服务整体水平较高，二者得分较低，分别排名第 28 和第 30，对北京的 PPP 发展机会评估指标有所拖累。

安徽：安徽 PPP 发展机会评估指标总体排名第 7，主要是 PPP 概况得分较高，排名第 12；政府债务、财政收支、公共服务和经济发展均排名居中，整体对安徽的 PPP 发展机会评估指标影响较为平均。

湖南：湖南 PPP 发展机会评估指标总体排名第 8，主要源于 PPP 概况和财政收支得分较高，分别排名第 2 和第 7，对湖南的 PPP 发展机会评估指标支撑作用较大；公共服务、经济发展、政府债务排名相对靠后，分别排名第 20、第 21 和第 24，对湖南的 PPP 发展机会评估指标有所拖累。

甘肃：甘肃 PPP 发展机会评估指标排名第 9，主要源于经济发展和公共服务的发展水平较低，从而得分较高，均排名第 1；政府债务排名第 17，对甘肃的 PPP 发展机会评估指标呈现相对中性的影响；此外，财政收支和 PPP 概况得分较低，分别排名第 22 和第 26，对甘肃的 PPP 发展机会评估指标拖累较大。

福建：福建 PPP 发展机会评估指标总体排名第 10，主要源于政府债务和 PPP 概况得分较高，分别排名第 6 和第 4；财政收支排名第 11，对福建的 PPP 发展机会评估指标呈现相对中性的影响；经济发展和公共服务由于发展水平较高而得分较低，分别排名第 22 和第 28，对福建的 PPP 发展机会评估指标有所拖累。

综上，排名第 1~10 的省份，PPP 发展机会评估指标得分区间为 62.94~68.75，这 10 个省份是 PPP 发展机会相对较多的省份。

2. 排名第 11~20 的省份

浙江：浙江 PPP 发展机会评估指标总体排名第 11，主要源于政府债务和财政收支得分较高，分别排名第 4 和第 6；PPP 概况排名第 13，相对居中，对浙江的 PPP 发展机会评估指标也呈现相对中性的影响；经济发展和公共服务由于发展水平较高而得分较低，分别排名第 25 和第 29，对浙江的 PPP 发展机会评估指标有所拖累。

宁夏：宁夏 PPP 发展机会评估指标排名第 12，主要源于经济发展和公共服务的水平较低，从而得分较高，分别排名第 3 和第 6；PPP 概况排名第 10，相对居中；财政收支和政府债务得分较低，分别排名第 24 和第 21，对宁夏的 PPP 发展机会评估指标拖累较大。

广西：广西 PPP 发展机会评估指标排名第 13，主要源于公共服务和经济发展得分较高，分别排名第 2 和第 10；政府债务和财政收支排名相对居中，分别排名第 16 和第 18，对广西的 PPP 发展机会评估指标呈现相对中性的影响；PPP 概况相对较差，排名第 22，对广西的 PPP 发展机会评估指标拖累较大。

河北：河北 PPP 发展机会评估指标排名第 14。其中，PPP 概况排名第 5，相对靠前；财政收支、政府债务和经济发展排名相对居中，分别排名第 12、第 18 和第 19；公共服务得分较低，排名第 24，对河北的 PPP 发展机会评估指标拖累较大。

云南：云南 PPP 发展机会评估指标排名第 15。其中，PPP 概况得分较高，排名第 3；经济发展、财政收支、公共服务排名相对居中，分别排名第 13、第 16 和第 16；政府债务状况得分较低，排名第 26，对云南的 PPP 发展机会评估指标拖累较大。

河南：河南 PPP 发展机会评估指标排名第 16。其中，财政收支、政府债务、公共服务和PPP概况排名均比较居中,分别排名第10、第13、第14和第19;经济发展排名第24,对河南的PPP发展机会评估指标拖累较大。

四川:四川PPP发展机会评估指标排名第17。其中,财政收支得分较高,排名第8;经济发展、PPP概况、公共服务、政府债务排名相对靠后,分别排名第20、第18、第21和第22,对四川的PPP发展机会评估指标有所拖累。

江西:江西PPP发展机会评估指标排名第18。其中,公共服务得分较高,排名第7;政府债务、经济发展、财政收支排名相对居中,分别排名第11、第15和第19;PPP概况得分较低,排名第25,对江西的PPP发展机会评估指标有所拖累。

新疆:新疆PPP发展机会评估指标排名第19。其中,经济发展和公共服务得分较高,分别排名第6和第9;财政收支排名第17,相对居中,对新疆的PPP发展机会评估指标呈现相对中性的影响;政府债务和PPP概况得分较低,均排名第23,对新疆的PPP发展机会评估指标拖累较大。

海南:海南PPP发展机会评估指标排名第20。其中,公共服务和经济发展得分较高,分别排名第5和第8;政府债务和PPP概况排名相对居中,分别排名第15和第20;财政收支得分较低,排名第26,对海南的PPP发展机会评估指标有所拖累。

综上,排名第11～20的省份,PPP发展机会评估指标得分为59.86～62.60,这10个省份是PPP发展机会相对适中的省份。

3. 排名第21～30的省份

辽宁:辽宁PPP发展机会评估指标排名第21,主要源于PPP概况和政府债务得分较低,分别排名第28和第25,对其PPP发展机会评估指标拖累较大;公共服务和财政收支排名相对居中,分别排名第11和第14;经济发展得分较高,排名第9。

重庆:重庆PPP发展机会评估指标排名第22,主要源于PPP概况和公共服务得分较低,排名为第27;经济发展和财政收支排名相对居中,排名分别为第17和第15;政府债务则得分较高,排名第9。

陕西:陕西PPP发展机会评估指标排名第23,主要源于财政收支、政府债务和公共服务得分较低,分别排名第20;经济发展和PPP概况分别排名第16和第8。

黑龙江:黑龙江PPP发展机会评估指标排名第24,主要源于财政收支和政府债务得分较低,分别排名第23和第27;经济发展、PPP概况和公共服务排名相对居中,分别排名第11、第14和第19。

吉林:吉林PPP发展机会评估指标排名第25,主要源于财政收支状况得分较低,排名第27;PPP概况、政府债务排名相对居中,分别排名第15和第19;经济发展和公共服务得分则较高,分别排名第7和第8。

湖北:湖北PPP发展机会评估指标排名第26,主要源于财政收支、公共服务和经济发展得分较低,分别排名第21、第22和第23;政府债务和PPP概况排名相对居中,分别排名第10和第17。

贵州:贵州PPP发展机会评估指标排名第27,主要源于财政收支和政府债务得分较低,分别排名第25和第29;经济发展、PPP概况和公共服务排名相对居中,分别为第12、第11和第17。

内蒙古:内蒙古PPP发展机会评估指标排名第28,主要源于财政收支和政府债务得分较低,均排名第28;PPP概况排名相对居中,排名第16;经济发展和公共服务得分相对较高,均排名第4。

天津:天津PPP发展机会评估指标排名第29,主要源于财政收支和PPP概况得分较低,分别排名第29和第30;公共服务和经济发展排名相对居中,分别排名第10和第14;政府债务得分较高,排名第5。

青海:青海PPP发展机会评估指标排名第30,主要源于PPP概况、财政收支和政府债务得分较低,分别排名第29、第30和第30;经济发展和公共服务得分则相对较高,分别排名第2和第3。

综上,排名第21~30的省份,PPP发展机会评估指标得分为51.80~59.53,这10个省份PPP发展风险较大、机会较差,而且明显受财政收支和政府债务的约束更大。

二、中国各省份PPP发展机会中经济发展负向指标的结果分析

(一)指标体系

1. 指标选取原则

经济发展部分指标的选取主要考虑数据可得性和所选择指标的全面性。由于经济发展负向指标在各地方经济年报、公报中可得性相对较高,因此,本部分的问题主要集中在指标的筛选方面。

GDP作为国民经济核算的最基本指标之一,必然会对PPP发展机会有所影响。由于GDP本身为存量指标,我们取人均GDP和GDP增速,分别从存量和流量两个角度来衡量经济发展总体状况。

经济结构方面,产业增加值是从生产力角度来说明经济发展情况的。工业增加值可以衡量地方的工业生产力,而第三产业增加值占比是地区经济转型进程的重要指标。

固定资产投资方面,由于地方政府发展PPP的意愿和固定资产投资情况有关,我们将全社会固定资产投资完成额加入指标。同时,房地产投资作为一项特殊的固定资产投资,可以较好地反映资本对地方经济发展情况的预期,我们将房地产开发企业投资完成额也加入指标。

常住人口城镇化率衡量人口的基本情况。PPP项目的受众主要是城市居民,因此人口指标也是影响地方政府发展PPP意愿的重要因素。

我们将进出口总额作为衡量地方外贸发展程度的指标,纳入评分体系,衡量地方的开放程度,作为对经济发展度量的一个补充。

社会消费品零售总额作为衡量社会消费需求的一个重要指标,我们将它纳入经济发展负向指标。社会消费需求会影响到地方政府对发展PPP项目的预期。

社会资本方面,我们选择金融机构人民币存贷比和规模以上工业企业负债率作为衡量指标。作为PPP项目的主要参与方之一,社会资本的状况是地方政府考虑是否要发展PPP项目的一个重要参考。

2. 指标数据来源

经济发展部分所有指标均来自中国经济网数据库宏观年度库和各省份2017年经济发展公报。其中,常住人口城镇化率、金融机构人民币存贷比和规模以上工业企业负债率由公开数据计算得到。计算公式为:

常住人口城镇化率=城镇常住人口数/常住人口数×100%

金融机构人民币存贷比=金融机构人民币贷款总额/金融机构人民币存款总额×100%

规模以上工业企业负债率=规模以上工业企业负债总额/规模以上工业企业资产总额×100%

其中,各省公报中公布的"金融机构存贷比"指标不一致,部分省份只公布了本省金融机构本外币存贷款数额合计。但在公开数据中,人民币存贷比和本外币存贷比差额较小,因此对于没有公布人民币存贷比的省份,用本外币存贷比代替。

3. 指标内在机制

本部分依次介绍各指标与PPP发展机会的内在联系。

(1) GDP增速和人均GDP。GDP增速和人均GDP两个二级指标共同构成经济发展指标的GDP情况指标。

GDP即地区内生产总值,是衡量一个地区经济状况最基本的指标之一。考虑到各地人口的差异,采用人均GDP能更好地衡量各地区的经济发展程度且便于比较。此外,由于GDP本身是衡量存量的指标,不能很好地反映地区经济的发展情况,我们用GDP相对于上一年的增长率来衡量GDP的变化情况。

在人均 GDP 和 GDP 增速较低的地区,经济发展情况较差,地方政府收入较低,会有更高的激励引入社会资本,发展 PPP 产业。因此,如果某地区这两个指标较高,对 PPP 发展机会评估指标的贡献则较小。

(2) 第三产业增加值在 GDP 中占比和工业增加值。第三产业增加值在 GDP 中占比和工业增加值两个二级指标共同构成经济发展指标的生产结构指标。

第三产业增加值在 GDP 中占比用来衡量地区的经济结构。一般来说,第三产业增加值占比较高的地区,经济转型程度较高,市场自发提供的服务较多,相对而言降低了地方政府引入社会提供公共服务的激励。因此,第三产业增加值在 GDP 中占比越高的地区,该指标对 PPP 发展机会评估指标的贡献越小。

工业增加值是指工业企业在报告期内以货币形式表现的工业生产活动的最终成果,是国民经济核算的基本指标之一,用于衡量一个地区的工业产品生产力。在工业增加值较低的地区,工业企业提供的产品总价值较低,地方政府更有激励通过 PPP 方式来加大投资,间接提高工业生产力。特别的,地方政府会对道路、桥梁、建筑等基础设施的建设有较高的意愿,以支持地方工业的发展,而 PPP 作为一种融资模式,特别适合基础设施的建设投资。因此,工业增加值越低的地区,该指标对 PPP 发展机会评估指标的贡献越大。

(3) 全社会固定资产投资完成额和房地产开发企业投资完成额。全社会固定资产投资完成额和房地产开发企业投资完成额两个二级指标共同构成经济发展指标的固定资产投资指标。

固定资产投资完成额是以货币表现的固定资产建设完成的工作量,是反映固定资产投资规模的综合性指标。固定资产投资完成额越高的地区,扩大再生产的能力越强,因此该指标较低的地区,地方政府有较大的激励通过 PPP 项目增加固定资产数量,以提高该地区生产力。所以,全社会固定资产投资完成额越低的地区,该指标对 PPP 发展机会评估指标的贡献越大。

房地产开发企业投资完成额是反映地区经济状况的一个重要指标。相对于全社会固定资产投资完成额,该指标更多地关注房地产方面的投资规模。一方面,这个指标有着和全社会固定资产投资类似的效应,会激励政府通过 PPP 项目增加投资量;另一方面,房地产方面的低投资意味着政府可以更低的机会成本提供 PPP 建设项目所需要的土地、房屋等。因此,房地产开发企业投资完成额越低的地区,政府发展 PPP 项目的激励越强,PPP 发展机会评估指标越高。

(4) 常住人口城镇化率。常住人口城镇化率为经济发展负向指标的人口指标。

常住人口城镇化率是衡量一个地区城镇化程度的基本指标。由于我国目前城镇化程度相对较低,城乡二元结构还比较明显,大部分地方政府都有提高城镇化率的激励。对于地方政府,城镇公共服务情况是吸引农村人口转移的重要因素之一。因此,城镇化率越低的地区,地方政府通过PPP项目提高城镇公共品数量的意愿越强,因此常住人口城镇化率越低,对地方的PPP发展机会评估指标贡献越大。

（5）进出口总额。进出口总额为经济发展负向指标的外贸指标。

某地区的进出口总额即该地区的年进口额和出口额的总和,一般以美元计价。进出口总额衡量一个地区的对外开放程度。对于部分有较多港口、车站,或者因为文化等原因与其他国家有较为密切的贸易来往的地区,该指标可以对该地区的经济发展状况做一定的补充。因此,该指标影响PPP发展机会评估指标的逻辑与GDP一致,即进出口总额越低的地区,经济发展状况越差,地方政府有越强的意愿通过PPP的手段进行公共投资。

（6）社会消费品零售总额。社会消费品零售总额为经济发展负向指标的社会消费需求指标。

社会消费品零售总额是指批发和零售业、住宿和餐饮业及其他行业直接售给城乡居民和社会集团的消费品零售额,是衡量一个地区消费需求的最基本指标之一。

在社会消费品零售总额较低的地区,社会总消费需求较低,因此地方政府更愿意通过PPP项目增加公共品提供。

（7）金融机构人民币存贷比和规模以上工业企业负债率。金融机构人民币存贷比和规模以上工业企业负债率共同构成经济发展负向指标的社会资本指标。金融机构人民币存贷比是地方金融机构贷款总额和存款总额之比。该指标衡量社会对资本的需求程度。存贷比越高的地方,贷款相对存款的比率越高,意味着社会资本对该地区的投资意愿越强,因此政府发展PPP的意愿也越强。所以,存贷比越高的地区,存贷比对PPP发展机会评估指标贡献越大。

规模以上工业企业负债率衡量某地区具有一定规模的工业企业的负债情况。在我国,规模以上工业企业是指年主营业务收入在2 000万元以上的工业企业。规模以上工业企业负债率越高,意味着企业的投资意愿越强,因此政府发展PPP的激励也越大。所以,规模以上工业企业负债率越高,对地方PPP发展机会评估指标贡献越大。

经济发展二级指标对经济发展负向指标的影响机制则可以用图5-2表示。

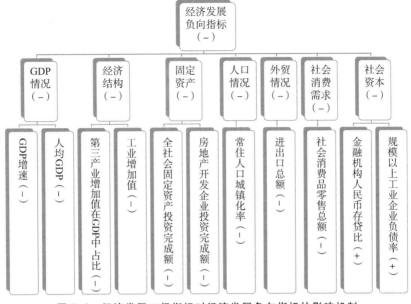

图 5-2 经济发展二级指标对经济发展负向指标的影响机制

(二) 总体结果

根据本章对经济发展负向指标的设计与构建,我们得出了 2017 年全国 31 个省份经济发展负向指标的得分与排名,一个省份经济发展越好,参与 PPP 意愿越低,得分越低,排名越低。如表 5-4 所示,排前五名的省份(甘肃、青海、宁夏、内蒙古、西藏)的经济发展负向指标得分分别为 17.13、16.43、16.01、15.05、15.02。排后五名的省份(广东、江苏、北京、山东、上海)的经济发展负向指标得分分别为 5.47、5.93、7.64、7.90、8.28。31 个省份的经济发展负向指标得分平均值为 12.21,共 17 个省份位于均值之上,14 个省份位于均值以下。

表 5-4 中国各省份经济发展负向指标得分和排名

省份	经济发展负向指标得分	经济发展负向指标排名
甘肃	17.13	1
青海	16.43	2
宁夏	16.01	3
内蒙古	15.05	4
西藏	15.02	5
山西	14.90	6
新疆	14.76	7

（续表）

省份	经济发展负向指标得分	经济发展负向指标排名
吉林	14.27	8
海南	14.19	9
辽宁	14.11	10
广西	14.09	11
黑龙江	13.99	12
贵州	13.84	13
云南	13.78	14
天津	12.83	15
江西	12.50	16
陕西	12.23	17
重庆	11.99	18
安徽	11.94	19
河北	11.68	20
四川	11.24	21
湖南	11.00	22
福建	10.99	23
湖北	10.86	24
河南	9.88	25
浙江	8.62	26
上海	8.28	27
山东	7.90	28
北京	7.64	29
江苏	5.93	30
广东	5.47	31

将所有省份分为东、中、西部来看（见表5-5），东、中、西部经济发展负向指标总分分别为107.64、99.35、171.57；负向指标均分分别为9.79、12.42、14.30，西部第一，中部次之，东部最末，并且西部和中部高于整体均值，东部低于整体均值。

表 5-5　中国东、中、西部经济发展负向指标得分与排名

区域	经济发展负向指标总分	经济发展负向指标均分	经济发展负向指标排名
东部	107.64	9.79	3
中部	99.35	12.42	2
西部	171.57	14.30	1

(三) 分项结果

本章上一部分在设计构建经济发展指标时,选取了 GDP、经济结构、固定资产投资、人口情况、外贸、社会消费需求、社会资本 7 类 11 个二级指标综合加权,得到了经济发展负向指标。为了进一步观察各省份经济发展负向指标的内部结构,我们对这 11 个二级指标也进行了详细的结果分析。

1. GDP

我们主要通过 GDP 增速和人均 GDP 两个指标衡量各省份的 GDP 情况,并且在考虑了专家打分权重以后得出了 2017 年中国 31 个省份 GDP 情况的负向得分与排名,GDP 情况越好,参与 PPP 的意愿越低,得分越低,排名越低。如表 5-6 所示,排前五名的省份(甘肃、辽宁、内蒙古、吉林、黑龙江)的 GDP 负向得分分别为 3.94、3.27、3.17、2.90、2.82;排后五名的省份(北京、上海、江苏、浙江、重庆)的 GDP 负向得分分别为 1.09、1.11、1.35、1.45、1.51。31 个省份 GDP 情况负向得分均值为 2.19,共有 15 个省份位于均值之上,16 个省份位于均值之下。

表 5-6　中国各省份 GDP 情况的负向得分与排名

省份	GDP 情况负向得分	GDP 情况负向排名
甘肃	3.94	1
辽宁	3.27	2
内蒙古	3.17	3
吉林	2.90	4
黑龙江	2.82	5
山西	2.67	6
河北	2.62	7
广西	2.55	8
海南	2.52	9
青海	2.50	10

(续表)

省份	GDP情况负向得分	GDP情况负向排名
新疆	2.40	11
河南	2.29	12
四川	2.25	13
天津	2.24	14
宁夏	2.22	15
湖南	2.17	16
安徽	2.13	17
陕西	2.04	18
湖北	2.01	19
云南	2.00	20
江西	1.99	21
山东	1.93	22
西藏	1.76	23
广东	1.75	24
贵州	1.72	25
福建	1.52	26
重庆	1.51	27
浙江	1.45	28
江苏	1.35	29
上海	1.11	30
北京	1.09	31

进一步观察我国东、中、西部GDP情况的负向得分与排名,如表5-7所示,东、中、西部GDP情况负向总分分别为20.86、18.98、28.06;负向均分分别为1.90、2.37、2.34,中部第一,西部第二,东部最末,东部均分要明显低于中部和西部。

表5-7 中国东、中、西部经济发展负向指标中GDP情况的负向得分与排名

区域	GDP情况负向总分	GDP情况负向均分	GDP负向排名
东部	20.86	1.90	3
中部	18.98	2.37	1
西部	28.06	2.34	2

随后,我们还详细观察了GDP增速和人均GDP两个二级指标在中国各省份的分布,如图5-3所示。根据第四章中的指标设计思路,GDP增速越高的省份,其地方政府发展PPP的意愿越低,GDP对PPP发展机会评估指标的贡献越小。GDP增速排前五名的省份分别是贵州、西藏、云南、重庆、江西,分别为10.2%、10.0%、9.5%、9.3%、8.9%;排后五名的省份是甘肃、天津、内蒙古、辽宁、吉林,分别为3.6%、3.6%、4.0%、4.2%、5.3%。31个省份的GDP增速均值为7.27%,共有19个省份在均值之上,12个省份在均值之下。

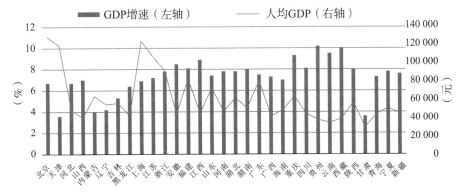

图 5-3　中国各省份经济发展负向指标中GDP情况二级指标分布

人均GDP从存量角度衡量各省份的总体经济发展状况,我们认为人均GDP越高的地方,地方政府发展PPP项目的意愿越低。人均GDP排前五名的省份是北京、上海、天津、江苏、浙江,分别为128 927元、124 571元、119 238元、107 189元、92 057元;排后五名的省份是甘肃、云南、贵州、西藏、山西,分别为29 326元、34 545元、37 956元、39 259元、40 557元。31个省份人均GDP均值为61 331.32元。

进一步观察我国东、中、西部GDP增速和人均GDP这两个二级指标的分布情况。如图5-4所示,综合来看,东、中、西部的GDP增速均值分别为6.65%、7.46%、7.73%,人均GDP均值分别为87 278元、48 552元、46 066元,总体上人均GDP高的区域GDP增速低。西部地区的GDP增速高于均值而人均GDP低于均值。综上,西部省份人均GDP普遍较低,地方政府有更强的发展PPP项目的意愿;虽然西部地区的GDP增速得分较低,但不能抵消低人均GDP带来的地方政府迫切的发展意愿。中部和东部地区,总体上的GDP情况较好,对地方政府发展PPP项目的意愿贡献相对较小。

2. 经济结构

我们主要通过第三产业增加值在GDP中占比和工业增加值两个指标来衡量各省份的经济结构状况,并且在考虑了专家打分权重以后得出了2017年中

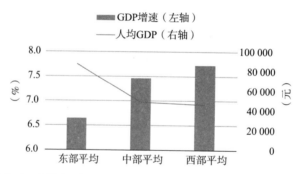

图 5-4　中国东、中、西部经济发展负向指标 GDP 二级指标分布

国 31 个省份经济结构的负向得分与排名(如表 5-8 所示)。其中,排前五名的省份(青海、宁夏、广西、新疆、贵州)的经济结构负向得分分别为 2.78、2.75、2.75、2.73、2.70;排后五名的省份(广东、北京、江苏、上海、山东)的经济结构负向得分分别为 1.13、1.24、1.32、1.55、1.58。31 个省份经济结构的负向得分均值为 2.27,共有 21 个省份位于均值之上,10 个省份位于均值之下,说明少数省份在经济结构部分得分较低,拉低了整体的平均值。

表 5-8　中国各省份经济结构的负向得分与排名

省份	经济结构负向得分	经济结构负向排名
青海	2.78	1
宁夏	2.75	2
广西	2.75	3
新疆	2.73	4
贵州	2.70	5
江西	2.63	6
陕西	2.62	7
西藏	2.60	8
云南	2.60	9
吉林	2.58	10
安徽	2.54	11
甘肃	2.48	12
内蒙古	2.46	13
重庆	2.43	14
海南	2.41	15

(续表)

省份	经济结构负向得分	经济结构负向排名
福建	2.39	16
河北	2.38	17
山西	2.34	18
辽宁	2.31	19
黑龙江	2.30	20
湖北	2.30	21
湖南	2.25	22
四川	2.21	23
河南	2.20	24
天津	2.06	25
浙江	1.79	26
山东	1.58	27
上海	1.55	28
江苏	1.32	29
北京	1.24	30
广东	1.13	31

进一步观察我国东、中、西部经济结构的负向得分与排名(见表5-9),东、中、西部生产结构的负向总分分别为20.89、15.99、29.02;负向均分分别为2.08、2.00、2.42,西部第一,东部第二,中部最末,并且东部和中部相差不大,西部得分要明显高于中部和东部。

表5-9 中国东、中、西部经济发展负向指标中经济结构的负向得分与排名

区域	经济结构负向总分	经济结构负向均分	经济结构负向排名
东部	20.89	2.08	2
中部	15.99	2.00	3
西部	29.02	2.42	1

随后,我们还详细观察了第三产业增加值在GDP中占比和工业增加值两个二级指标在中国各省份的分布(见图5-5)。

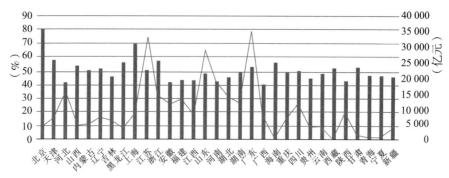

图 5-5　中国各省份经济发展负向指标中经济结构二级指标分布

第三产业增加值在 GDP 中占比是衡量地区经济结构的重要指标。在第三产业发展较好的地区,市场自发提供的服务较多,相对减少了政府发展公共服务的意愿和居民的需求。第三产业增加值在 GDP 中占比排前五名的省份分别是北京、上海、天津、浙江、海南,这些地区第三产业增加值在 GDP 中占比分别为 80.6%、69.0%、58.0%、57.0%、55.7%;排后五名的省份分别是广西、安徽、河北、陕西、江西,第三产业增加值在 GDP 中占比分别为 40.2%、41.5%、41.8%、42.3%、42.7%。31 个省份第三产业增加值占比的均值为 50%。

工业增加值衡量一个地区的工业化程度。工业发展较为落后的地区,地方政府为了推进工业化,会有更高的意愿推进 PPP 项目,尤其是道路、园区等基础设施建设项目。工业增加值排前五名的省份分别是广东、江苏、山东、河南、河北,这些地区工业增加值分别为 34 936 亿元、32 800 亿元、28 706 亿元、18 807 亿元、15 326 亿元;排后五名的省份分别是西藏、海南、青海、宁夏、甘肃,工业增加值分别为 103 亿元、528 亿元、791 亿元、1 096 亿元、1 770 亿元。31 个省份工业增加值的均值为 9 677 亿元,有 11 个省份在均值以上,20 个省份在均值以下。

进一步观察我国东、中、西部第三产业增加值在 GDP 中占比和工业增加值这两个二级指标的分布情况。如图 5-6 所示,综合来看,东、中、西部工业增加值的总数分别为 166 388.13 亿元、78 453.16 亿元、55 156.78 亿元。平均来看,中部和西部的第三产业增加值占比相差不大,和东部地区有较为显著的差距;工业增加值方面,东部第一,中部第二,西部最末。

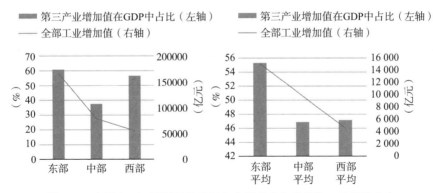

图 5-6　中国东、中、西部经济发展负向指标中生产结构二级指标分布

综上,西部省份由于第三产业和工业的发展都较为落后,其地方政府有更高的意愿引进 PPP 方式来推进地方的发展,中部次之,而东部对于通过 PPP 来推进地方基础建设的需求则相对较小。

3. 固定资产投资

我们主要通过全社会固定资产投资完成额和房地产开发企业投资完成额两个指标来衡量各省的固定资产投资状况,并且在考虑了专家打分权重以后得出了 2017 年中国 31 个省份固定资产的负向得分与排名(见表 5-10)。其中,排前五名的省份(西藏、青海、宁夏、甘肃、山西)的固定资产投资情况负向得分分别为 3.94、3.81、3.78、3.65、3.61;排后五名的省份(江苏、山东、广东、河南、浙江)的固定资产投资情况负向得分分别为 0.41、0.72、0.77、1.13、1.55。31 个省份总体概况负向得分均值为 2.66,共有 19 个省份位于均值之上,12 个省份位于均值之下。

表 5-10　中国各省份固定资产投资的负向得分与排名

省份	固定资产投资负向得分	固定资产投资负向排名
西藏	3.94	1
青海	3.81	2
宁夏	3.78	3
甘肃	3.65	4
山西	3.61	5
海南	3.58	6
辽宁	3.44	7
黑龙江	3.43	8
新疆	3.36	9
吉林	3.33	10

(续表)

省份	固定资产投资负向得分	固定资产投资负向排名
内蒙古	3.30	11
天津	3.24	12
上海	3.20	13
北京	3.18	14
贵州	3.06	15
云南	2.83	16
江西	2.79	17
广西	2.77	18
重庆	2.73	19
陕西	2.57	20
福建	2.23	21
湖南	2.17	22
湖北	2.00	23
安徽	2.00	24
四川	1.94	25
河北	1.92	26
浙江	1.55	27
河南	1.13	28
广东	0.77	29
山东	0.72	30
江苏	0.41	31

进一步观察我国东、中、西部固定资产投资情况得分与排名（见表5-11），东、中、西部固定资产投资负向总分分别为24.23、20.46、37.75；负向均分分别为2.20、2.56、3.15，西部第一，中部第二，东部最末。

表5-11 中国东、中、西部经济发展负向指标中固定资产投资情况的负向得分与排名

区域	固定资产投资负向总分	固定资产投资负向均分	固定资产投资负向排名
东部	24.23	2.20	3
中部	20.46	2.56	2
西部	37.75	3.15	1

随后，我们还详细观察了全社会固定资产投资完成额和房地产开发企业投资完成额两个二级指标在中国各省份的分布（见图5-7）。

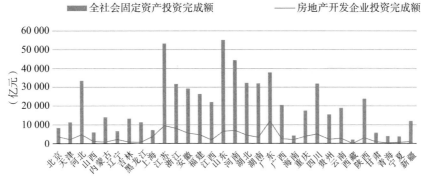

图 5-7 中国各省份经济发展负向指标中固定资产投资二级指标分布

全社会固定资产投资完成额反映地区的固定资产投资规模。由于 PPP 模式非常适合进行固定资产投资项目,固定资产投资规模越低的地区,地方政府会有越高的意愿推进 PPP 项目以增加固定资产投资。全社会固定资产投资完成额排前五名的省份分别是山东、江苏、河南、广东、河北,这些地区全社会固定资产投资完成额分别为 55 202.7 亿元、53 277.0 亿元、44 496.9 亿元、37 761.7 亿元、33 406.8 亿元;排后五名的省份分别是西藏、宁夏、青海、海南、甘肃,全社会固定资产投资完成额分别为 1 975.6 亿元、3 728.4 亿元、3 883.6 亿元、4 244.4 亿元、5 827.8 亿元。31 个省份全社会固定资产投资完成额的均值为 20 516.7 亿元,有 13 个省份在均值以上,18 个省份在均值以下。

房地产开发企业投资完成额是反映经济状况的重要指标。房地产投资规模越低的地区,政府可以越低的机会成本提供 PPP 建设所需的土地、房屋等。房地产开发企业投资完成额排前五名的省份分别是广东、江苏、浙江、河南、山东,其房地产开发企业投资完成额分别是 12 075.7 亿元、9 629.1 亿元、8 226.8 亿元、7 090.2 亿元、6 637.2 亿元;排后五名的省份分别是西藏、青海、宁夏、黑龙江、内蒙古,其房地产开发企业投资完成额分别为 40.4 亿元、408.6 亿元、652.8 亿元、815.6 亿元、889.7 亿元。31 个省份房地产开发企业投资完成额均值为 3 541.89 亿元,有 13 个省份在均值以上,18 个省份在均值以下。

进一步观察我国东、中、西部全社会固定资产投资完成额和房地产开发企业投资完成额两个二级指标的分布情况。如图 5-8 所示,综合来看,东、中、西部的全社会固定资产投资完成额总数分别为 275 587.50 亿元、190 715.30 亿元、169 715.20 亿元,均值分别为 25 053.41 亿元、23 839.41 亿元、14 142.93 亿元;房地产开发企业投资完成额的总数分别为 60 312.10 亿元、25 609.70 亿元、23 876.70 亿元,均值分别为 5 482.92 亿元、3 201.21 亿元、1 989.73 亿元。总数和均值都呈明显的东部大于中部大于西部的状态。

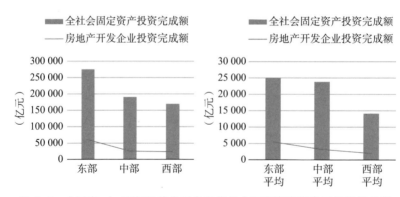

图 5-8　中国东、中、西部经济发展负向指标中固定资产投资二级指标分布

综上,西部省份由于固定资产投资总额较少,地方政府有更高的意愿引进 PPP 项目来增加固定资产投资,中部省份次之,东部省份的意愿最低。

4. 人口情况

我们主要选择常住人口城镇化率指标来衡量各省份的人口情况,并且在考虑了专家打分权重以后得出了 2017 年中国 31 个省份人口情况的负向得分与排名。结果表明,我国 31 个省份经济发展负向指标中的人口情况的负向得分与排名如表 5-12 所示。其中,排前五名的省份西藏、贵州、甘肃、云南、广西的人口情况负向得分分别为 2.06、1.51、1.50、1.49、1.40;排后五名的省份上海、北京、天津、广东、江苏的人口情况负向得分分别为 0.00、0.05、0.17、0.65、0.69。31 个省份总体概况负向得分均值为 1.04,共有 18 个省份位于均值之上,13 个省份位于均值之下。

表 5-12　中国各省份人口情况的负向得分与排名

省份	人口情况负向得分	人口情况负向排名
西藏	2.06	1
贵州	1.51	2
甘肃	1.50	3
云南	1.49	4
广西	1.40	5
新疆	1.39	6
河南	1.36	7
四川	1.34	8
青海	1.25	9
安徽	1.24	10
江西	1.20	11
湖南	1.20	12

(续表)

省份	人口情况负向得分	人口情况负向排名
河北	1.19	13
吉林	1.13	14
陕西	1.12	15
山西	1.10	16
宁夏	1.08	17
海南	1.08	18
湖北	1.03	19
黑龙江	1.03	20
山东	0.98	21
内蒙古	0.93	22
重庆	0.86	23
福建	0.83	24
辽宁	0.73	25
浙江	0.71	26
江苏	0.69	27
广东	0.65	28
天津	0.17	29
北京	0.05	30
上海	0.00	31

进一步观察我国东、中、西部人口情况的负向得分与排名(见表5-13),东、中、西部人口情况负向总分分别为7.08、9.28、15.92;负向均分分别为0.64、1.16、1.33,西部第一,中部次之,东部最末。

表5-13 中国东、中、西部经济发展负向指标中人口情况的负向得分与排名

区域	人口情况负向总分	人口情况负向均分	人口情况负向排名
东部	7.08	0.64	3
中部	9.28	1.16	2
西部	15.92	1.33	1

随后,我们还详细观察了常住人口城镇化率在中国各省份的分布。常住人口城镇化率衡量一个地区的城镇化程度。在人口城镇化率越低的地区,地方政府越有意愿通过PPP模式提供更多的公共品来吸引人们向城市集中。如图5-9

所示,常住人口城镇化率排前五名的省份(上海、北京、天津、广东、江苏)的常住人口城镇化率分别为 0.88、0.86、0.83、0.70、0.69;排后五名的省份(西藏、贵州、甘肃、云南、广西)的常住人口城镇化率分别为 0.31、0.46、0.46、0.47、0.49。31 个省份常住人口城镇化率的均值为 0.59,有 13 个省份在均值以上,18 个省份在均值以下。

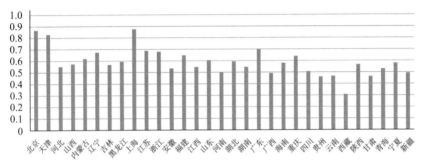

图 5-9 中国各省份经济发展负向指标中人口情况二级指标分布

进一步观察我国东、中、西部常住人口城镇化率指标的分布情况。如图 5-10 所示,综合来看,东、中、西部的常住人口城镇化率均值分别为 0.70、0.56、0.51,呈现东部>中部>西部的状态。

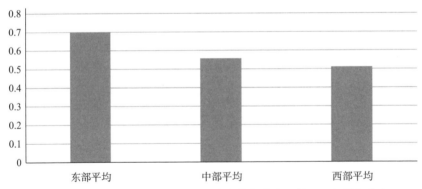

图 5-10 中国东、中、西部经济发展负向指标中人口情况二级指标分布

综上,西部省份由于城镇化程度较低,地方政府有更高的意愿通过引进 PPP 项目来增加城市公共品提供,从而推进城镇化建设,中部省份次之,东部省份的意愿最低。

5. 外贸

我们主要选择进出口总额指标来衡量各省份的外贸情况,并且在考虑了专家打分权重以后得出了 2017 年中国 31 个省份外贸情况的负向得分与排名。结果表明,我国 31 个省份经济发展负向指标中的外贸情况的得分与排名如

表5-14所示。其中,排前五名的省份(青海、西藏、宁夏、甘肃、贵州)的外贸情况负向得分分别为1.35、1.35、1.35、1.35、1.34;排后五名的省份(广东、江苏、上海、浙江、北京)外贸情况负向得分分别为0.00、0.56、0.71、0.85、0.92。31个省份外贸情况负向得分均值为1.18,共有24个省份位于均值之上,7个省份位于均值之下,差异较大。

表5-14 中国各省份外贸情况的负向得分与排名

省份	外贸情况负向得分	外贸情况负向排名
青海	1.35	1
西藏	1.35	2
宁夏	1.35	3
甘肃	1.35	4
贵州	1.34	5
海南	1.34	6
内蒙古	1.34	7
山西	1.33	8
吉林	1.33	9
黑龙江	1.33	10
新疆	1.33	11
云南	1.32	12
湖南	1.31	13
陕西	1.30	14
江西	1.29	15
湖北	1.29	16
河北	1.29	17
安徽	1.28	18
广西	1.28	19
重庆	1.26	20
四川	1.26	21
河南	1.25	22
辽宁	1.22	23
天津	1.20	24
福建	1.12	25
山东	1.00	26
北京	0.92	27
浙江	0.85	28

（续表）

省份	外贸情况负向得分	外贸情况负向排名
上海	0.71	29
江苏	0.56	30
广东	0.00	31

进一步观察我国东、中、西部外贸情况的负向得分与排名（见表5-15），东、中、西部外贸情况的负向总分分别为10.21、10.41、15.83；负向均分分别为0.93、1.30、1.32，西部第一，中部次之，中西部没有明显差距，东部最末，分值明显低于中西部。

表5-15　中国东、中、西部经济发展负向指标中外贸情况的负向得分与排名

区域	外贸情况负向总分	外贸情况负向均分	外贸情况负向排名
东部	10.21	0.93	3
中部	10.41	1.30	2
西部	15.83	1.32	1

随后，我们还详细观察了进出口总额在中国各省份的分布。进出口总额是衡量地区市场开放程度的最主要的指标之一。由于外贸的发展可能与地区的天然属性有关，将外贸加入考虑可以对地方的经济发展情况有较好的补充，其效应和GDP是同向的。如图5-11所示，进出口总额排前五名的省份分别是广东、江苏、上海、浙江、北京，这些地区进出口总额分别为10 064.8亿美元、5 911.2亿美元、4 761.2亿美元、3 779.0亿美元、3 237.2亿美元；排后五名的省份分别是青海、西藏、宁夏、甘肃、贵州，进出口总额分别为6.6亿美元、8.7亿美元、50.4亿美元、50.6亿美元、81.6亿美元。31个省份进出口总额的均值为1 324.0亿美元，有7个省份在均值以上，24个省份在均值以下。

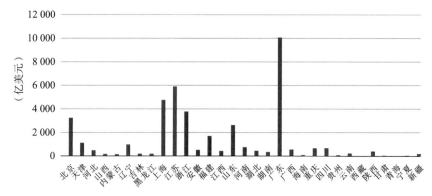

图5-11　中国各省份经济发展负向指标中进出口总额二级指标分布情况

进一步观察我国东、中、西部"进出口总额"指标的分布情况。综合来看，东、中、西部的进出口总额分别为34 820.0亿美元、3 125.9亿美元、3 099.3亿美元，均值分别为3 165.5亿美元、390.7亿美元、258.3亿美元，呈现出东部>中部>西部的状态。

综上，中、西部省份外贸总额较少，经济开放程度有限，进一步说明了中、西部地区相比东部地区的经济发展差距较大。所以，中、西部地方政府有更高的意愿通过发展PPP项目来提供公共品。

6. 社会消费需求

我们主要选择社会消费品零售总额指标来衡量各省份的社会消费需求情况，并且在考虑了专家打分权重以后得出了2017年中国31个省份社会消费需求情况的负向得分与排名。我国31个省份经济发展负向指标中社会消费需求的负向得分与排名如表5-16所示。其中，排前五名的省份（西藏、青海、宁夏、海南、新疆）的社会消费需求情况负向得分分别为1.65、1.63、1.63、1.60、1.54；排后五名的省份（广东、山东、江苏、浙江、河南）的社会消费需求情况负向得分分别为0.00、0.20、0.28、0.61、0.81。31个省份社会消费需求情况负向得分均值为1.16，共有18个省份位于均值之上，13个省份位于均值之下。

表5-16　中国各省份社会消费需求情况的负向得分与排名

省份	社会消费需求情况负向得分	社会消费需求情况负向排名
西藏	1.65	1
青海	1.63	2
宁夏	1.63	3
海南	1.60	4
新疆	1.54	5
甘肃	1.52	6
贵州	1.49	7
天津	1.42	8
云南	1.39	9
山西	1.37	10
内蒙古	1.36	11
江西	1.34	12
广西	1.33	13
吉林	1.33	14
重庆	1.32	15

（续表）

省份	社会消费需求情况负向得分	社会消费需求情况负向排名
陕西	1.31	16
黑龙江	1.27	17
安徽	1.18	18
北京	1.16	19
上海	1.15	20
福建	1.10	21
辽宁	1.07	22
湖南	1.02	23
河北	0.97	24
湖北	0.91	25
四川	0.91	26
河南	0.81	27
浙江	0.61	28
江苏	0.28	29
山东	0.20	30
广东	0.00	31

进一步观察我国东、中、西部社会消费需求情况的负向得分与排名（见表5-17），东、中、西部社会消费需求情况的负向总分分别为9.23、9.57、17.06，负向均分分别为0.87、1.15、1.42，西部第一，中部第二，东部最末。

表5-17　中国东、中、西部经济发展负向指标中社会消费需求情况的负向得分与排名

区域	社会消费需求负向总分	社会消费需求负向均分	社会消费需求负向排名
东部	9.23	0.87	3
中部	9.57	1.15	2
西部	17.06	1.42	1

随后，我们还详细观察了社会消费品零售总额在中国各省份的分布。社会消费品零售总额衡量地方的消费需求。经济发展情况越差的地区，人们的消费需求往往越低。如图5-12所示，社会消费品零售总额排前五名的省份分别是广东、山东、江苏、浙江、河南，社会消费品零售总额分别为38 200.1亿元、33 649.0亿元、31 737.4亿元、24 308.5亿元、19 666.8亿元；排后五名的省份分别是西藏、青海、宁夏、海南、新疆，社会消费品零售总额分别为523.3亿元、839.0

亿元、930.4亿元、1 618.8亿元、3 044.6亿元。31个省份社会消费品零售总额的均值为11 739亿元,有12个省份在均值以上,19个省份在均值以下。

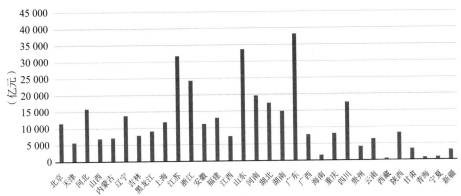

图5-12 中国各省份经济发展负向指标中社会消费品零售总额二级指标分布

进一步观察我国东、中、西部社会消费品零售总额指标的分布情况。综合来看,东、中、西部的进出口总额分别为201 377.0亿元、94 429.6亿元、68 098.8亿元,均值分别为18 307.0亿元、11 803.7亿元、5 674.9亿元,东部最高,中部次之,西部最末。

综上,西部省份社会消费需求较小,说明其经济发展情况较差,民众的购买力较弱。这些地方的政府更有意愿发展PPP项目,提高公共品供给,促进消费。中部省份的意愿次之,东部省份的意愿相对较低。

7. 社会资本

我们主要通过金融机构人民币存贷比和规模以上工业企业负债率两个二级指标来衡量各省的社会资本情况,并且在考虑了专家打分权重以后得出了2017年中国31个省份社会资本的负向得分与排名。结果表明,我国31个省份经济发展负向指标中的社会资本的负向得分与排名如表5-18所示。其中,排前五名的省份(宁夏、青海、甘肃、内蒙古、天津)的社会资本情况负向得分分别为3.19、3.09、2.69、2.51、2.49;排后五名的省份(北京、上海、河南、湖南、广东)的社会资本情况负向得分分别为0.00、0.55、0.84、0.89、1.18。31个省份社会资本的负向得分均值为1.72,共有14个省份位于均值之上,17个省份位于均值之下。

表5-18 中国各省份社会资本的负向得分与排名

省份	社会资本负向得分	社会资本负向排名
宁夏	3.19	1
青海	3.09	2

（续表）

省份	社会资本负向得分	社会资本负向排名
甘肃	2.69	3
内蒙古	2.51	4
天津	2.49	5
山西	2.48	6
云南	2.16	7
辽宁	2.07	8
贵州	2.03	9
新疆	2.02	10
广西	2.01	11
重庆	1.87	12
黑龙江	1.83	13
福建	1.79	14
吉林	1.68	15
海南	1.67	16
浙江	1.67	17
西藏	1.66	18
安徽	1.56	19
山东	1.48	20
四川	1.34	21
江苏	1.33	22
河北	1.32	23
湖北	1.32	24
陕西	1.27	25
江西	1.25	26
广东	1.18	27
湖南	0.89	28
河南	0.84	29
上海	0.55	30
北京	0.00	31

进一步观察我国东、中、西部社会资本的负向得分与排名（见表5-19），东、中、西部社会资本的负向得分分别为15.55、11.85、25.85，负向均分分别为1.41、

1.48、2.15,西部第一,中部第二,东部最末。东部和中部相差不大,西部的得分明显较高。

表 5-19 中国东、中、西部经济发展负向指标中社会资本的负向得分与排名

区域	社会资本负向总分	社会资本负向均分	社会资本负向排名
东部	15.55	1.41	3
中部	11.85	1.48	2
西部	25.85	2.15	1

随后,我们还详细观察了金融机构人民币存贷比和规模以上工业企业负债率两个二级指标在中国各省份的分布(见图 5-13)。

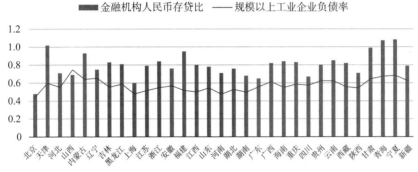

图 5-13 中国各省份经济发展负向指标中社会资本二级指标分布

金融机构人民币存贷比反映当地社会对资本的需求程度。在存贷比越高的地方,该地区的贷款比例相对越高,社会资本对该地区的投资意愿越高,政府也就越有意愿发展 PPP 项目。金融机构人民币存贷比排前五名的省份分别是宁夏、青海、天津、甘肃、福建,金融机构人民币存贷比分别为 1.08、1.07、1.02、0.99、0.95;排后五名的省份分别是北京、上海、广东、四川、湖南,金融机构人民币存贷比分别为 0.48、0.60、0.65、0.67、0.68。31 个省份金融机构人民币存贷比均值为 0.80,有 14 个省份在均值以上,17 个省份在均值以下。

规模以上工业企业负债率反映当地规模以上工业企业的资本存量情况。负债率越高,说明该地区工业企业的投资意愿越高,则政府发展 PPP 的意愿也就越高。规模以上工业企业负债率排前五名的省份分别是山西、宁夏、青海、辽宁、甘肃,规模以上工业企业负债率分别是 0.75、0.68、0.67、0.65、0.64;排后五名的省份分别是北京、河南、上海、湖南、江西,规模以上工业企业负债率分别是 0.45、0.47、0.48、0.50、0.50。31 个省份规模以上工业企业负债率的均值为 0.57,有 13 个省份在均值以上,18 个省份在均值以下。

进一步观察我国东、中、西部金融机构人民币存贷比和规模以上工业企

负债率两个二级指标的分布情况。如图 5-14 所示,综合来看,东、中、西部的金融机构人民币存贷比均值分别为 0.76、0.76、0.86;规模以上工业企业负债率均值分别为 0.54、0.56、0.62。东部和中部基本持平,西部总体较高。

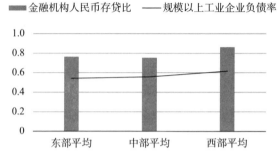

图 5-14 中国东、中、西部经济发展负向指标中社会资本二级指标分布

综上,西部省份由于社会资本投资意愿较高,地方政府有更高的意愿发展 PPP 项目,中部和东部省份政府的意愿相对较弱。

三、中国各省份 PPP 发展机会中 PPP 概况正向指标的结果分析

(一)指标体系

1. 指标选取原则

本章 PPP 概况部分选取的二级指标,主要包括总体概况、回报机制概况、进展阶段概况、行业分布概况和示范项目概况,主要依据 PPP 相关文献研究和 PPP 项目库数据结构的挖掘,进而判定了可能影响 PPP 概况的不同类二级指标。

首先是 PPP 相关文献研究。Hammami et al.(2006)对基础设施建设中的 PPP 项目的决定因素进行了实证研究,并且以 PPP 项目数、投资额和私营部门参与程度作为因变量。Chen et al.(2014)以 PPP 项目的有无构建模型,验证了政府财政约束是否会成为高速公路 PPP 项目成功实施的影响因素。袁诚等(2017)在探究财政约束对于地区政府采用 PPP 模式影响的过程中,选取的因变量也是 PPP 项目数和 PPP 项目投资额。以上文献在衡量 PPP 概况时,着重从 PPP 项目数和 PPP 投资额两方面进行了度量,这也是总体概况指标包含 PPP 项目数、PPP 投资额/地区 GDP、PPP 投资额/地区综合财力三个二级指标的重要文献支撑。

其次是 PPP 项目库数据结构的挖掘。本章衡量 PPP 概况的核心数据来自财政部 PPP 中心的项目库数据,其数据翔实、格式规范,可以进一步挖掘数据结构,得到各省份 PPP 发展的结构现状。第一,财政部 PPP 项目的回报机制包含

使用者付费、政府付费、可行性缺口补助三种,其中政府付费项目类似于政府购买服务,其项目开支需要纳入每年财政收支预算管理,并且需要通过财政可承受能力检测,因此,回报机制概况(用政府付费项目数比例、政府付费项目投资额比例衡量)可以衡量各省份在参与 PPP 时承担的财政支出责任,进而影响各省份 PPP 发展的潜在风险。第二,财政部 PPP 项目的进展阶段包含识别阶段、准备阶段、采购阶段、执行阶段、移交阶段五个,其中执行阶段和移交阶段又可被认为是落地阶段,但是目前财政部 PPP 项目库中还没有移交阶段的项目,因此,进展阶段概况(用落地项目数比例、落地项目投资额比例衡量)可以衡量各省份在参与 PPP 时的总体进度,通常落地率越高,当地 PPP 项目推行越快,PPP 潜在发展机会也将越好。第三,财政部 PPP 项目覆盖了保障性安居工程、城镇综合开发、交通运输、教育、科技、林业、旅游、能源、农业、社会保障、生态建设和环境保护、市政工程、水利建设、体育、文化、养老、医疗卫生、政府基础设施等 19 个行业,其中市政工程和交通运输属于传统基础设施重点领域,文化、体育、医疗、养老、教育、旅游等 6 个行业属于基本公共服务领域。根据第三章对 PPP 项目现状的分析,市政交通项目比例与基本公共服务比例呈现此消彼长的态势,而且市政交通项目比例较高,基本公共服务项目比例较低。通常市政交通项目比例偏高,基本公共服务项目偏低,说明地方政府更倾向于通过 PPP 为传统基础设施建设融资,而忽视了通过 PPP 提升公共服务绩效的初衷,长此以往将不利于 PPP 未来发展。因此,行业分布概况(用基本公共服务项目数比例、基本公共服务项目投资额比例衡量)可以衡量各省份在参与 PPP 时的行业取向。第四,财政部 PPP 项目还包含四批示范项目的信息,通常某省示范项目概况越好,代表该省 PPP 发展的项目更合法合规,也更具可行性,进而说明该省 PPP 发展机会较好。因此,示范项目概况(用示范项目数比例、示范项目投资额比例、示范项目社会资本平均出资比例衡量)也可以进一步衡量各省份的 PPP 发展机会。

综上,本章在构建 PPP 概况正向指标时,选取了总体概况、回报机制概况、进展阶段概况、行业分布概况、示范项目概况 5 类 12 个二级指标,旨在从多元、全面、综合的角度去度量 PPP 概况正向指标,众多二级指标对各省份 PPP 发展机会的潜在影响被综合加权为 PPP 概况正向指标对各省份 PPP 发展机会的影响。

2. 指标数据来源

本章 PPP 概况包含的二级指标数据主要来自财政部 PPP 项目库数据、中经网数据、全国各省份财政预决算报告。其中,PPP 项目数、PPP 项目投资额、PPP 回报机制、PPP 进展阶段、PPP 行业分布、PPP 示范项目均来自财政部 PPP 项目库数据;地区 GDP 来自中经网数据;地区综合财力数据来自各省份财政预决算报告。

此处重点介绍一下财政部PPP项目库数据。目前,中国PPP项目的数据主要集中在两个国家级项目库中。两个项目库分别由国家发展改革委与财政部牵头建设,由各地财政厅及地方发展改革委申报具体项目,财政部与国家发展改革委择优遴选入库。其中,财政部项目库(又叫财政部PPP综合信息平台)的数据更加丰富,于2016年1月正式上线,其推介项目主要集中在公共服务领域。截至2017年12月31日,项目库已包含12 259个PPP项目,总投资近17.2万亿元,覆盖交通、供水、供气、供暖、污水处理、垃圾处理、环境综合治理、教育、医疗养老、文化体育、保障房及园区开发等多个领域。财政部也先后对外推出了四批示范项目:首批示范项目于2014年11月公示,目前在库21个项目,总投资约为687亿元;第二批于2015年9月公示,目前在库160个项目,总投资约为4 676亿元;第三批于2016年10月公示,目前在库432个,总投资约为9 623亿元;第四批于2018年2月公示,目前在库396个,总投资约为7 531亿元。

综合项目的数量、质量与数据的可获得性,本章将选择财政部PPP综合信息平台数据,以截至2017年12月31日项目库中的12 259个PPP项目为基础,将其分别归总到省份层面,计算出不同省份的PPP项目数、PPP项目投资额、政府付费项目比例、落地项目比例、基本公共服务项目比例、示范项目比例,进而综合加权的得到各省份PPP概况正向指标,从而更直观地了解中国各省份PPP概况的现状与特征。

3. 指标内在机制

本章PPP概况正向指标对PPP发展机会评估指标的影响,主要通过综合加权总体概况、回报机制概况、进展阶段概况、行业分布概况、示范项目概况5类12个二级指标对PPP发展机会影响效果而得。

本章PPP概况二级指标对各省份PPP发展机会影响的内在机制如下:

(1)总体概况。本章主要通过PPP项目数、PPP投资额/地区GDP、PPP投资额/地区综合财力三个指标来衡量各省份PPP总体概况。PPP总体概况对各省份PPP发展机会评估指标影响的内在机制为,当某省PPP项目数、PPP投资额/地区GDP越大、PPP投资额/地区综合财力越小时,地方政府已经上马的PPP项目规模越大,并且地区综合财力也能支撑PPP投资规模,这反映了地方政府参与PPP项目的实力越强,越有助于提升该省PPP概况正向指标和PPP发展机会评估指标。

(2)回报机制概况。本章主要通过政府付费项目数比例和政府付费项目投资额比例两个指标来衡量各省份PPP回报机制概况。PPP回报机制概况对各省份PPP发展机会评估指标影响的内在机制为,当某省政府付费项目数比例和政府付费项目投资额比例越低时,地方政府在参与PPP项目时承担政府财政支出责任越小,因此增强了地方政府参与PPP项目的实力,有助于提升该省PPP概况正向指标和PPP发展机会评估指标。

(3)进展阶段概况。本章主要通过落地项目数比例和落地项目投资额比例两个指标来衡量各省份PPP进展阶段概况。PPP进展阶段概况对各省PPP发展机会评估指标影响的内在机制为,当某省落地项目数比例和落地项目投资额比例越高时,处于执行阶段的PPP项目规模越大,说明该省在推进PPP项目时越高效,反映了地方政府参与PPP项目时的强大实力,有助于提升该省PPP概况正向指标和PPP发展机会评估指标。

(4)行业分布概况。本章主要通过基本公共服务项目数比例和基本公共服务项目投资额比例两个指标来衡量各省份PPP行业分布概况。PPP行业分布概况对各省份PPP发展机会评估指标影响的内在机制为,当某省基本公共服务项目数比例和基本公共服务项目投资额比例越高时,表明该省利用PPP有效供给公共品的规模越大,越符合PPP提升公共服务绩效的初衷,反映了地方政府参与PPP项目的实力,有助于提升该省PPP概况正向指标和PPP发展机会评估指标。

(5)示范项目概况。本章主要通过示范项目数比例、示范项目投资额比例、示范项目社会资本平均出资比例三个指标衡量各省份PPP示范项目概况。PPP示范项目概况对各省份PPP发展机会评估指标影响的内在机制为,当某省示范项目数比例、示范项目投资额比例、示范项目社会资本平均出资比例越高时,表明该省示范项目规模和结构越好,也反映该省参与PPP项目时更加合法合规,也更具可行性,体现了地方政府在参与PPP项目时的强大实力,有助于提升该省PPP概况正向指标和PPP发展机会评估指标。通过一级指标内在机制的分析,已知PPP概况正向指标通过影响地方政府参与PPP项目的实力,进而影响PPP发展机会评估指标,它们之间是正向相关关系。此处,PPP概况二级指标对PPP概况正向指标的影响机制则可以用图5-15表示。

(二)总体结果

根据本章上一节对PPP概况正向指标的设计与构建,我们得出了2017年中国31个省份PPP概况正向指标得分与排名。如表5-20所示,排前五名的省份山东、湖南、云南、福建、河北PPP概况正向指标得分分别为16.58、16.08、15.47、15.07、15.00;排后五名的省份天津、青海、西藏、辽宁、重庆PPP概况正向指标得分分别为8.48、10.04、10.60、10.75、10.93。31个省份PPP概况得分均值为12.98,共有16个省份位于均值之上,15个省份位于均值之下。

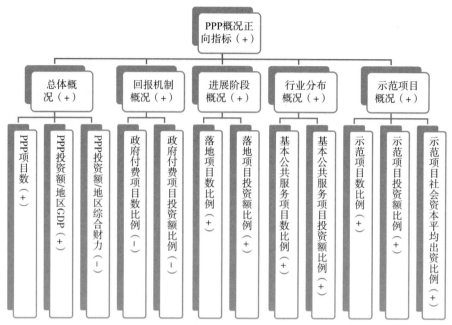

图 5-15　PPP 概况二级指标对 PPP 概况正向指标的影响机制

表 5-20　中国各省份 PPP 概况正向指标得分和排名

省份	PPP 概况正向指标得分	PPP 概况正向指标排名
山东	16.58	1
湖南	16.08	2
云南	15.47	3
福建	15.07	4
河北	15.00	5
江苏	14.67	6
上海	14.45	7
陕西	14.45	8
北京	14.44	9
宁夏	14.38	10
贵州	14.26	11
安徽	14.03	12
浙江	13.75	13
黑龙江	13.59	14
吉林	13.20	15
内蒙古	13.07	16

(续表)

省份	PPP概况正向指标得分	PPP概况正向指标排名
湖北	12.76	17
四川	12.65	18
河南	12.31	19
海南	12.19	20
山西	12.15	21
广西	11.75	22
新疆	11.69	23
广东	11.32	24
江西	11.17	25
甘肃	11.11	26
重庆	10.93	27
辽宁	10.75	28
西藏	10.60	29
青海	10.04	30
天津	8.48	31

进一步观察我国东、中、西部PPP概况正向指标(见表5-21),东、中、西部PPP概况正向指标总分分别为147.70、105.29、150.39,PPP概况正向指标均分分别为13.72、13.52、12.58,东部第一,中部第二,西部最末,并且东部和中部高于整体均值,西部低于整体均值。

表5-21 中国东、中、西部PPP概况正向指标得分与排名

区域	PPP概况正向指标总分	PPP概况正向指标均分	PPP概况正向指标排名
东部	147.70	13.72	1
中部	105.29	13.52	2
西部	150.39	12.58	3

(三) 分项结果

本章上一节在设计构建PPP概况时,选取了总体概况、回报机制概况、进展阶段概况、行业分布概况、示范项目概况5类12个二级指标综合加权得到了PPP概况正向指标。为了进一步观察各省份PPP概况正向指标的内部结构,我们对5类二级指标也进行了详细的结果分析。

1. 总体概况

本章主要通过 PPP 项目数、PPP 投资额/地区 GDP、PPP 投资额/地区综合财力三个指标来衡量各省份 PPP 总体概况，并且在考虑了专家打分权重以后得出了 2017 年中国 31 个省份总体概况的正向得分与排名。结果表明，我国 31 个省份 PPP 概况正向指标中的总体概况详细的正向得分与排名如表 5-22 所示。其中，排前五名的省份贵州、山东、四川、河南、湖北总体概况得分分别为 4.35、3.89、3.86、3.58、3.32；排后五名的省份吉林、甘肃、宁夏、黑龙江、西藏的总体概况正向得分别为 2.51、2.61、2.62、2.67、2.69。31 个省份总体概况正向得分均值为 3.04，共有 11 个省份位于均值之上，20 个省份位于均值之下。

表 5-22　中国各省份 PPP 概况正向指标中总体概况得分与排名

省份	总体概况正向得分	总体概况正向排名
贵州	4.35	1
山东	3.89	2
四川	3.86	3
河南	3.58	4
湖北	3.32	5
浙江	3.28	6
湖南	3.27	7
江苏	3.16	8
福建	3.14	9
河北	3.08	10
广东	3.07	11
陕西	3.02	12
江西	3.01	13
新疆	2.99	14
山西	2.99	15
安徽	2.98	16
海南	2.94	17
广西	2.89	18
北京	2.86	19
内蒙古	2.85	20
辽宁	2.82	21
重庆	2.78	22

(续表)

省份	总体概况正向得分	总体概况正向排名
云南	2.73	23
天津	2.72	24
上海	2.71	25
青海	2.69	26
西藏	2.69	27
黑龙江	2.67	28
宁夏	2.62	29
甘肃	2.61	30
吉林	2.51	31

进一步观察我国东、中、西部PPP概况正向指标中总体概况的正向得分与排名(见表5-23),东、中、西部PPP正向指标中总体概况的正向总分分别为33.68、24.33、36.10,总体概况正向均分分别为3.06、3.04、3.01,东部第一,中部第二,西部最末,并且东部和中部高于整体均值,西部低于整体均值。

表5-23 中国东、中、西部PPP概况正向指标中总体概况的正向得分与排名

区域	总体概况正向总分	总体概况正向均分	总体概况正向排名
东部	33.68	3.06	1
中部	24.33	3.04	2
西部	36.10	3.01	3

随后,我们还详细观察了PPP投资额/地区GDP、PPP投资额/地区综合财力、PPP项目数三个二级指标在中国各省份的分布(见图5-16)。

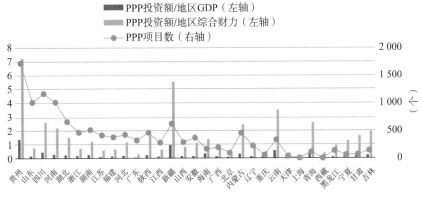

图5-16 中国各省份PPP概况正向指标中总体概况二级指标分布

PPP 投资额/地区 GDP 指标是衡量各省份上马 PPP 项目的总体规模的另一个重要指标,一般 PPP 投资规模/地区 GDP 越高,总体概况越好,PPP 概况正向指标得分越高,越将提升 PPP 发展机会评估指标得分。PPP 投资额/地区 GDP 排前五名的省份是贵州、新疆、云南、青海、四川,具体数值分别为 1.39、0.97、0.56、0.49、0.44;排后五名的省份是上海、广东、天津、西藏、黑龙江,具体数值分别为 0.00、0.06、0.07、0.07、0.09。31 个省份 PPP 投资额/地区 GDP 均值为 0.26,共有 9 个省份在均值之上,22 个省份在均值之下。

PPP 投资额/地区综合财力衡量的是地方综合财政收入对 PPP 投资额的支撑作用,一般 PPP 投资额/地区综合财力越低,说明地区综合财政收入对 PPP 项目投资的支撑作用越强,总体概况越好,PPP 概况正向指标得分越高,越将提升 PPP 发展机会评估指标得分。PPP 投资额/地区综合财力排前五名的省份是贵州、新疆、云南、四川、青海,具体数值分别为 7.26、5.54、3.49、2.59、2.57,;排后五名的省份是上海、广东、北京、西藏、天津,具体数值分别为 0.00、0.29、0.31、0.37、0.38。31 个省份 PPP 投资额/地区综合财力均值为 1.54,共有 10 个省份在均值之上,21 个省份在均值之下。

PPP 项目数指标是衡量各省份上马 PPP 项目的总体规模的重要指标之一,一般 PPP 项目数越多,总体概况越好,PPP 概况正向指标得分越高,越将提升 PPP 发展机会评估指标得分。PPP 项目数排前五名的省份是贵州、四川、河南、山东、湖北,PPP 项目数分别为 1 725 个、1 170 个、1 013 个、1 012 个、664 个;排后五名的省份是西藏、上海、天津、重庆、宁夏,PPP 项目数分别为 2 个、4 个、35 个、57 个、62 个。31 个省份 PPP 项目数均值为 395 个,共有 12 个省份在均值之上,19 个省份在均值之下。

进一步观察我国东、中、西部 PPP 项目数、PPP 投资额/地区 GDP、PPP 投资额/地区综合财力三个二级指标的分布情况(见图 5-17)。关于 PPP 项目数,东、中、西部合计值分别为 3 563 个、3 415 个、5 277 个,西部最多,中部最少;东、中、西部均值分别为 324 个、427 个、440 个,西部最多,东部最少。关于 PPP 投资额/地区 GDP,东、中、西部合计值分别为 1.44、1.50、5.16,西部最大,东部最小;东、中、西部均值分别为 0.13、0.19、0.43,西部最大,远远大于整体均值,东部最小。关于 PPP 投资额/地区综合财力,东、中、西部合计值分别为 7.23、10.38、30.01,西部最大,东部最小;东、中、西部均值分别为 0.66、1.30、2.50,西部最大,东部最小。

综上,西部省份整体上马的 PPP 项目和 PPP 投资规模更大,但是地区综合财力不高对 PPP 进一步发展会产生制约作用;东部地区虽然目前上马的 PPP 项目和 PPP 投资规模相对较小,但是其综合财力状况较好,可以支撑未来 PPP 的进一步扩张,有助于 PPP 发展机会的提升。

第五章 中国各省份 PPP 发展机会评估结果分析 145

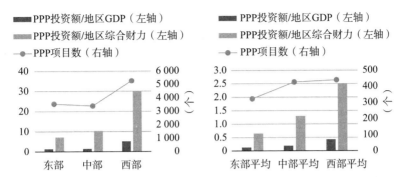

图 5-17 中国东、中、西部 PPP 概况正向指标中总体概况二级指标分布

2. 回报机制概况

本章主要通过政府付费项目数比例和政府付费项目投资额比例两个指标来衡量各省份 PPP 回报机制概况,并且在考虑了专家打分权重以后得出了 2017 年中国 31 个省份回报机制概况的负向得分与排名,政府付费项目数比例和项目投资额比例越低,得分越高。结果表明,我国 31 个省份 PPP 概况正向指标中的回报机制概况详细的负向得分与排名如表 5-24 所示。其中,排前五名的省份西藏、甘肃、云南、湖南、山东的回报机制概况负向得分分别为 4.47、4.06、3.88、3.52、3.42;排后五名的省份上海、广东、安徽、吉林、福建回报机制概况负向得分别为 0.00、1.09、1.76、1.93、1.97。31 个省份总体概况负向得分均值为 2.62,共有 15 个省份位于均值之上,16 个省份位于均值之下。

表 5-24 中国各省份 PPP 概况正向指标中回报机制概况的负向得分与排名

省份	回报机制概况负向得分	回报机制概况负向排名
西藏	4.47	1
甘肃	4.06	2
云南	3.88	3
湖南	3.52	4
山东	3.42	5
陕西	3.15	6
黑龙江	3.13	7
宁夏	3.13	8
贵州	3.11	9
重庆	3.01	10
青海	3.00	11
河北	2.93	12

(续表)

省份	回报机制概况负向得分	回报机制概况负向排名
四川	2.80	13
江苏	2.78	14
湖北	2.67	15
浙江	2.61	16
广西	2.54	17
北京	2.51	18
天津	2.43	19
新疆	2.42	20
辽宁	2.34	21
内蒙古	2.21	22
江西	2.20	23
河南	2.08	24
山西	2.06	25
海南	2.02	26
福建	1.97	27
吉林	1.93	28
安徽	1.76	29
广东	1.09	30
上海	0.00	31

进一步观察我国东、中、西部 PPP 概况正向指标中回报机制概况负向得分与排名（见表 5-25），东、中、西部回报机制概况负向总分分别为 24.11、19.34、37.76，回报机制概况负向均分分别为 2.19、2.42、3.15，西部第一，中部第二，东部最末，并且西部高于整体均值，东部和中部低于整体均值。

表 5-25　中国东、中、西部 PPP 概况正向指标中回报机制概况的负向得分与排名

区域	回报机制概况负向总分	回报机制概况负向均分	回报机制概况负向排名
东部	24.11	2.19	3
中部	19.34	2.42	2
西部	37.76	3.15	1

随后,我们还详细观察了政府付费项目数比例和政府付费项目投资额比例两个二级指标在中国各省份的分布。

财政部 PPP 项目的回报机制包含使用者付费、政府付费、可行性缺口补助三种,其中用政府付费项目数比例和政府付费项目投资额比例可以衡量各省份在参与 PPP 时承担的财政支出责任,进而影响各省份 PPP 发展的潜在风险。

如图 5-18 所示,PPP 政府付费项目数比例排前五名的省份是上海、广东、安徽、北京、福建,其数值分别为 75.00%、72.62%、55.53%、53.13%、50.90%;排后五名的省份是西藏、甘肃、云南、湖南、山东,其数值分别为 0.00%、13.24%、15.77%、19.77%、24.60%。31 个省份政府付费项目数比例均值为 38.95%,共有 14 个省份在均值之上,17 个省份在均值之下。

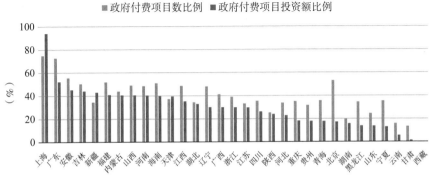

图 5-18 中国各省份 PPP 概况正向指标中回报机制概况二级指标分布

PPP 政府付费项目投资额比例排名前五的省份是上海、广东、安徽、吉林、新疆,其数值分别为 94.07%、52.18%、45.27%、44.05%、43.05%;排后五名的省份是西藏、甘肃、云南、宁夏、山东,其数值分别为 0.00%、1.29%、5.48%、12.85%、13.60%。31 个省份政府付费项目投资额比例均值为 29.54%,共有 17 个省份在均值之上,14 个省份在均值之下。

进一步观察我国东、中、西部政府付费项目数比例和政府付费投资额比例两个二级指标的分布情况(见图 5-19)。关于政府付费项目数比例,东、中、西部合计值分别为 519.31%、340.73%、347.54%,东部最高,中部最低;东、中、西部均值分别为 47.21%、42.59%、28.96%,东部最高,西部最低。关于政府付费投资额比例,东、中、西部合计值分别为 410.00%、267.87%、237.84%,东部最高,西部最低;东、中、西部均值分别为 37.27%、33.48%、19.82%,东部最高,西部最低。

综上,东部省份上马的 PPP 项目政府付费项目数比例和政府付费项目投资额比例更大,说明东部地区在参与 PPP 项目时承担了更多的财政支出责任,因此从有助于 PPP 发展机会评估指标的角度来说,西部更好,东部更差。

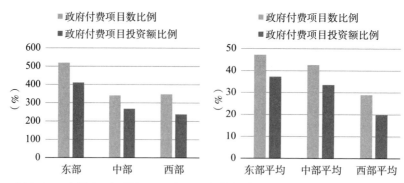

图 5-19　中国东、中、西部 PPP 概况正向指标中回报机制概况二级指标分布

3. 进展阶段概况

本章主要通过落地项目数比例和落地项目投资额比例两个指标来衡量各省份 PPP 进展阶段概况,并且在考虑了专家打分权重以后得出了 2017 年中国 31 个省份进展阶段概况的正向得分与排名。结果表明,我国 31 个省份 PPP 概况正向指标中进展阶段概况详细的正向得分与排名如表 5-26 所示。其中,排前五名的省份安徽、吉林、北京、广东、上海进展阶段概况正向得分分别为 4.46、4.26、3.81、3.69、3.66;排后五名的省份西藏、天津、青海、甘肃、贵州进展阶段概况正向得分分别为 0.00、0.16、0.61、1.17、1.24。31 个省份进展阶段概况正向得分均值为 2.37,共有 16 个省份位于均值之上,15 个省份位于均值之下。

表 5-26　中国各省份 PPP 概况正向指标中进展阶段概况的正向得分与排名

省份	进展阶段概况正向得分	进展阶段概况正向排名
安徽	4.46	1
吉林	4.26	2
北京	3.81	3
广东	3.69	4
上海	3.66	5
福建	3.56	6
湖南	3.19	7
江苏	3.14	8
黑龙江	3.05	9
浙江	3.01	10
河北	2.99	11
海南	2.99	12

(续表)

省份	进展阶段概况正向得分	进展阶段概况正向排名
云南	2.99	13
宁夏	2.96	14
山东	2.65	15
内蒙古	2.59	16
陕西	2.27	17
新疆	2.14	18
江西	1.84	19
广西	1.81	20
辽宁	1.68	21
山西	1.65	22
湖北	1.61	23
河南	1.55	24
四川	1.30	25
重庆	1.28	26
贵州	1.24	27
甘肃	1.17	28
青海	0.61	29
天津	0.16	30
西藏	0.00	31

进一步观察我国东、中、西部 PPP 概况正向指标中进展阶段概况的正向得分与排名(见表 5-27),东、中、西部进展阶段概况的正向总分分别为 31.34、21.61、20.36,进展阶段概况正向均分分别为 2.85、2.70、1.70,东部第一,中部第二,西部最末,并且东部和中部高于整体均值,西部低于整体均值。

表 5-27 中国东、中、西部 PPP 概况正向指标中进展阶段概况得分与排名

区域	进展阶段概况正向总分	进展阶段概况正向均分	进展阶段概况正向排名
东部	31.34	2.85	1
中部	21.61	2.70	2
西部	20.36	1.70	3

随后,我们还详细观察了落地项目数比例和落地项目投资额比例两个二级指标在我国各省份的分布。

财政部 PPP 项目的进展阶段包含识别阶段、准备阶段、采购阶段、执行阶段、移交阶段五个阶段,其中执行阶段和移交阶段又可被认为是落地阶段。因此,落地项目数比例、落地项目投资额比例可以衡量各省份在参与 PPP 时的总体进度,通常落地率越高,当地 PPP 项目推行越快,PPP 潜在发展机会也将越好。

如图 5-20 所示,落地项目数比例排前五名的省份是安徽、广东、上海、福建、吉林,其数值分别为 64.69%、58.15%、50.00%、48.44%、46.04%;排后五名的省份是西藏、天津、贵州、青海、湖北,其数值分别为 0.00%、2.86%、9.86%、11.61%、17.32%。31 个省份落地项目数比例均值为 31.02%,共有 16 个省份在均值之上,15 个省份在均值之下。

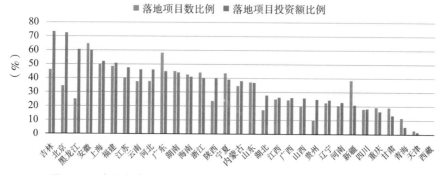

图 5-20　中国各省份 PPP 概况正向指标进展阶段概况二级指标分布

落地项目投资额比例排前五名的省份是吉林、北京、黑龙江、安徽、上海,其数值分别为 73.32%、72.44%、60.63%、59.81%、52.06%;排后五名的省份是西藏、天津、青海、甘肃、重庆,其数值分别为 0.00%、1.51%、5.31%、13.44%、16.31%。31 个省份落地项目投资额比例均值为 35.04%,共有 17 个省份在均值之上,14 个省份在均值之下。

进一步观察我国东、中、西部的落地项目数比例、落地项目投资额比例两个二级指标的分布情况(见图 5-21)。关于落地项目数比例,东、中、西部合计值分别为417.87%、263.65%、280.10%,东部最高,西部最低;东、中、西部均值分别为 37.99%、32.96%、23.35%,东部最高,西部最低。关于落地项目投资额比例,东、中、西部合计值分别为 457.30%、340.58%、288.21%,东部最高,西部最低;东、中、西部均值分别为 41.57%、42.57%、24.02%,东部最高,西部最低。

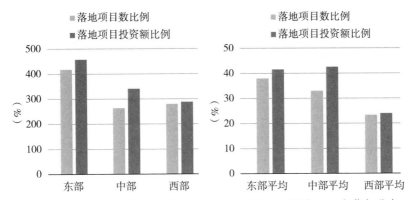

图 5-21 中国东、中、西部 PPP 概况正向指标中进展阶段概况二级指标分布

综上,东部省份 PPP 项目的落地情况明显好于西部省份,西部省份整体落地率较低,项目进展缓慢,集聚了较多风险,不利于 PPP 发展机会评估指标的提升。

4. 行业分布概况

本章主要通过基本公共服务项目数比例和基本公共服务项目投资额比例两个指标来衡量各省份 PPP 行业分布概况,并且在考虑了专家打分权重以后得出了 2017 年中国 31 个省份行业分布概况的正向得分与排名。结果表明,我国 31 个省份 PPP 概况正向指标中的行业分布概况详细的正向得分与排名如表 5-28 所示。其中,排前五名的省份山东、湖南、贵州、江苏、福建行业分布概况正向得分分别为 4.06、3.61、3.60、3.32、3.27;排后五名的省份西藏、北京、广东、天津、吉林行业分布概况正向得分分别为 0.00、0.43、0.79、0.88、1.01。31 个省份行业分布概况正向得分均值为 2.13,共有 16 个省份位于均值之上,15 个省份位于均值之下。

表 5-28 中国各省份 PPP 概况正向指标中行业分布概况的正向得分与排名

省份	行业分布概况正向得分	行业分布概况正向排名
山东	4.06	1
湖南	3.61	2
贵州	3.60	3
江苏	3.32	4
福建	3.27	5
山西	3.18	6
陕西	3.10	7

（续表）

省份	行业分布概况正向得分	行业分布概况正向排名
内蒙古	2.64	8
河南	2.64	9
湖北	2.58	10
宁夏	2.46	11
四川	2.43	12
上海	2.41	13
河北	2.39	14
浙江	2.32	15
黑龙江	2.19	16
广西	2.04	17
云南	1.93	18
辽宁	1.93	19
江西	1.76	20
新疆	1.76	21
安徽	1.59	22
重庆	1.59	23
青海	1.56	24
海南	1.56	25
甘肃	1.11	26
吉林	1.01	27
天津	0.88	28
广东	0.79	29
北京	0.43	30
西藏	0.00	31

进一步观察我国东、中、西部PPP概况正向指标中行业分布概况正向得分与排名（见表5-29），东、中、西部进展阶段概况正向总分分别为23.35、18.56、24.22，行业分布概况正向均分分别为2.12、2.32、2.02，中部第一，东部第二，西部最末，并且东部和中部高于整体均值，西部低于整体均值。

表 5-29 中国东、中、西部 PPP 概况正向指标中行业分布概况得分与排名

区域	行业分布概况正向总分	行业分布概况正向均分	行业分布概况正向排名
东部	23.35	2.12	2
中部	18.56	2.32	1
西部	24.22	2.02	3

随后,我们还详细观察了基本公共服务项目数比例和基本公共服务项目投资额比例两个二级指标在中国各省的分布(见图 5-22)。

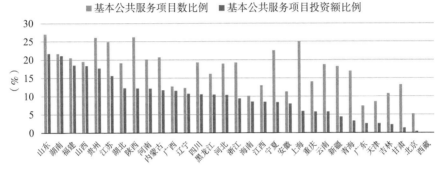

图 5-22 中国各省份 PPP 概况正向指标行业分布概况二级指标分布

基本公共服务项目数比例排前五名的省份是山东、陕西、贵州、上海、江苏,其数值分别为 27.08%、26.24%、26.09%、25.00%、24.88%;排后五名的省份是西藏、北京、广东、天津、海南,其数值分别为 0.00%、5.21%、7.38%、8.57%、10.18%。31 个省份基本公共服务项目数比例均值为 16.78%,整体占比较低,共有 18 个省份在均值之上,13 个省份在均值之下。

基本公共服务项目投资额比例排前五名的省份是山东、湖南、福建、山西、贵州,其数值分别为 21.74%、21.15%、18.53%、18.38%、17.70%;;排后五名的省份是西藏、北京、甘肃、吉林、天津,其数值分别为 0.00%、0.45%、1.38%、2.25%、2.57%。31 个省份基本公共服务项目投资额比例均值为 9.44%,整体占比更高,共有 16 个省份在均值之上,15 个省份在均值之下。

进一步观察我国东、中、西部基本公共服务项目数比例和基本公共服务项目投资额比例两个二级指标的分布情况。关于基本公共服务项目数比例,东、中、西部合计值分别为 615.22%、434.66%、655.03%,西部最高,中部最低;东、中、西部均值分别为 55.93%、54.33%、54.59%,东部最高,中部最低。关于基本公共服务项目投资额比例,东、中、西部合计值分别为 641.77%、444.46%、876.37%,西部最高,中部最低;东、中、西部均值分别为 58.34%、55.56%、73.03%,西部最高,中部最低。

综上,西部省份上马的 PPP 项目中基本公共服务项目占比相对较高,不利于 PPP 发展机会评估指标提升,中部上马的 PPP 项目中基本公共服务项目占比最低,有利于 PPP 发展机会评估指标的提升,因此,行业分布概况得分,中部第一,西部最末。

5. 示范项目概况

本章主要通过示范项目数比例、示范项目投资额比例、示范项目社会资本平均出资占比三个指标来衡量各省份 PPP 示范项目概况,并且在考虑了专家打分权重以后得出了 2017 年中国 31 个省份示范项目概况的正向得分与排名。结果表明,我国 31 个省份 PPP 概况正向指标中的示范项目概况详细的正向得分与排名如表 5-30 所示。其中,排前五名的省份上海、北京、云南、河北、吉林示范项目概况正向得分分别为 5.68、4.83、3.94、3.61、3.48;排后五名的省份贵州、辽宁、甘肃、青海、四川示范项目概况正向得分分别为 1.95、1.98、2.16、2.18、2.25。31 个省份示范项目概况正向得分均值为 2.83,共有 10 个省份在均值之上,21 个省份在均值之下。

表 5-30 中国各省份 PPP 概况正向指标中示范项目概况的正向得分与排名

省份	示范项目概况正向得分	示范项目概况正向排名
上海	5.68	1
北京	4.83	2
云南	3.94	3
河北	3.61	4
吉林	3.48	5
西藏	3.44	6
安徽	3.24	7
宁夏	3.20	8
福建	3.13	9
陕西	2.91	10
内蒙古	2.77	11
海南	2.67	12
广东	2.67	13
湖北	2.58	14
山东	2.55	15

(续表)

省份	示范项目概况正向得分	示范项目概况正向排名
黑龙江	2.55	16
浙江	2.54	17
湖南	2.49	18
广西	2.47	19
河南	2.47	20
新疆	2.38	21
江西	2.36	22
天津	2.29	23
重庆	2.28	24
山西	2.28	25
江苏	2.28	26
四川	2.25	27
青海	2.18	28
甘肃	2.16	29
辽宁	1.98	30
贵州	1.95	31

进一步观察我国东、中、西部PPP概况正向指标中示范项目概况正向得分与排名(见表5-31),东、中、西部示范项目概况正向总分分别为34.22、21.45、31.94,示范项目概况正向均分分别为3.11、2.68、2.66,东部第一,中部第二,西部最末,其中东部高于整体均值,中部和西部低于整体均值。

表5-31 中国东、中、西部PPP概况正向指标中示范项目概况的正向得分与排名

区域	示范项目概况正向总分	示范项目概况正向均分	示范项目概况正向排名
东部	34.22	3.11	1
中部	21.45	2.68	2
西部	31.94	2.66	3

随后,我们还详细观察了示范项目数比例、示范项目投资额比例、示范项目社会资本平均出资占比三个二级指标在中国各省的分布。

通常某省示范项目概况越好,代表该省PPP发展的项目越合法合规,可行

性也越高,进而说明该省PPP发展机会越好。因此,示范项目数比例、示范项目投资额比例、示范项目社会资本平均出资比例也可以进一步衡量各省份的PPP发展机会。

如图5-23所示,示范项目数比例排前五名的省份是上海、西藏、云南、吉林、宁夏,其数值分别为50.00%、50.00%、25.60%、23.02%、17.74%;排后五名的省份是贵州、天津、四川、黑龙江、重庆,其数值分别为2.61%、2.86%、4.36%、5.15%、5.26%。31个省份示范项目数比例均值为12.51%,整体占比较低,共有10个省份在均值之上,21个省份在均值之下。

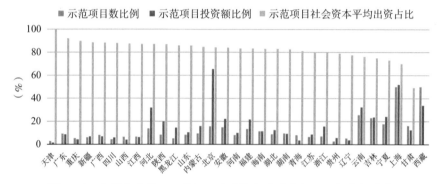

图5-23 中国各省份PPP概况正向指标行业分布概况二级指标分布

示范项目投资额比例排前五名的省份是北京、上海、西藏、云南、湖北,其数值分别为65.52%、52.06%、33.98%、32.25%、31.82%;排后五名的省份是天津、青海、辽宁、山西、重庆,其数值分别为1.51%、3.46%、3.66%、4.08%、4.31%。31个省份项目投资额比例均值为16.27%,整体占比也较低,共有10个省份在均值之上,21个省份在均值之下。

示范项目社会资本平均出资占比排前五名的省份是天津、广东、重庆、新疆、广西,其数值分别为100.00%、92.05%、90.00%、88.59%、88.33%;排后五名的省份是西藏、甘肃、上海、吉林、宁夏,其数值分别为0.00%、49.23%、70.00%、73.19%、75.07%。31个省份示范项目社会资本平均出资占比均值为79.95%,整体占比较高,共有22个省份在均值之上,9个省份在均值之下。

进一步观察我国东、中、西部示范项目数比例、示范项目投资额比例、示范项目社会资本平均出资比例三个二级指标的分布情况(见图5-24)。关于示范项目数比例,东、中、西部合计值分别为143.29%、82.67%、161.79%,西部最高,中部最低;东、中、西部均值分别为13.03%、10.33%、13.38%,西部最高,中部最低。关于示范项目投资额比例,东、中、西部合计值分别为230.94%、102.13%、171.43%,东部最高,中部最低;东、中、西部均值分别为20.99%、12.77%、

14.29%,东部最高,中部最低。关于示范项目社会资本平均出资比例,东、中、西部合计值分别为923.61%、669.11%、885.62%,东部最高,中部最低;东、中、西部均值分别为83.96%、83.62%、73.80%,东部最高,西部最低。

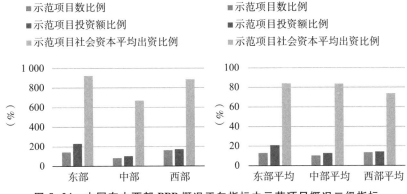

图5-24 中国东中西部PPP概况正向指标中示范项目概况二级指标

综上,东部省份三个示范项目指标均排名靠前,因此示范项目概况得分第一;西部省份在示范项目数比例和示范项目投资额比例的排名也靠前,但是由于示范项目社会资本平均出资比例存在西藏这个0特值而排名最末,以至于最终示范项目概况得分最低。

四、中国各省份PPP发展机会中财政收支正向指标的结果分析

(一)指标体系

1. 指标选取原则

本章为构建财政收支正向指标选取的二级财政收支指标从性质上可以分为财政收入情况、财政支出情况、财政结构情况、财政自给情况、财政透明情况五个大类。主要依据各地政府财政收支实际情况与数据的可得性和操作性,通过一系列计算获得可能影响财政收支的不同类二级指标。

财政收支正向指标主要依据各地政府财政收支实际情况。考虑到PPP项目,尤其是涉及政府付费的项目需要进入地方政府的预算收支管理。各省份财政收支状况将影响地方政府参与PPP项目的综合实力,因而我们引入财政收支数据,具体而言,可支配财力被视为衡量一地财政情况的重要指标,我们还将一般公共预算收支、政府性基金收入、国有资本经营预算收入、社会保险基金预算收入"四本账"数据纳入指标。此外,我们还计算了财政收支的弹性。除了财政收支,财政收入的结构及自给情况也是衡量一地财政是否"健康"的重要标准。具体而言,我们计算了税收收入和转移支付占预算收入的比重,以及财政平衡

率和政府自给率衡量。随着近年来我国财政制度的改革和各地财政透明度的提高,我们还纳入了财政透明度相关指标。

综上,本章在构建财政收支正向指标时,选取了财政收入情况、财政支出情况、财政结构情况、财政自给情况、财政透明情况5类15个二级指标,旨在从全面和切合实际的角度去度量财政收支正向指标,众多二级指标对各省份PPP发展机会的潜在影响被综合加权为财政收支正向指标对各省份PPP发展机会的影响。

2. 指标数据来源

财政收支部分包含的二级指标数据主要来自全国各省财政预决算报告、中经网、上海财经大学财政透明度报告等。

其中,一般公共预算收支、政府性基金收入、国有资本经营预算收入、社会保险基金预算收入[①]"四本账"数据来自各省份财政预决算报告;可支配财力、财政收支弹性、税收收入及转移支付占比、财政平衡率、政府自给率均为根据全国各省份财政预决算报告和中经网由课题组计算得到。其中,可支配财力计算公式为:本级地方财政收入+上级的转移性收入(包含上解收入和调入资金)-对下级的转移性支出-上解上级支出-债务还本支出;财政收入弹性计算公式为:一般公共预算收入增速/GDP增速;财政支出弹性计算公式为:一般公共预算支出增速/GDP增速;税收收入占比计算公式为:税收收入/一般公共预算收入×100%;转移支付占比计算公式为:中央转移性收入/一般公共预算收入×100%;财政平衡率计算公式为:本级一般预算收入/本级一般预算支出×100%;政府自给率计算公式为:(一般公共预算收入-转移性收入)/(一般公共预算支出-转移性支出)。财政透明度数据来自上海财经大学财政透明度报告。

3. 指标内在机制

本章财政收支正向指标对PPP发展机会评估指标的影响,主要通过财政收入情况、财政支出情况、财政结构情况、财政自给情况、财政透明情况5类15个二级指标对PPP发展机会影响效果而得。

正如上文所说,财政收支正向指标对各省份PPP发展机会评估指标影响的表现在一地财政收支状况越好,地方政府将越有实力去参与PPP项目,保证了具有"周期长、投资大、回报低"特征的PPP项目顺利进行,从而越有助于提升该省PPP发展机会评估指标。具体而言,财政收支各二级指标对各省份PPP发展机会影响的内在机制如下。

---

① 黑龙江社保基金预算收入数据缺失,我们结合往年情况及近似省份情况对其进行近似估计。

(1)财政收入情况。本部分主要通过可支配财力、一般公共预算收入、一般公共预算收入增速、政府性基金收入、国有资本经营预算收入、社会保险基金预算收入、财政收入弹性七个指标来衡量各省财政收入情况。财政收入情况对各省份 PPP 发展机会评估指标影响的内在机制为,当某省财政收入越高时,越有实力去参与到 PPP 项目之中,从而越有助于提升该省财政收支正向指标和 PPP 发展机会评估指标。

(2)财政支出情况。本章主要通过一般公共预算支出、一般公共预算支出增速、财政支出弹性三个指标来衡量各省份财政支出情况。财政支出情况对各省份 PPP 发展机会评估指标影响的内在机制为,当某省财政支出越高时,其在参与 PPP 项目时的实力越强,从而有助于提升该省财政收支正向指标和 PPP 发展机会评估指标。

(3)财政结构情况。本章主要通过税收收入占比和转移支付占比两个指标来衡量各省份财政结构情况。财政结构情况对各省份 PPP 发展机会评估指标影响的内在机制为,一省的税收收入越高,表明该省进行 PPP 项目的实力越强;而一省的转移支付占比越高,说明其在发展 PPP 的过程中越可能实力不足,存在融资压力。因而更高的税收收入占比和更低的转移支付占比反映了地方政府参与 PPP 项目的实力,有助于提升该省财政收支正向指标和 PPP 发展机会评估指标。

(4)财政自给情况。本章主要通过财政平衡率和政府自给率两个指标衡量各省份财政自给情况。财政自给情况对各省份 PPP 发展机会评估指标影响的内在机制为,当某省财政自给情况越好,即越不依赖外来融资时,其在参与 PPP 项目时的实力就越强,资本金也将越充分和合规,从而有助于提升该省财政收支正向指标和 PPP 发展机会评估指标。

(5)财政透明情况。本章主要通过财政透明度这个指标衡量各省份财政透明情况。衡量财政透明度本身就需要综合考虑众多因素和指标,已有研究为我们提供了很好的条件。财政透明情况对各省份 PPP 发展机会评估指标影响的内在机制为,当某省财政越透明时,表明该省财政越"健康",在该省参与 PPP 项目时,透明的财政状况将更加有利于项目合法合规的进行,项目也将更具可行性,体现了地方政府在参与 PPP 项目时的强大实力,从而有助于提升该省财政收支正向指标和 PPP 发展机会评估指标。

通过一级指标内在机制的分析,已知财政收支正向指标通过影响地方政府参与 PPP 项目的实力,进而影响 PPP 发展机会评估指标,它们之间是正向相关关系。此处,财政收支二级指标对财政收支正向指标的影响机制可以用图 5-25 表示。

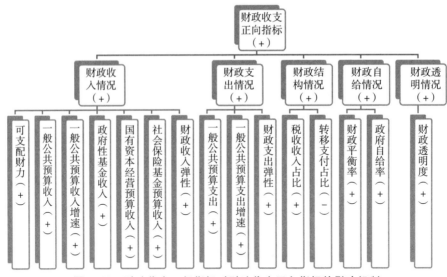

图 5-25　财政收支二级指标对财政收支正向指标的影响机制

（二）总体结果

根据本章上一节对财政收支正向指标的设计与构建，我们得出了 2017 年中国 31 个省份财政收支正向指标的得分与排名。结果发现，我国 31 个省份财政收支正向指标从高到低依次排列如表 5-32 所示。其中，排前五名的省份广东、山东、江苏、上海、北京财政收支正向得分分别为 28.65、24.53、23.34、23.27、20.90；排后五名的省份青海、天津、内蒙古、西藏、吉林财政收支正向得分分别为 9.10、9.30、11.04、11.27、11.47。31 个省份财政收支正向得分均值为 16.66，共有 14 个省份位于均值之上，17 个省份位于均值之下。

表 5-32　中国各省份财政收支正向指标得分和排名

省份	财政收支正向指标得分	财政收支正向指标排名
广东	28.65	1
山东	24.53	2
江苏	23.34	3
上海	23.27	4
北京	20.90	5
浙江	20.72	6
湖南	20.37	7
四川	19.89	8
山西	18.22	9

（续表）

省份	财政收支正向指标得分	财政收支正向指标排名
河南	18.19	10
福建	18.13	11
河北	17.69	12
安徽	17.34	13
辽宁	16.92	14
重庆	16.54	15
云南	15.65	16
新疆	15.48	17
广西	15.41	18
江西	15.33	19
陕西	15.10	20
湖北	14.50	21
甘肃	14.08	22
黑龙江	13.87	23
宁夏	13.60	24
贵州	13.51	25
海南	13.00	26
吉林	11.47	27
西藏	11.27	28
内蒙古	11.04	29
天津	9.30	30
青海	9.10	31

进一步观察我国东、中、西部财政收支正向指标（见表5-33），东、中、西部财政收支正向指标总分分别为216.46、129.29、170.66，财政收支正向指标均分分别为19.68、16.16、14.22，东部第一，中部第二，西部最末，并且东部高于整体均值，中部和西部低于整体均值。

表5-33　中国东、中、西部财政收支正向指标得分与排名

区域	财政收支正向指标总分	财政收支正向指标均分	财政收支正向指标排名
东部	216.46	19.68	1
中部	129.29	16.16	2
西部	170.66	14.22	3

(三) 分项结果

本章上一节在设计构建财政收支时,选取了财政收入情况、财政支出情况、财政结构情况、财政自给情况、财政透明情况 5 类 15 个二级指标综合加权得到了财政收支正向指标。为了进一步观察各省份财政收支正向指标的内部结构,我们对 5 类二级指标也进行了详细结果分析。

1. 财政收入情况

本部分主要通过可支配财力、一般公共预算收入、一般公共预算收入增速、政府性基金收入、国有资本经营预算收入、社会保险基金预算收入、财政收入弹性七个指标,并且在考虑了专家打分权重以后得出了 2017 年中国 31 个省份财政收入情况的正向得分与排名。结果表明,我国 31 个省份财政收支正向指标中的财政收入详细的正向得分与排名如表 5-34 所示。其中,排前五名的省份广东、山东、江苏、上海、浙江财政收入正向得分分别为 12.16、11.45、10.49、9.16、9.01;排后五名的省份内蒙古、天津、吉林、宁夏、青海的财政收入正向得分别为 0.93、2.43、2.92、3.91、3.93。31 个省份财政收入正向得分均值为 6.08,共有 13 个省份位于均值之上,18 个省份位于均值之下。

表 5-34 中国各省份财政收支正向指标中财政收入的正向得分与排名

省份	财政收入正向得分	财政收入正向排名
广东	12.16	1
山东	11.45	2
江苏	10.49	3
上海	9.16	4
浙江	9.01	5
北京	8.62	6
四川	7.53	7
河南	6.89	8
湖南	6.89	9
河北	6.86	10
山西	6.56	11
福建	6.29	12
重庆	6.24	13
湖北	5.99	14

(续表)

省份	财政收入正向得分	财政收入正向排名
辽宁	5.90	15
黑龙江	5.33	16
安徽	5.25	17
新疆	5.20	18
陕西	5.19	19
江西	5.06	20
广西	5.02	21
西藏	4.97	22
云南	4.96	23
贵州	4.58	24
甘肃	4.53	25
海南	4.24	26
青海	3.93	27
宁夏	3.91	28
吉林	2.92	29
天津	2.43	30
内蒙古	0.93	31

进一步观察我国东、中、西部财政收支正向指标中财政收入的正向得分与排名(见表5-35),东、中、西部财政收入正向总分分别为86.63、44.89、57.01,财政收入正向均分分别为7.88、5.61、4.75,东部第一,中部第二,西部最末,并且仅有东部高于整体均值。

表5-35 中国东、中、西部财政收支正向指标中财政收入的正向得分与排名

区域	财政收入正向总分	财政收入正向均分	财政收入正向排名
东部	86.63	7.88	1
中部	44.89	5.61	2
西部	57.01	4.75	3

随后,我们还详细观察了可支配财力、一般公共预算收入、一般公共预算收入增速、政府性基金收入、国有资本经营预算收入、社会保险基金预算收入、财政收入弹性七个二级指标在中国各省份的分布,如图5-26所示。

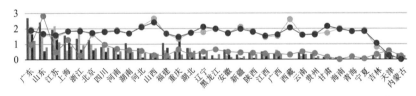

图 5-26 中国各省份财政收支正向指标中部分财政收入二级指标得分①

可支配财力指标是衡量各省财政收入的重要指标之一,一般可支配财力越高,财政收支正向指标越高,将提升 PPP 发展机会评估指标。可支配财力排前五名的省份是山东、北京、上海、广东、四川,排后五名的省份是海南、宁夏、甘肃、青海、内蒙古,31 个省份得分均值为 0.57。

一般公共预算收入指标也是衡量各省财政收入规模的另一个重要指标,一般公共预算收入越高,财政收支正向指标越高,越能提升 PPP 发展机会评估指标。一般公共预算收入排名前五的省份是广东、山东、江苏、上海、浙江。31 个省份均值为 0.73。

一般公共预算收入增速更是从财政收入潜力的角度衡量一地财力,一般公共预算收入增速越快,说明地方对 PPP 项目投资的实力和潜力越强,财政收支正向指标越高,越能提升 PPP 发展机会评估指标。一般公共预算收入增速排名前五的省份是山西、西藏、河北、新疆、海南。31 个省份一般公共预算收入增速均值为 1.54,共有 10 个省份在均值之上,21 个省份在均值之下。

政府性基金收入、国有资本经营预算收入、社会保险基金预算收入同样能够衡量一省财政收入能力,其收入越高,财政收支正向指标越高。此外,由于黑龙江社会保险基金预算收入数据缺失,得分为根据往年数据和财政相近省份计算的近似结果。

财政收入弹性同样能体现一地财政收入潜力,财政收入弹性越大,财政收入增速相对于 GDP 的增速就越大,因而财政收支正向指标越高,越能提升 PPP 发展机会评估指标。山西、甘肃、辽宁、河北、西藏分列财政收入弹性得分的前五名。

进一步观察我国可支配财力、一般公共预算收入、一般公共预算收入增速、政府性基金收入、国有资本经营预算收入、社会保险基金预算收入、财政收入弹

---

① 由于各地财政数据公布口径不一,课题组进行了重新计算和整理,为了避免误解,财政收支部分仅公布各二级指标得分。

性七个二级指标的分布情况。如图5-27所示,可支配财力,总得分东部最多,中部最少,均值东部最多,西部最少。一般公共预算收入,总得分和均值都呈现东部最多,西部最少。一般公共预算收入增速,总得分西部最多,中部最少;均值中部最多,东西部相同。政府性基金收入,总得分和均值都呈现东部最多,西部最少。国有资本经营预算收入,总得分东部最多,中部最少;均值东部最多,西部最少。社会保险基金预算收入,总得分东部最多,中部最少;均值东部最多、西部最少。财政收入弹性,总得分东部最多,中部最少;均值东部最多、西部最少。综上,东部地区的高财政收入会对PPP进一步发展产生推动作用,中部地区其基本财力状况可以支撑未来PPP的进一步发展。

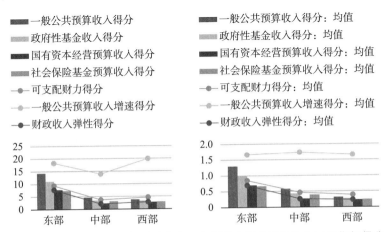

图5-27 中国东、中、西部财政收支正向指标中部分财政收入二级指标得分

2. 财政支出情况

本部分主要通过全省一般公共预算支出、全省一般公共预算支出增速、财政支出弹性得分三个指标,并且在考虑了专家打分权重以后得出了2017年中国31个省份财政支出情况的正向得分与排名。结果表明,我国31个省份财政收支正向指标中的财政支出详细的正向得分与排名如表5-36所示。其中,排前五名的省份广东、四川、云南、河南、安徽财政支出正向得分分别为7.27、5.81、5.59、5.58、5.53;排后五名的省份天津、青海、内蒙古、海南、湖北的财政支出正向得分别为0.37、2.75、3.31、3.43、3.56。31个省份财政支出正向得分均值为4.63,共有19个省份位于均值之上,12个省份位于均值之下。

表5-36 中国各省份财政收支正向指标中财政支出的正向得分与排名

省份	财政支出正向得分	财政支出正向排名
广东	7.27	1
四川	5.81	2

（续表）

省份	财政支出正向得分	财政支出正向排名
云南	5.59	3
河南	5.58	4
安徽	5.53	5
江苏	5.52	6
上海	5.41	7
新疆	5.29	8
浙江	5.25	9
河北	5.25	10
山东	5.14	11
广西	5.11	12
江西	5.09	13
湖南	5.04	14
黑龙江	5.02	15
福建	4.89	16
山西	4.75	17
北京	4.73	18
陕西	4.72	19
辽宁	4.58	20
贵州	4.47	21
重庆	4.44	22
甘肃	4.21	23
宁夏	4.07	24
吉林	3.71	25
西藏	3.63	26
湖北	3.56	27
海南	3.43	28
内蒙古	3.31	29
青海	2.75	30
天津	0.37	31

进一步观察我国东、中、西部财政收支正向指标中财政支出的正向得分与排名（见表5-37），东、中、西部财政支出正向总分分别为51.84、38.27、53.39，财

政支出正向均分分别 4.71、4.78、4.45,中部第一,东部第二,西部最末,并且仅有西部低于整体均值。

表 5-37 中国东、中、西部财政收支正向指标中财政支出得分与排名

区域	财政支出正向总分	财政支出正向均分	财政支出正向排名
东部	51.84	4.71	2
中部	38.27	4.78	1
西部	53.39	4.45	3

随后,我们还详细观察了全省一般公共预算支出、财政支出弹性、全省一般公共预算支出增速三个二级指标在中国各省份的分布(见图 5-28)。

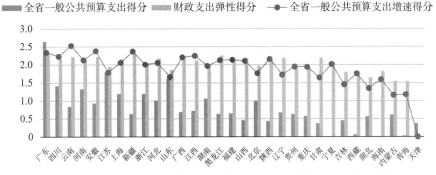

图 5-28 中国各省份财政收支正向指标中部分财政支出二级指标得分

全省一般公共预算支出指标是衡量各省财政支出的重要指标之一,全省一般公共预算支出得分越高,财政收支正向指标越高,越将提升 PPP 发展机会评估指标。全省一般公共预算支出得分排前五名的省份是广东、江苏、山东、四川、河南,排后五名的省份是宁夏、海南、青海、西藏、天津。

全省一般公共预算支出增速得分也是衡量各省财政支出规模的另一个重要指标,支出增速得分越高,财政收支正向指标越高,PPP 发展机会评估指标越高。一般公共预算支出增速得分排前五名的省份是云南、安徽、新疆、广东、江西。

财政支出弹性体现一地财政支出趋势,财政支出弹性越大,财政支出增速相对于 GDP 的增速就越大,因而财政收支正向指标得分越高,越将提升 PPP 发展机会评估指标。财政支出弹性排前五名的省份是新疆、广东、黑龙江、云南、广西。

进一步观察我国全省一般公共预算支出、全省一般公共预算支出增速、财政支出弹性得分三个二级指标、七个二级指标的分布情况(见图 5-29)。关于一般公共预算支出,总得分呈现东部最高,中部最低的趋势,均值东部最高,西

部最低。关于一般公共预算支出增速,总得分西部最高,中部最低;均值中部最高、东部最低。关于财政支出弹性,总得分西部最高,中部最低;均值中部最高、东部最低。综上,中西部地区的高财政支出会对 PPP 进一步发展会产生推动作用,也显示出其在发展 PPP 过程中的潜力。

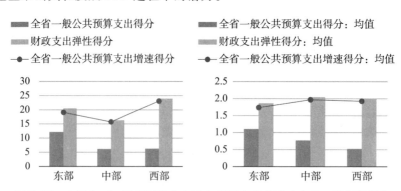

图 5-29　中国东、中、西部财政收支正向指标中部分财政支出二级指标得分

3. 财政结构情况

本部分主要通过税收收入占比和转移支付占比两个指标,并且在考虑了专家打分权重以后得出了 2017 年中国 31 个省份财政结构情况的正向得分与排名。结果表明,我国 31 个省份财政收支正向指标中的财政结构的正向得分与排名如表 5-38 所示。其中,排前五名的省份上海、北京、浙江、广东、江苏财政结构正向得分分别为 3.18、3.14、3.01、2.99、2.98;排后五名的省份青海、黑龙江、甘肃、西藏、新疆的财政结构正向得分别为 1.40、1.92、2.03、2.18、2.25。31 个省份财政结构正向得分均值为 2.54,共有 16 个省份位于均值之上,15 个省份位于均值之下。

表 5-38　中国各省份财政收支正向指标中财政结构的正向得分与排名

省份	财政结构正向得分	财政结构正向排名
上海	3.18	1
北京	3.14	2
浙江	3.01	3
广东	2.99	4
江苏	2.98	5
内蒙古	2.94	6
辽宁	2.83	7
湖南	2.81	8
天津	2.80	9

(续表)

省份	财政结构正向得分	财政结构正向排名
山西	2.73	10
海南	2.70	11
陕西	2.68	12
湖北	2.62	13
安徽	2.57	14
重庆	2.57	15
河北	2.55	16
江西	2.52	17
河南	2.50	18
四川	2.44	19
贵州	2.43	20
吉林	2.38	21
福建	2.35	22
云南	2.32	23
山东	2.31	24
广西	2.31	25
宁夏	2.30	26
新疆	2.25	27
西藏	2.18	28
甘肃	2.03	29
黑龙江	1.92	30
青海	1.40	31

进一步观察我国东、中、西部财政收支正向指标中财政结构的正向得分与排名(见表5-39),东、中、西部财政结构正向总分分别为30.85、20.06、27.85,财政结构正向均分分别为2.80、2.51、2.32,东部第一,中部第二,西部最末,并且仅有东部高于整体均值。

表5-39 中国东、中、西部财政收支正向指标中财政结构的正向得分与排名

区域	财政结构正向总分	财政结构正向均分	财政结构正向排名
东部	30.85	2.80	1
中部	20.06	2.51	2
西部	27.85	2.32	3

随后,我们还详细观察了税收收入占比和转移支付占比两个二级指标在中国各省份的分布(见图 5-30)。税收收入占比和转移支付占比是衡量各省份财政结构的重要指标,税收收入占比越高,财政收支正向指标越高,越有利于提升 PPP 发展机会评估指标。而转移支付占比越高,财政收支正向指标越低,越不利于 PPP 发展机会评估指标的提升。

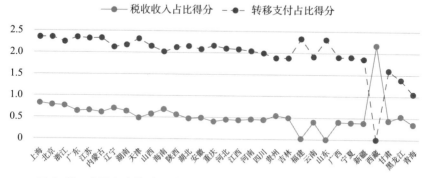

图 5-30　中国各省份财政收支正向指标中部分财政结构二级指标得分

进一步观察我国税收收入占比和转移支付占比两个二级指标的分布情况。如图 5-31 所示,税收收入占比得分和均值都呈现西部最高、中部最低的趋势。而转移支付占比得分则是东部最高,西部次之,中部最低;均值是东部最高、中部次之、西部最低;综上,西部地区财政结构不高会对 PPP 进一步发展会产生制约作用;东部地区综合财力状况较好,可以支撑未来 PPP 的进一步扩张,有助于 PPP 发展机会的提升。

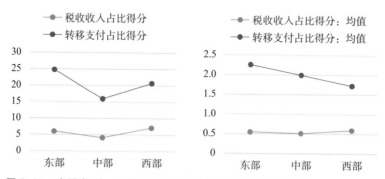

图 5-31　中国东、中、西部财政收支正向指标中部分财政结构二级指标得分

4. 财政自给情况

本部分主要通过财政平衡率和政府自给率两个指标,并且在考虑了专家打分权重以后得出了 2017 年中国 31 个省份财政自给情况的正向得分与排名。结果表明,我国 31 个省份财政收支正向指标中的财政自给详细的正向得分与

排名如表 5-40 所示。其中,排前五名的省份广东、上海、湖南、北京、山东财政自给正向得分分别为 4.89、4.04、3.71、3.48、3.46;排后五名的省份西藏、黑龙江、青海、甘肃、新疆的财政自给正向得分别为 0.14、0.30、0.86、1.22、1.54。31 个省份财政自给正向得分均值为 2.29,共有 15 个省份位于均值之上,16 个省份位于均值之下。

表 5-40　中国各省份财政收支正向指标中财政自给的正向得分与排名

省份	财政自给正向得分	财政自给正向排名
广东	4.89	1
上海	4.04	2
湖南	3.71	3
北京	3.48	4
山东	3.46	5
福建	3.00	6
天津	2.98	7
江苏	2.89	8
浙江	2.87	9
山西	2.69	10
重庆	2.55	11
内蒙古	2.52	12
河北	2.50	13
陕西	2.42	14
湖北	2.33	15
四川	2.13	16
海南	2.08	17
江西	2.07	18
安徽	2.02	19
吉林	1.86	20
辽宁	1.85	21
宁夏	1.81	22
广西	1.80	23
河南	1.78	24

(续表)

省份	财政自给正向得分	财政自给正向排名
云南	1.71	25
贵州	1.67	26
新疆	1.54	27
甘肃	1.22	28
青海	0.86	29
黑龙江	0.30	30
西藏	0.14	31

进一步观察我国东、中、西部财政收支正向指标中财政自给的正向得分与排名(见表5-41),东、中、西部财政自给正向得分分别为34.03、16.75、20.36,财政自给正向均分分别为3.09、2.09、1.70,东部第一,中部第二,西部最末,并且仅有东部高于整体均值。

表5-41 中国东、中、西部财政收支正向指标中财政自给的正向得分与排名

区域	财政自给正向总分	财政自给正向均分	财政自给正向排名
东部	34.03	3.09	1
中部	16.75	2.09	2
西部	20.36	1.70	3

随后,我们还详细观察了财政平衡率和政府自给率两个二级指标在中国各省份的分布(见图5-32)。

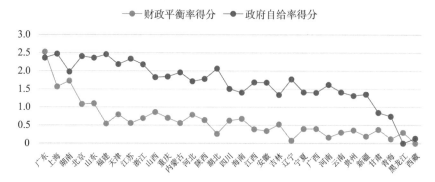

图5-32 中国各省份财政收支正向指标中部分财政自给二级指标得分情况

财政平衡率是衡量各省财政自给的重要指标之一,一般财政平衡率越高,

财政自给正向指标越高,将提升 PPP 发展机会评估指标。财政平衡率得分排前五名的省份是广东、湖南、上海、北京、山东;排后五名的省份是西藏、辽宁、青海、河南和新疆。31 个省份得分均值为 0.25,共有 13 个省份在均值之上,18 个省份在均值之下。

政府自给率同样是衡量各省财政自给的另一个重要指标,通常来说,政府自给率越高,财政自给正向指标越高,越将提升 PPP 发展机会评估指标。政府自给率排前五名的省份是上海、福建、北京、广东、山东;排后五名的省份是贵州、甘肃、青海、西藏、黑龙江。31 个省份得分均值为 0.67,共有 18 个省份在均值之上,13 个省份在均值之下。

财政平衡率和政府自给率的得分均值呈现出东部最高、中部次之、西部最低的趋势(见图 5-33)。综上,西部地区财政自给不高会对 PPP 进一步发展产生制约作用;东部地区综合财力状况较好,可以支撑未来 PPP 的进一步扩张,有助于 PPP 发展机会的提升。

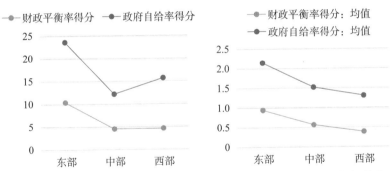

图 5-33 中国东、中、西部财政收支正向指标中部分财政自给二级指标得分

5. 财政透明情况

本部分主要通过财政透明度指标,并且在考虑专家打分权重后得出 2017 年中国 31 个省份财政透明情况的正向得分与排名。结果表明,我国 31 个省份财政收支正向指标中的财政透明度详细的正向得分与排名如表 5-42 所示。其中,排前五名的省份山东、甘肃、四川、安徽、湖南,财政透明度正向得分分别为 2.18、2.09、1.98、1.97、1.93;排后五名的省份湖北、陕西、青海、西藏、贵州财政透明度正向得分分别为 0.00、0.08、0.16、0.35、0.37。31 个省份财政透明度正向得分均值为 1.11,共有 17 个省份位于均值之上,14 个省份位于均值之下。

表 5-42 中国各省份财政收支正向指标中财政透明度正向得分与排名

省份	财政透明度正向得分	财政透明度正向排名
山东	2.18	1
甘肃	2.09	2

（续表）

省份	财政透明度正向得分	财政透明度正向排名
四川	1.98	3
安徽	1.97	4
湖南	1.93	5
辽宁	1.77	6
福建	1.60	7
宁夏	1.51	8
山西	1.50	9
上海	1.49	10
江苏	1.45	11
河南	1.44	12
内蒙古	1.34	13
广东	1.34	14
黑龙江	1.31	15
新疆	1.19	16
广西	1.17	17
云南	1.07	18
北京	0.93	19
重庆	0.75	20
天津	0.72	21
吉林	0.60	22
江西	0.58	23
浙江	0.57	24
海南	0.54	25
河北	0.53	26
贵州	0.37	27
西藏	0.35	28
青海	0.16	29
陕西	0.08	30
湖北	0.00	31

进一步观察我国东、中、西部财政收支正向指标中财政透明度正向得分与排名（见表5-43），东、中、西部财政透明度正向总分分别为13.11、9.33、12.05，财政透明度正向均分分别为1.19、1.17、1.00。

表 5-43　中国东、中、西部财政收支正向指标中财政透明度正向得分与排名

区域	财政透明度正向总分	财政透明度正向均分	财政透明度正向排名
东部	13.11	1.19	1
中部	9.33	1.17	2
西部	12.05	1.00	3

五、中国各省份 PPP 发展机会中政府债务正向指标的结果分析

(一) 指标体系

1. 指标选取原则

本章政府债务部分选取的二级指标,主要包括债务负担概况、新发政府债用途概况、地方政府债债务余额分布概况、地方政府债存量概况、城投债存量概况,主要依据政府债务相关文献及相关政策研究,进而判定了可能影响政府债务的不同类二级指标。

对于地方政府性债务问题,国内外学者进行了多方面的探讨,主要分为两部分,一是政府债务风险预警研究的指标构建,二是从政府债务可持续性角度来评估和分析政府债务风险。

首先是地方政府债务风险预警研究的指标构建。一部分学者进行了预警指标的定性研究,刘尚希和赵全厚(2002)认为我国经济与政治体制特殊,应当综合研究政府债务与其可支配的资源,以从整体得出地方政府财政风险的真实状况。王亚芬(2005)、裴育和欧阳华生(2006)探讨了地方政府性债务风险预警体系构建的原则和方法,同时结合债务风险的认知、分类、特点和结构等方面对债务风险预警机制的具体流程进行了细化与完善。另一部分学者进行了实证方面的定量分析,刘迎秋(2001)基于财政平衡视角构建了一个"H 部口"的债务-赤字模型,引入债务率和赤字率两个变量,发现我国显性债务率、实际债务余额都不算高,相较于世界平均水平,我国的赤字率也是适度的。丛树海和李生祥(2004)通过选取 40 个预警指标来衡量 1990—2001 年政府负债的风险,并根据实际情况对每个指标设置了对应的预警区间,从而构建了一套相对全面的财政风险预警信号系统。分析结果说明,我国大多数年份财政风险的综合评价指数直逼警戒风险临界点。刘尚希(2012)认为债务不可能在某一时点或者某一水平上保持不变,所以根据不同经济增速的情景假定,围绕新增债务压力测试开展了事前预警研究,将政府债务与资产的存量及流量结合起来进行研究,通过计算政府债务大小占政府拥有的总资产大小、经营性资产与政府可动用资产存量的比例来识别和预警地方政府性债务风险。倪筱楠(2014)等从债务率

和偿债能力方面,通过不同方法构建了地方政府性债务风险评价模型,同时以个别地区的债务数据为样本对模型进行了验证。赵爱玲和李顺凤(2015)认为,绩效审计质量控制是防范地方政府债务风险的有效措施,并设计了审计指标。张同功(2015)选取总负债率、债务率、新增债务率等债务负担类指标,并参照国家发展改革委投资研究所课题组地方政府债务评价的红绿灯体系评价地方政府债务风险。张志华等(2008)指出国外地方政府在债务预警方面主要采用的指标有负债率、债务率、新增债务率、利息支出率、债务依存度等,各地方政府债务风险预警指标主要为了反映政府债务的以下方面:第一,负债率反映地方经济的总规模对政府债务的承受能力,美国规定负债率的警戒线为13%—16%;第二,债务率反映地方政府财政收入的偿债能力,新西兰规定地方政府债务率警戒线为150%,哥伦比亚规定不可以超过80%;第三,新增债务率反映地方政府债务的增量控制;第四,利息支出率、债务依存度均反映了地方政府的偿债能力。哥伦比亚最初研究出"红黄绿灯"地方债务预警系统,由于没有达到预期的效果,2003年将该系统分类修改为"红绿灯"预警系统,同时严格规定政府借款要求,使各地方政府的债务规模与偿债能力互相制约,设定地方政府债务规模与偿债能力两个控制指标,并进行严格考核,有利于预警地方政府的债务风险。

其次是从政府债务可持续性角度来评估和分析政府债务风险。Missale et al.(1997)选取了石油输出国组织(OPEC)成员在20年间的政府债务数据及其财政政策,探讨财政政策的可持续性如何影响政府债务规模,实证研究结果表明,短期利率波动越大或者长期利率越低,那么政府越愿意举借更长期限的债务,进而降低自身的举债风险。Makin(2005)从财政平衡角度进行研究,认为政府部门若不考虑财政平衡而滥用举债融资,则自身的负债率将不断上升,债务规模将不断积累,最终导致政府债务不可持续。Buiter(1985)从跨期的角度,考察财政平衡与政府债务可持续性间的关系,认为政府筹资能力的可持续性决定了政府债务的可持续性,在保证符合跨期预算的前提下,政府只要有持续举债的信用,同时有保证偿债来源的能力,则政府债务就可以持续下去。陈共和类承曜(2002)运用政府债务负担率和债务依存度指标衡量地方政府的债务规模,指出如果我国政府继续保持当前债务规模和经济增长水平,控制政府债务的依存度和负担率,并使得实际经济增长率高于政府支付的负债利率,就不会出现严重的财政支付风险,政府债务是可持续的。贾康(2009)提出,政府应该对存量债务进行有效管理;全程公开筹资过程,揭示隐形负债,接受公众和相关部门的监督;控制债务规模,科学评估风险。缪小林(2014)认为中央政府作为地方政府的最后担保人,地方政府有足够的信用通过举新债来还旧债,以确保地方政府不陷入财政危机。刘穷志(2017)认为政府债券利率作为经济的主要基准利率,其风险是否正确定价,不但涉及地方政府债券发行的成本,也涉及利率变量能否在市场中合理发挥价格引导作用,降低资源错配,调整优化经济结构。宋丽颖(2017)从不完全合同的视角研究利率对 PPP 项目事前投资的影响,得出结论:利率上升会对外部经营者构成事前投资的负向激励。

全国人大、财政部等相关部门也发布了不少与政府债务和 PPP 项目相关的文件。2014 年,全国人民代表大会常务委员会通过的《中华人民共和国预算法》(以下简称"新《预算法》"),明确要求地方政府做到收支平衡。地方政府的贷款收入往往游离在预算之外,且受到诸多限制。地方政府的债券收入由中央实行额度控制,使地方政府也缺乏相应的自主权。2017 年以来地方政府性债务管理基调依旧不变,受财预〔2017〕50 号文、财政部《关于坚决制止地方以政府购买服务名义违法违规融资的通知》(财预〔2017〕87 号,以下简称"87 号文")、保监发〔2018〕6 号文等政策限制,越来越多的地方政府通过融资平台来进行债务融资。地方政府融资平台的融资来源虽多种多样,但主要渠道为银行信贷和城投债。近年来,一方面,银行信贷风险控制不断加强,导致融资平台从银行借款的难度大增;另一方面,我国债券市场的不断发展为城投债的发行提供了更多便利条件。在这样的背景下,城投债发行量与日俱增,从 2002 年的 393 亿元激增到 2017 年的约 3.3 万亿元,其占融资平台债务总量的比重也愈加突出。同时,城投债在融资平台各种融资渠道中的重要性也日渐凸显,中国银保监会发布的《关于加强地方政府融资平台贷款风险监管的指导意见》基本关闭了融资平台获得贷款"输血"的通道,使城投债成为平台融资的少数可行渠道。鉴于城投债是城投类企业配合地方政府公开发行的企业债和中期票据,其最终信用主体是地方政府,即本质是"准市政债券",再加上城投债在融资平台债务中的重要性,以及城投债数据的可得性,本章将城投债也纳入政府债务指标考察范围。

总的来说,不管是从政府债务风险预警视角,还是从政府债务可持续性视角,专家学者都认为政府债务规模、存量债务管理、新增债务管理等相关指标能够系统地评估地方政府性债务风险。此外,根据城投债和 PPP 项目特性,城投债概况和债务剩余年限都是影响政府债务的重要指标。因此,本书从综合角度出发,选取了债务负担概况、新发政府债用途概况、地方政府债债务余额分布概况、地方政府债存量概况、城投债存量概况指标。

2. 指标数据来源

本章政府债务包含的二级指标数据主要来自各地方国民经济和社会发展统计公报、政府统计部门公告、政府财政部门公告、Wind 数据库发布的各地方政府债券发行信息披露文件。其中,地方政府财政收入、专项债余额数据来自地方国民经济和社会发展统计公报、政府统计部门公告、政府财政部门公告;地区 GDP 数据来自中经网;地方政府债利率、地方政府债剩余债务期限、城投债利率、城投债剩余债务期限均来自 Wind 数据库发布的各地方政府债券发行信息披露文件。

3. 指标内在机制

（1）债务率。债务率是地方政府债务余额与地方政府当年财政收入的比率，该指标反映地方政府偿还债务的财政能力，债务率越高，地方政府债务规模风险越大，达到一定比例时，政府就无力运行 PPP 项目。

（2）负债率。负债率是地方政府债务余额与地区 GDP 的比率，该指标反映地方政府的债务相对规模。负债率越低，地方政府的债务承受能力越强，可适度扩大负债规模；相反，负债率越高，地方政府债务规模风险越大。

（3）新增债务率。新增债务率是当年新增债务额与当年发行地方政府债总额的比率，该指标反映地方政府发行债务中新增债务的相对规模。新增债务率越高，地方政府将新增债务资金投资于 PPP 项目的可能性越高；相反，新增债务率越低，地方政府承担设立 PPP 项目的可能性越低。

（4）专项债余额率。专项债余额率是当年专项债余额与当年地方政府债务余额[①]的比率，反映的是地方政府债务余额中用于建设某专项具体工程的相对债务规模。因此，专项债余额率越高，政府越有意愿推行 PPP 运行模式；反之，政府推行 PPP 运行模式的意愿越低。

（5）地方政府债利率。地方政府债券是指某一国家中有财政收入的地方政府地方公共机构发行的债券。地方政府债券一般用于交通、通信、住宅、教育、医院和污水处理系统等地方性公共设施的建设，地方政府债券一般也是以当地政府的税收能力作为还本付息的担保。地方政府债利率越高，说明政府还款压力越大，通过外部融资推行 PPP 项目的意愿会减弱；相反，地方政府债利率越低，地方政府的债务风险越低，承担 PPP 项目的意愿会增强。

（6）地方政府债剩余债务期限。《财政部关于进一步做好政府和社会资本合作项目示范工作的通知》（财金〔2015〕57 号，以下简称"财金〔2015〕57 号文"）第二条第六款规定 PPP 示范项目"原则上不低于 10 年"。PPP 项目的合作期限往往是 10—30 年。如果合作期限太短，既不利于优化设计、建设、运营的全过程，又不利于降低项目全寿命期成本和提高服务水平，甚至有可能造成社会资本短期投机行为，因此对于长周期 PPP 项目，其利润回报周期也较长，地方政府债务剩余债务期限越长，政府短期还款压力越小，能够保证政府在越长时间内调配财力，因此政府有能力承担长周期的 PPP 项目；相反，地方政府债剩余债务期限越短，地方政府的短期债务风险越高，因此政府承担长周期的 PPP 项目的能力越弱。

（7）城投债利率。城投债又称"准市政债"，是地方投融资平台作为发行主

[①] 当年地方政府债务余额＝专项债余额＋一般债余额。

体,公开发行企业债和中期票据,其主业多为地方基础设施建设或公益性项目。从承销商到投资者,参与债券发行环节的人,都将其视为当地政府发债。因此,城投债利率越高,说明政府或有负债越大,即还款压力增加,通过外部融资推行PPP项目的意愿减弱;相反,城投债利率越低,说明地方政府的债务风险越低,承担PPP项目的意愿增强。

(8)城投债剩余债务期限。城投债剩余债务期限越长,作为背书的政府短期还款压力越小,因此政府有意愿承担长周期的PPP项目;相反,城投债剩余债务期限越短,地方政府的短期债务风险越高,因此政府推行长周期的PPP项目的意愿较弱。

通过一级指标内在机制的分析,已知政府债务正向指标通过影响地方政府参与PPP项目的实力,进而影响PPP发展机会评估指标,它们之间是正向相关关系。此处,政府债务二级指标对政府债务正向指标的影响机制可以用图5-34表示。

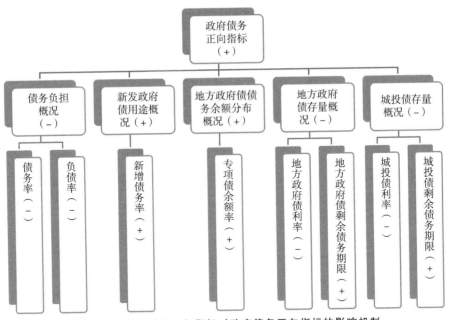

图5-34 政府债务二级指标对政府债务正向指标的影响机制

(二)总体结果

根据本章上一节对政府债务正向指标的设计与构建,我们得出了2017年中国31个省份政府债务正向指标得分和排名,如表5-44所示。其中,排前五名的省份西藏、北京、上海、广东、浙江政府债务正向指标得分分别为13.84、12.67、12.22、11.80、11.24;排后五名的省份青海、贵州、内蒙古、黑龙江、云南政府债务正向指标得分分别为 4.64、4.77、5.02、6.72、6.85。31 个省份政府债务正向指标得分均值为 8.98，共有 16 个省份位于均值之上，15 个省份位于均值之下。

表 5-44　中国各省份政府债务正向指标得分和排名

省份	政府债务正向指标得分	政府债务正向指标排名
西藏	13.84	1
北京	12.67	2
上海	12.22	3
广东	11.80	4
浙江	11.24	5
天津	11.14	6
福建	10.86	7
山西	10.31	8
江苏	10.18	9
重庆	10.13	10
湖北	9.98	11
江西	9.96	12
安徽	9.94	13
河南	9.62	14
山东	9.61	15
海南	9.32	16
广西	8.26	17
甘肃	8.22	18
河北	8.14	19
吉林	8.13	20
陕西	7.93	21
宁夏	7.64	22
四川	7.43	23
新疆	7.41	24
湖南	7.35	25
辽宁	7.10	26

(续表)

省份	政府债务正向指标得分	政府债务正向指标排名
云南	6.85	27
黑龙江	6.72	28
内蒙古	5.02	29
贵州	4.77	30
青海	4.64	31

进一步观察我国东、中、西部政府债务正向指标(见表5-45),东、中、西部政府债务正向指标总分分别为114.28、72.03、92.14,政府债务正向指标均分分别为10.39、9.00、7.68,东部第一,中部第二,西部最末,并且东部和中部高于整体均值,西部低于整体均值。

表5-45 中国东、中、西部政府债务正向指标得分与排名

区域	政府债务正向指标总分	政府债务正向指标均分	政府债务正向指标排名
东部	114.28	10.39	1
中部	72.03	9.00	2
西部	92.14	7.68	3

(三) 分项结果

本章上一节在设计构建政府债务正向指标时,选取了债务率、负债率、新增债务率、专项债余额率、地方政府债利率、城投债利率、地方政府债剩余债务期限、城投债剩余债务期限八个二级指标综合加权得到了政府债务正向指标。为了进一步观察各省政府债务正向指标的内部结构,我们对八个二级指标也进行了详细的结果分析。

1. 债务率

本章主要通过债务率指标来衡量各省债务概况,并且在考虑了专家打分权重以后得出了2017年中国31个省份债务率的负向得分与排名。结果表明,我国31个省份政府债务正向指标中的债务率的负向得分与排名如表5-46和图5-35所示。其中,排前五名的省份西藏、上海、北京、广东、安徽债务率负向得分分别为2.65、2.56、2.56、2.45、2.33;排后五名的省份青海、贵州、内蒙古、云南、辽宁的债务率负向得分分别为0.00、0.38、1.18、1.21、1.23。31个省份债务率负向得分均值为1.81,共有17个省份位于均值之上,14个省份位于均值之下。

表 5-46 中国各省份政府债务正向指标中债务率的负向得分与排名

省份	债务率负向得分	债务率负向排名
西藏	2.65	1
上海	2.56	2
北京	2.56	3
广东	2.45	4
安徽	2.33	5
山西	2.25	6
江苏	2.20	7
天津	2.20	8
浙江	2.16	9
河南	2.13	10
山东	2.11	11
湖北	2.07	12
重庆	2.06	13
江西	2.00	14
河北	2.00	15
福建	1.98	16
新疆	1.81	17
四川	1.78	18
甘肃	1.70	19
海南	1.70	20
吉林	1.65	21
陕西	1.63	22
湖南	1.57	23
宁夏	1.49	24
广西	1.49	25
黑龙江	1.46	26
辽宁	1.23	27
云南	1.21	28
内蒙古	1.18	29
贵州	0.38	30
青海	0.00	31

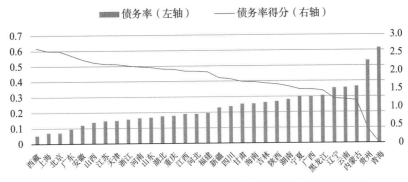

图 5-35 中国各省份政府债务正向指标中债务率二级指标分布

进一步观察我国东、中、西部政府债务正向指标中债务率的负向得分与排名(见表5-47和图5-36),东、中、西部债务率负向总分分别为23.15、15.46、17.38,债务率负向均分分别为2.10、1.93、1.45,东部第一,中部第二,西部最末,并且东部和中部高于整体均值,西部低于整体均值。

表 5-47 中国东、中、西部政府债务正向指标中债务率的负向得分与排名

区域	债务率负向总分	债务率负向均分	债务率负向排名
东部	23.15	2.10	1
中部	15.46	1.93	2
西部	17.38	1.45	3

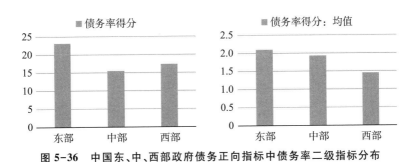

图 5-36 中国东、中、西部政府债务正向指标中债务率二级指标分布

2. 负债率

本章主要通过负债率指标来衡量各省份债务概况,并且在考虑了专家打分权重以后得出了2017年中国31个省份负债率的负向得分与排名。我国31个省份政府债务正向指标中的负债率的负向得分与排名如表5-48和图5-37所示。其中,排前五名的省份西藏、广东、河南、北京、江苏负债率负向得分分别为2.47、2.28、2.26、2.19、2.19;排后五名的省份贵州、青海、云南、内蒙古、海南负债率负向得分别为0.00、0.28、1.01、1.10、1.10。31个省份负债率负向得分均值为

1.72，共有 22 个省份位于均值之上，9 个省份位于均值之下。

表 5-48 中国各省份政府债务正向指标中负债率的负向得分与排名

省份	负债率负向得分	负债率负向排名
西藏	2.47	1
广东	2.28	2
河南	2.26	3
北京	2.19	4
江苏	2.19	5
山东	2.18	6
上海	2.12	7
湖北	2.11	8
福建	2.06	9
河北	2.05	10
山西	2.04	11
浙江	2.02	12
天津	1.99	13
江西	1.90	14
重庆	1.89	15
吉林	1.88	16
安徽	1.87	17
湖南	1.81	18
四川	1.79	19
黑龙江	1.77	20
广西	1.76	21
陕西	1.72	22
甘肃	1.62	23
新疆	1.44	24
辽宁	1.25	25
宁夏	1.21	26
海南	1.10	27
内蒙古	1.10	28
云南	1.01	29

(续表)

省份	负债率负向得分	负债率负向排名
青海	0.28	30
贵州	0.00	31

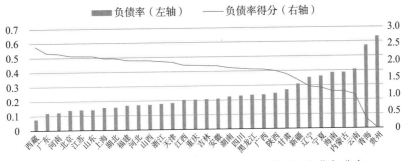

图 5-37　中国各省份政府债务正向指标中负债率二级指标分布

进一步观察我国东、中、西部政府债务正向指标中负债率的负向得分与排名(见表 5-49 和图 5-38),东、中、西部负债率负向总分分别为 21.43、15.64、16.29,负债率负向均分分别为 1.95、1.96、1.36,中部第一,东部第二,西部最末,并且东部和中部高于整体均值,西部低于整体均值。

表 5-49　中国东、中、西部政府债务正向指标中负债率得分与排名

区域	负债率负向总分	负债率负向均分	负债率负向排名
东部	21.43	1.95	2
中部	15.64	1.96	1
西部	16.29	1.36	3

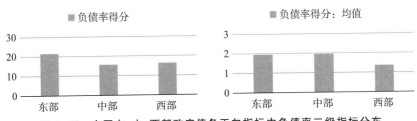

图 5-38　中国东、中、西部政府债务正向指标中负债率二级指标分布

3. 新增债务率

本章主要通过新增债务率指标来衡量各省债务概况,并且在考虑了专家打分权重以后得出了 2017 年中国 31 个省份新增债务率的正向得分与排名。结果表明,我国 31 个省份政府债务正向指标中的新增债务率的正向得分与排名如表 5-50 和图 5-39 所示。其中,排前五名的省份辽宁、西藏、天津、广东、上海

新增债务率正向得分分别为 2.24、1.82、1.81、1.73、1.64;排后五名的省份贵州、新疆、湖南、广西、江西的新增债务率正向得分别为 0.00、0.27、0.64、0.64、0.82。31 个省份新增债务率正向得分均值为 1.19,共有 16 个省份位于均值之上,15 个省份位于均值之下。

表 5-50　中国各省份政府债务正向指标中新增债务率的正向得分与排名

省份	新增债务率正向得分	新增债务率正向排名
辽宁	2.24	1
西藏	1.82	2
天津	1.81	3
广东	1.73	4
上海	1.64	5
北京	1.62	6
湖北	1.60	7
宁夏	1.51	8
海南	1.51	9
吉林	1.41	10
河北	1.36	11
甘肃	1.32	12
安徽	1.30	13
重庆	1.28	14
黑龙江	1.22	15
浙江	1.21	16
福建	1.18	17
青海	1.18	18
陕西	1.16	19
山东	1.09	20
江苏	1.03	21
山西	0.98	22
内蒙古	0.91	23
河南	0.85	24
四川	0.84	25
云南	0.82	26
江西	0.82	27
广西	0.64	28

(续表)

省份	新增债务率正向得分	新增债务率正向排名
湖南	0.64	29
新疆	0.27	30
贵州	0.00	31

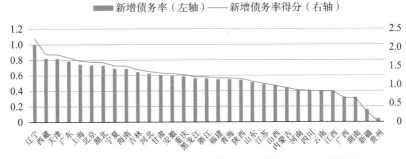

图 5-39 中国各省份政府债务正向指标中新增债务率二级指标分布

进一步观察我国东、中、西部政府债务正向指标中新增债务率的正向得分与排名(见表 5-51 和图 5-40),东、中、西部新增债务率正向总分分别为 16.41、8.81、11.75,新增债务率正向均分分别为 1.49、1.10、0.98,东部第一,中部第二,西部最末,并且东部高于整体均值,中部和西部低于整体均值。

表 5-51 中国东、中、西部政府债务正向指标中新增债务率的正向得分与排名

区域	新增债务率正向总分	新增债务率正向均分	新增债务率正向排名
东部	16.41	1.49	1
中部	8.81	1.10	2
西部	11.75	0.98	3

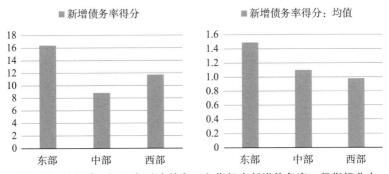

图 5-40 中国东、中、西部政府债务正向指标中新增债务率二级指标分布

4. 专项债余额率

本章主要通过专项债余额率指标来衡量各省债务概况,并且在考虑了专家打分权重以后得出了 2017 年中国 31 个省份专项债余额率的正向得分与排名。结果表明,我国 31 个省份政府债务正向指标中的专项债余额率的正向得分与排名如表 5-52 和图 5-41 所示。其中,排前五名的省份北京、天津、福建、上海、江苏专项债余额率正向得分分别为 2.24、2.24、2.05、1.88、1.77;排后五名的省份内蒙古、河北、青海、宁夏、黑龙江的专项债余额率正向得分别为 0.00、0.00、0.07、0.22、0.24。31 个省份专项债余额率正向得分均值为 1.18,共有 17 个省份位于均值之上,14 个省份位于均值之下。

表 5-52 中国各省份政府债务正向指标中专项债余额率的正向得分与排名

省份	专项债余额率正向得分	专项债余额率正向排名
北京	2.24	1
天津	2.24	2
福建	2.05	3
上海	1.88	4
江苏	1.77	5
江西	1.76	6
重庆	1.76	7
浙江	1.75	8
陕西	1.58	9
安徽	1.57	10
贵州	1.52	11
河南	1.52	12
湖北	1.52	13
广东	1.47	14
山东	1.44	15
四川	1.43	16
广西	1.30	17
湖南	1.09	18
山西	1.02	19
甘肃	1.02	20
海南	1.02	21

(续表)

省份	专项债余额率正向得分	专项债余额率正向排名
云南	0.82	22
辽宁	0.72	23
吉林	0.64	24
新疆	0.64	25
西藏	0.34	26
黑龙江	0.24	27
宁夏	0.22	28
青海	0.07	29
河北	0.00	30
内蒙古	0.00	31

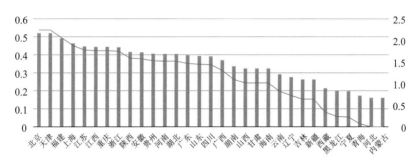

图 5-41 中国各省政府债务正向指标中专项债余额率二级指标分布

进一步观察我国东、中、西部政府债务正向指标中专项债余额率的正向得分与排名(见表 5-53 和图 5-42),东、中、西部专项债余额率正向总分分别为 16.56、9.35、10.70,专项债余额率正向均分分别为 1.51、1.17、0.89,东部第一,中部第二,西部最末,并且东部高于整体均值,中部和西部低于整体均值。

表 5-53 中国东、中、西部政府债务正向指标中专项债余额率的正向得分与排名

区域	专项债余额率正向总分	专项债余额率正向均分	专项债余额率正向排名
东部	16.56	1.51	1
中部	9.35	1.17	2
西部	10.70	0.89	3

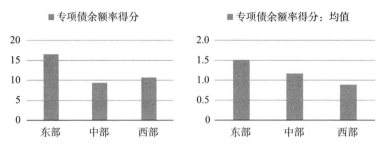

图 5-42　中国东、中、西部政府债务正向指标中专项债余额率二级指标分布

5. 地方政府债利率

本章主要通过地方政府债利率指标来衡量各省份债务概况,并且在考虑了专家打分权重以后得出了 2017 年中国 31 个省份地方政府债利率的负向得分与排名。结果表明,我国 31 个省份政府债务正向指标中的地方政府债利率的负向得分与排名如表 5-54 和图 5-43 所示。其中,排前五名的省份北京、山西、浙江、西藏、上海地方政府债利率负向得分分别为 2.24、1.97、1.84、1.83、1.75;排后五名的省份内蒙古、海南、湖南、四川、安徽的地方政府债利率负向得分分别为 0.00、0.32、0.59、0.80、0.82。31 个省地方政府债利率负向得分均值为 1.23,共有 17 个省份位于均值之上,14 个省份位于均值之下。

表 5-54　中国各省份政府债务正向指标中地方政府债利率的负向得分与排名

省份	地方政府债利率负向得分	地方政府债利率负向排名
北京	2.24	1
山西	1.97	2
浙江	1.84	3
西藏	1.83	4
上海	1.75	5
河北	1.65	6
江苏	1.55	7
重庆	1.51	8
广东	1.49	9
新疆	1.47	10
广西	1.43	11
甘肃	1.34	12
江西	1.32	13
辽宁	1.29	14

（续表）

省份	地方政府债利率负向得分	地方政府债利率负向排名
贵州	1.29	15
云南	1.27	16
河南	1.23	17
山东	1.21	18
天津	1.20	19
青海	1.13	20
吉林	1.06	21
黑龙江	0.96	22
湖北	0.90	23
福建	0.88	24
宁夏	0.88	25
陕西	0.84	26
安徽	0.82	27
四川	0.80	28
湖南	0.59	29
海南	0.32	30
内蒙古	0.00	31

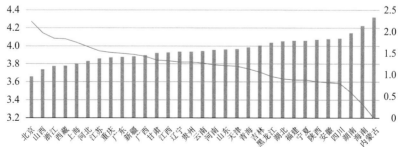

图 5-43 中国各省份政府债务正向指标中地方政府债利率二级指标分布

进一步观察我国东、中、西部政府债务正向指标中地方政府债利率负向得分与排名（见表 5-55 和图 5-44），东、中、西部地方政府债利率负向总分分别为 15.43、8.85、13.79，地方政府债利率负向均分分别为 1.40、1.11、1.15，东部第一，西部第二，中部最末，并且东部高于整体均值，中部和西部低于整体均值。

表 5-55　中国东、中、西部政府债务正向指标中地方政府债利率的负向得分与排名

区域	地方政府债利率负向总分	地方政府债利率负向均分	地方政府债利率负向排名
东部	15.43	1.40	1
中部	8.85	1.11	3
西部	13.79	1.15	2

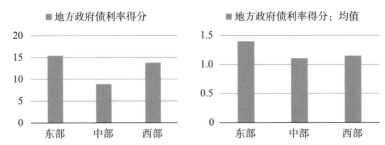

图 5-44　中国东、中、西部政府债务正向指标中地方政府债利率二级指标分布

6. 城投债利率

本章主要通过城投债利率指标来衡量各省份债务概况,并且在考虑了专家打分权重以后得出了 2017 年中国 31 个省份城投债利率的负向得分与排名。结果表明,我国 31 个省份政府债务正向指标中的城投债利率的负向得分与排名如表 5-56 和图 5-45 所示。其中,排前五名的省份海南、西藏、上海、宁夏、北京城投债利率负向得分分别为 2.12、0.73、0.59、0.57、0.52;排后五名的省份贵州、辽宁、吉林、黑龙江、四川的城投债利率负向得分别为 0.00、0.05、0.07、0.10、0.15。31 个省份城投债利率负向得分均值为 0.36,共有 8 个省份位于均值之上,23 个省份位于均值之下。

表 5-56　中国各省份政府债务正向指标中城投债利率的负向得分与排名

省份	城投债利率负向得分	城投债利率负向排名
海南	2.12	1
西藏	0.73	2
上海	0.59	3
宁夏	0.57	4
北京	0.52	5
广东	0.45	6
福建	0.45	7
天津	0.36	8
青海	0.34	9

(续表)

省份	城投债利率负向得分	城投债利率负向排名
云南	0.33	10
河北	0.32	11
浙江	0.31	12
安徽	0.30	13
江西	0.30	14
江苏	0.30	15
新疆	0.29	16
山东	0.29	17
陕西	0.29	18
湖北	0.27	19
甘肃	0.26	20
河南	0.24	21
重庆	0.22	22
内蒙古	0.22	23
山西	0.19	24
湖南	0.19	25
广西	0.17	26
四川	0.15	27
黑龙江	0.10	28
吉林	0.07	29
辽宁	0.05	30
贵州	0.00	31

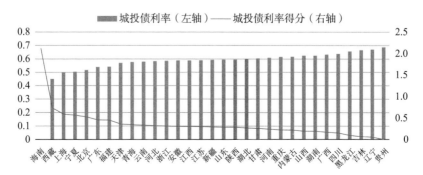

图5-45 中国各省份政府债务正向指标中城投债利率二级指标分布

进一步观察我国东、中、西部政府债务正向指标中城投债利率的负向得分与排名(见表5-57和图5-46),东、中、西部城投债利率负向总分分别为5.76、1.76、3.57,城投债利率负向均分分别为0.52、0.22、0.30,东部第一,西部第二,中部最末,并且东部高于整体均值,中部和西部低于整体均值。

表5-57 中国东、中、西部政府债务正向指标中城投债利率的负向得分与排名

区域	城投债利率负向总分	城投债利率负向均分	城投债利率负向排名
东部	5.76	0.52	1
中部	1.76	0.22	3
西部	3.57	0.30	2

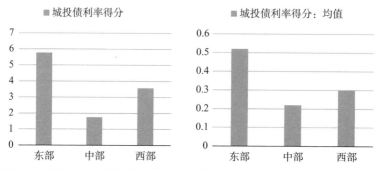

图5-46 中国东、中、西部政府债务正向指标中城投债利率二级指标分布情况

7. 地方政府债剩余债务期限

本章主要通过地方政府债剩余债务期限指标来衡量各省份债务概况,并且在考虑了专家打分权重以后得出了2017年中国31个省份地方政府债剩余债务期限的正向得分与排名。结果表明,我国31个省份政府债务正向指标中地方政府债剩余债务期限的正向得分与排名如表5-58和图5-47所示。其中,排前五名的省份西藏、福建、山西、海南、浙江地方政府债剩余债务期限正向得分分别为2.12、1.85、1.59、1.56、1.47;排后五名的省份辽宁、四川、陕西、河北、湖北的地方政府债剩余债务正向期限得分别为0.00、0.13、0.32、0.38、0.53。31个省份地方政府债剩余债务期限正向得分均值为1.01,共有17个省份位于均值之上,14个省份位于均值之下。

表5-58 中国各省份政府债务正向指标中地方政府债剩余债务期限的正向得分与排名

省份	地方政府债剩余债务期限正向得分	地方政府债剩余债务期限正向排名
西藏	2.12	1
福建	1.85	2

（续表）

省份	地方政府债剩余债务期限正向得分	地方政府债剩余债务期限正向排名
山西	1.59	3
海南	1.56	4
浙江	1.47	5
上海	1.39	6
广东	1.37	7
吉林	1.29	8
江西	1.24	9
云南	1.23	10
广西	1.22	11
内蒙古	1.18	12
新疆	1.18	13
青海	1.18	14
重庆	1.15	15
安徽	1.12	16
天津	1.04	17
河南	0.98	18
北京	0.85	19
江苏	0.81	20
湖南	0.79	21
贵州	0.73	22
山东	0.71	23
黑龙江	0.68	24
甘肃	0.64	25
宁夏	0.63	26
湖北	0.53	27
河北	0.38	28
陕西	0.32	29
四川	0.13	30
辽宁	0.00	31

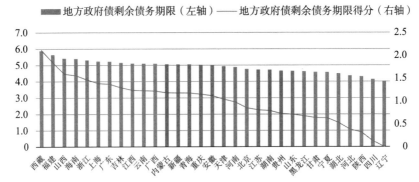

图 5-47 中国各省份政府债务正向指标中地方政府债剩余债务期限二级指标分布

进一步观察我国东、中、西部政府债务正向指标中地方政府债剩余债务期限的正向得分与排名(见表 5-59 和图 5-48),东、中、西部地方政府债剩余债务期限正向总分分别为 11.43、8.22、11.70,地方政府债剩余债务期限正向均分分别为 1.04、1.03、0.98,东部第一、中部第二、西部最末,并且东部和中部高于整体均值,西部低于整体均值。

表 5-59 中国东、中、西部政府债务正向指标中地方政府债剩余债务期限的正向得分与排名

区域	地方政府债剩余债务期限正向总分	地方政府债剩余债务期限正向均分	地方政府债剩余债务期限正向排名
东部	11.43	1.04	1
中部	8.22	1.03	2
西部	11.70	0.98	3

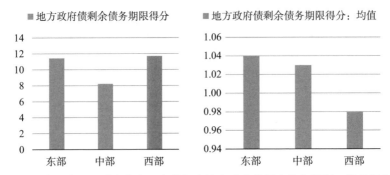

图 5-48 中国东、西、政府债务正向指标中地方政府债剩余债务期限二级指标分布

8. 城投债剩余债务期限

本章主要通过城投债剩余债务期限指标来衡量各省份债务概况,并且在考

虑了专家打分权重以后得出了2017年中国31个省份城投债剩余债务期限的正向得分与排名。结果表明,我国31个省份政府债务正向指标中的城投债剩余债务期限的正向得分与排名如表5-60和图5-49所示。其中,排前五名的省份西藏、宁夏、湖北、贵州、湖南城投债剩余债务期限正向得分分别为1.88、1.13、0.98、0.85、0.66;排后五名的省份海南、吉林、云南、重庆、广西的城投债剩余债务期限正向得分别为0.00、0.13、0.15、0.25、0.26。31个省份城投债剩余债务期限正向得分均值为0.49,共有11个省份位于均值之上,20个省份位于均值之下。

表5-60 中国各省份政府债务正向指标中城投债剩余债务期限的正向得分与排名

省份	城投债剩余债务期限正向得分	城投债剩余债务期限正向排名
西藏	1.88	1
宁夏	1.13	2
湖北	0.98	3
贵州	0.85	4
湖南	0.66	5
安徽	0.63	6
江西	0.62	7
山东	0.57	8
广东	0.55	9
四川	0.51	10
浙江	0.49	11
青海	0.46	12
北京	0.45	13
内蒙古	0.43	14
河南	0.42	15
福建	0.42	16
陕西	0.40	17
河北	0.37	18
甘肃	0.33	19
江苏	0.33	20
辽宁	0.33	21
新疆	0.31	22

（续表）

省份	城投债剩余债务期限正向得分	城投债剩余债务期限正向排名
黑龙江	0.31	23
天津	0.31	24
上海	0.30	25
山西	0.27	26
广西	0.26	27
重庆	0.25	28
云南	0.15	29
吉林	0.13	30
海南	0.00	31

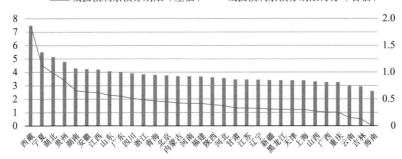

图 5-49　中国各省份政府债务正向指标中城投债剩余债务期限二级指标分布

进一步观察我国东、中、西部政府债务正向指标中城投债剩余债务期限的正向得分与排名(见表 5-61 和图 5-50)，东、中、西部城投债剩余债务期限正向总分分别为 4.12、4.03、6.96，城投债剩余债务期限正向均分分别为 0.37、0.50、0.58，西部第一、中部第二、东部最末，并且西部和中部高于整体均值，东部低于整体均值。

表 5-61　中国东、中、西部政府债务正向指标中城投债剩余债务期限的
正向得分与排名

区域	城投债剩余债务期限正向总分	城投债剩余债务期限正向均分	城投债剩余债务期限正向排名
东部	4.12	0.37	3
中部	4.03	0.50	2
西部	6.96	0.58	1

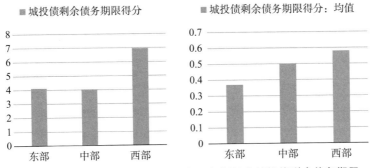

图 5-50 中国东、中、西部政府债务正向指标中城投债剩余债务期限二级指标分布

六、中国各省份 PPP 发展机会中公共服务负向指标的结果分析

（一）指标体系

1. 指标选取原则

公共服务是指由政府或公共组织或经过公共授权的组织提供的具有共同消费性质的公共物品和服务。从理论上来看，根据不同的标准，公共服务可以有不同的分类方法和类型，而公共服务的衡量也因不同的认知而纷繁多样。针对公共服务水平的评价，其中具有代表性的陈昌盛和蔡跃洲于 2007 年撰写的《中国政府公共服务》中对我国公共服务绩效评价中应坚持的基本价值取向进行了讨论，将评价体系分为基础教育、公共卫生等 8 个子系统，每个子系统包含投入、产出和效果 3 类指标，形成一套包含 165 个指标的公共服务评价指标体系。但因目前缺乏成熟的可借鉴的政府公共服务能力评估量表，现有文献均是自建了一套评估指标体系，然后开展实证评估，因子分析法、聚类分析法、层次分析法和回归分析法是常用方法。从指标选择来看，目前文献有四种思路：

第一种思路是用各项公共服务产出代表政府公共服务能力，利用年鉴中的面板数据定量计算各类政府的公共服务能力，这也是最常见的思路。科学技术作为民族地区公共服务的一般能力要素进行评估。第二种思路是用经济和财政统计指标代表公共服务能力。

第三种思路是将经济和财政指标作为因变量，用公共服务支出代表政府公共服务能力作为自变量进行回归分析。第四种思路是从广义公共服务出发设计指标体系，具体指标涉及政府多方面职能及其发挥。

此外，中国社会科学院 2011—2017 年连续发布的公共服务蓝皮书导列，更为关注主观评价指标——公众满意度，从公众的主观感受角度对地方政府的基本公共服务水平进行评价，其中《公共服务蓝皮书：中国城市基本公共服务力评价(2017)》包括全国38个主要城市满意度的评价情况及各排行榜,按照优化的基本公共服务力评价指标体系,通过24 643份调查问卷,从公共交通、公共安全、公共住房、基础教育、社保就业、医疗卫生、城市环境、文化体育、公职服务等9个方面,对这些城市的基本公共服务力进行了全面评价和深入研究。

由于本指标体系主要是基于2017年中国各省份发展状况对未来PPP发展状况进行评价和展望,所以数据的可获得性需着重纳入考虑范围。因此,根据现阶段我国经济社会发展状况、国家有关政策及文献的研究,并着重考察了我国2017年数据的可获得性和可操作性,该指标体系将公共服务分为教育类公共服务、医疗卫生类公共服务、基础设施类公共服务、交通运输基本公共服务、社会保障类公共服务及环境保护类公共服务六个大类。

根据上述原则,本书构建的公共服务指标评价体系,其中评价教育类公共服务的指标为高等教育普及度、教育支出占比和高等教育资源饱和度,这三个指标分别衡量了各省份教育类公共服务的高等教育吸引力、政府对于教育的重视程度和饱和程度;评价医疗卫生类公共服务指标为每百人口卫生机构平均床位数、每千人口平均卫生机构数,这两个指标分别从机构与个人层面衡量了该地区医疗卫生硬件设施的发展水平;评价基础设施类公共服务指标为基础设施建设投资比重和年末固定互联网宽带接入用户数,基础设施建设投资比重主要从整体上衡量当地政府对于与人民息息相关的基础设施建设的重视度,年末固定互联网宽带接入用户数主要从新兴领域衡量当地居民对于新兴领域基础设施建设的普及率与接受程度,年末固定互联网宽带接入用户数是评价公共服务指标体系中唯一一个绝对数指标。交通运输基本公共服务指标为每万人口公共交通车辆数,主要衡量当地对于公共交通的提供水平。社会基本保险普及率主要是通过将参加城镇基本养老保险、基本医疗保险、失业保险、工伤保险和生育保险的平均人数除以年末常住人口数量,主要衡量当地的社会保障水平。环境保护类公共服务指标主要是污水处理率和城市绿化覆盖率,主要从水污染和大气污染层面衡量当地的环境保护水平。为避免评价维度的不统一和保证数据处理的科学性,本书将所有数据进行标准化处理。

2. 指标数据来源

由于本指标体系是基于2017年中国各省份发展状况对未来我国各省份PPP发展状况进行评价和展望,因此各省份的公共服务类数据均需更新至2017年。截至本书截稿日,各省份各类统计年鉴均未更新,因此各省份公共服务类数据均是根据2018年年初发布的国民经济和社会发展统计公报(以下简称"统计公报")作为参考,各省份财政收支类数据均是根据2018年年初在各地人大会议的2017年预算执行情况和2018年预算的报告(以下简称"预算报告")进行数据的搜集与整理。由于各省份统计公报、预算报告统计口径存在较大差异,部分数据存在缺失,需根据历史数据进行估算,估算原则为:针对该指标,筛选出各省份2012—2016年统计年鉴中的数据,以2016年的数据为基础,以2012—2016年的年均增长率为增长率,则估算公式为:

$$2017年估算值 = 2016年数据 \times (1 + 年均增长率)$$

3. 指标内在机制

本章为构建公共服务负向指标选取的二级公共服务指标可以分为教育类公共服务、医疗卫生类公共服务、基础设施类公共服务、交通运输类公共服务、社会保障类公共服务及环境保护类公共服务六部分。据此,公共服务指标评分也会根据六部分公共服务的发展状况综合而得到,而公共服务水平的高低也进而会影响PPP的未来发展机会,具体影响机制如下:

(1) 教育类公共服务。本章主要通过高等教育普及度、教育支出占比和高等教育资源饱和度三个指标来衡量各省份发展教育类公共服务的意愿和实力。教育类公共服务对各省份PPP发展机会评估指标影响的内在机制为:当某省高等教育普及度和教育支出占比越高时,高等教育资源饱和度越低,该省教育类公共服务发展意愿越低,其参与该项公共服务类的PPP发展机会就会越低。

(2) 医疗卫生类公共服务。本章主要通过每百人口卫生机构平均床位数和每千人口平均卫生机构数两个指标来衡量各省份发展医疗卫生类公共服务的意愿和实力。医疗卫生类公共服务对各省份PPP发展机会评估指标影响的内在机制为:当某省每百人口卫生机构平均床位数和每千人口平均卫生机构数越高时,该省医疗卫生类公共服务发展实力越强,其参与该项公共服务类的PPP发展意愿会越低,即PPP发展机会就会越低。

(3) 基础设施类公共服务。本章主要通过基础设施建设投资比重和年末固定互联网宽带接入用户数两个指标来衡量各省份发展基础设施类公共服务的意愿和实力。基础设施类公共服务对各省份PPP发展机会评估指标影响的内在机制为:当某省基础设施建设投资比重和年末固定互联网宽带接入用户数越高时,该省基础设施类公共服务发展实力越强,其参与该项基础设施类的PPP发展意愿会越低,即PPP发展机会就会越低。

(4) 交通运输类公共服务。本章主要通过每万人口公共交通车辆数这个指标来衡量各省份发展交通运输类公共服务的意愿和实力。交通运输类公共服务对各省份PPP发展机会评估指标影响的内在机制为:当某省每万人口公共交通车辆数越高时,该省交通运输类公共服务发展实力越强,其参与该项交通运输类的PPP发展意愿会越低,即PPP发展机会就会越低。

(5) 社会保障类公共服务。本章主要通过社会基本保险普及率这个指标来衡量各省份发展社会保障类公共服务的意愿和实力。社会保障类公共服务对各省份 PPP 发展机会评估指标影响的内在机制为：当某省社会基本保险普及率越高时，该省社会保障类公共服务发展实力越强，其参与该项社会保障类的 PPP 发展意愿会越低，即 PPP 发展机会就会越低。

（6）环境保护类公共服务。本章主要通过污水处理率和城市绿化覆盖率两个指标来衡量各省份发展环境保护类公共服务的意愿和实力。环境保护类公共服务对各省份 PPP 发展机会评估指标影响的内在机制为：当某省污水处理率和城市绿化覆盖率越高时，该省环境保护类公共服务发展实力越强，其参与该项环境保护类的 PPP 发展意愿会越低，即 PPP 发展机会就会越低。

通过一级指标内在机制的分析，已知六大类公共服务通过影响地方政府参与 PPP 项目的意愿，进而影响 PPP 发展机会评估指标，它们之间是负向相关关系。此处，公共服务类一级指标和二级指标对 PPP 发展机会的影响机制如图 5-51 所示。

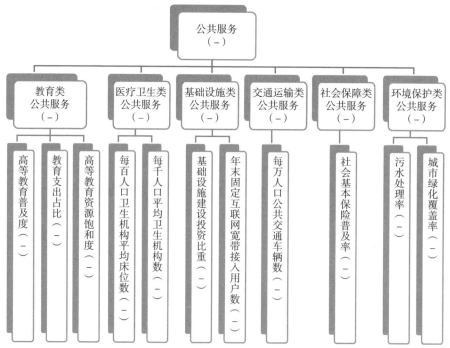

图 5-51 公共服务类一级指标和二级指标对 PPP 发展机会的影响机制

（二）总体结果

根据本章上一节对公共服务负向指标的设计与构建，本书得出了 2017 年中国 31 个省份公共服务负向指标得分与排名，如表 5-62 所示。其中，西藏因污水处理率、社会基本保险普及率和基础设施建设投资比重得分过低,造成指标值异常,因此在下文分析时将西藏剔除。

表 5-62 中国各省份 PPP 发展机会之公共服务负向指标得分和排名

省份	公共服务负向指标得分	公共服务负向指标排名
西藏	14.59	1
青海	12.40	2
甘肃	12.26	3
辽宁	12.07	4
宁夏	11.51	5
内蒙古	11.36	6
广西	11.07	7
海南	10.73	8
新疆	10.72	9
上海	10.67	10
天津	10.56	11
吉林	10.52	12
江西	10.50	13
安徽	10.48	14
山西	10.48	15
贵州	10.44	16
黑龙江	10.05	17
云南	9.96	18
河南	9.82	19
江苏	9.76	20
湖南	9.50	21
湖北	9.31	22
河北	9.18	23
福建	9.03	24
浙江	8.99	25
重庆	8.86	26
四川	8.85	27
陕西	8.59	28

（续表）

省份	公共服务负向指标得分	公共服务负向指标排名
山东	8.37	29
广东	8.32	30
北京	7.75	31

剔除西藏后，排前五名的省份青海、甘肃、辽宁、宁夏、内蒙古公共服务负向指标得分分别为12.40、12.26、12.07、11.51、11.36；排后五名的省份北京、广东、山东、陕西、四川公共服务负向指标得分分别为7.75、8.32、8.37、8.59、8.85。31个省份PPP公共服务负向得分均值为10.22，共有16个省份位于均值之上，15个省份位于均值之下。

为进一步分析我国各区域公共服务提供水平的差异性，按照上述划分标准，如表5-63所示，东、中、西部（不含西藏）公共服务负向指标总分分别为103.64、81.29、117.20，公共服务负向指标均分分别为9.42、10.16、10.65，西部第一、中部第二、东部最末，并且西部高于整体均值，东部和中部低于整体均值。

表5-63 中国东、中、西部公共服务负向指标得分与排名

区域	公共服务负向指标总分	公共服务负向指标均分	公共服务负向指标排名
东部	103.64	9.42	3
中部	81.29	10.16	2
西部	117.20	10.65	1

（三）分项结果

本章上一节在设计构建公共服务指标时，选取了教育类公共服务、医疗卫生类公共服务、基础设施类公共服务、交通运输类公共服务、社会保障类公共服务、环境保护类公共服务共6大类11个二级指标综合加权得到了公共服务负向指标。为了进一步观察各省份公共服务负向指标的内部结构，我们对6大类11个二级指标也进行了详细的结果分析。

1. 教育类

本章主要通过高等教育普及度、教育支出占比、高等教育资源饱和度三个指标来衡量各省份教育类公共服务的概况，并且在考虑了专家打分权重以后得出了2017年中国31个省份总体概况的负向得分与排名。如表5-64所示，排前五名的省份四川、青海、西藏、河南和内蒙古的教育类负向得分分别为3.22、3.18、3.18、3.17、3.10；排后五名的省份江西、黑龙江、天津、贵州、广东的教育类

负向得分别为 1.60、1.88、2.03、2.20、2.26。31 个省份总体概况负向得分均值为 2.63,共有 16 个省份位于均值之上,15 个省份位于均值之下。

表 5-64 中国各省份公共服务负向指标中教育类的负向得分与排名

省份	教育类负向得分	教育类负向排名
四川	3.22	1
青海	3.18	2
西藏	3.18	3
河南	3.17	4
内蒙古	3.10	5
辽宁	2.95	6
湖南	2.94	7
上海	2.92	8
新疆	2.88	9
宁夏	2.81	10
吉林	2.78	11
海南	2.78	12
安徽	2.78	13
重庆	2.76	14
云南	2.75	15
广西	2.67	16
甘肃	2.60	17
福建	2.53	18
山东	2.51	19
河北	2.49	20
湖北	2.47	21
山西	2.46	22
江苏	2.44	23
北京	2.39	24
陕西	2.37	25
浙江	2.32	26
广东	2.26	27

(续表)

省份	教育类负向得分	教育类负向排名
贵州	2.20	28
天津	2.03	29
黑龙江	1.88	30
江西	1.60	31

进一步观察我国东、中、西部公共服务负向指标中教育类公共服务得分与排名(见表5-65),东、中、西部总体概况负向总分分别为27.61、20.07、33.73,总体概况负向均分分别为2.51、2.51、2.81,西部第一,东部和中部第二,并且西部高于整体均值,东部和中部低于整体均值。

表5-65 中国东、中、西部公共服务负向指标中教育类的负向得分与排名

区域	教育类负向总分	教育类负向均分	教育类负向排名
东部	27.61	2.51	2
中部	20.07	2.51	2
西部	33.73	2.81	1

2. 医疗卫生类

本章主要通过每百人口医疗卫生机构平均床位数和每千人口平均卫生机构数两个指标来衡量各省医疗卫生类公共服务的概况,并且在考虑了专家打分权重以后得出了2017年中国31个省份医疗卫生类的负向得分与排名。如表5-66所示,排前五名的省份海南、天津、广东、安徽和上海医疗卫生类公共服务负向得分分别为2.65、2.52、2.44、2.27、2.21;排后五名的省份四川、西藏、辽宁、青海、陕西医疗卫生类公共服务负向得分别为0.93、0.94、1.01、1.08、1.16。31个省份医疗卫生类负向得分均值为1.64,共有13个省份位于均值之上,18个省份位于均值之下。

表5-66 中国各省份公共服务负向指标中的医疗卫生类公共服务的负向得分与排名

省份	医疗卫生类负向得分	医疗卫生类负向排名
海南	2.65	1
天津	2.52	2
广东	2.44	3
安徽	2.27	4

(续表)

省份	医疗卫生类负向得分	医疗卫生类负向排名
上海	2.21	5
福建	2.08	6
广西	1.98	7
江西	1.97	8
北京	1.90	9
江苏	1.84	10
浙江	1.82	11
云南	1.79	12
山东	1.71	13
宁夏	1.63	14
新疆	1.60	15
河南	1.53	16
河北	1.51	17
山西	1.49	18
黑龙江	1.46	19
湖北	1.39	20
甘肃	1.37	21
贵州	1.35	22
内蒙古	1.32	23
湖南	1.28	24
吉林	1.26	25
重庆	1.22	26
陕西	1.16	27
青海	1.08	28
辽宁	1.01	29
西藏	0.94	30
四川	0.93	31

进一步观察我国东、中、西部公共服务负向指标中医疗卫生类公共服务的负向得分与排名(见表5-67),东、中、西部医疗卫生类负向总分分别为21.69、12.65、16.35,医疗卫生类负向均分分别为1.97、1.58、1.36,东部第一,中部第二,

西部第三,并且东部高于整体均值,西部和中部低于整体均值。

表 5-67　中国东、中、西部公共服务负向指标中医疗卫生类的负向得分与排名

区域	医疗卫生类负向总分	医疗卫生类负向均分	医疗卫生类负向排名
东部	21.69	1.97	1
中部	12.65	1.58	2
西部	16.35	1.36	3

3. 基础设施类公共服务

本章主要通过基础设施建设投资比重和年末固定互联网宽带接入用户数两个指标来衡量各省基础设施类公共服务的概况,并且在考虑了专家打分权重以后得出了 2017 年中国 31 个省份基础设施类的负向得分与排名。如表 5-68 所示,排前五名的省份西藏、广西、内蒙古、江西和上海的基础设施类公共服务负向得分分别为 4.04、3.76、3.67、3.63、3.56;排后五名的省份福建、陕西、湖北、河北、四川基础设施类公共服务负向得分别为 0.90、1.21、1.40、1.49、1.49。31 个省份基础设施类负向得分均值为 2.47,共有 15 个省份位于均值之上,16 个省份位于均值之下。

表 5-68　中国各省份公共服务负向指标中基础设施类的负向得分与排名

省份	基础设施类负向得分	基础设施类负向排名
西藏	4.04	1
广西	3.76	2
内蒙古	3.67	3
江西	3.63	4
上海	3.56	5
甘肃	3.55	6
山西	3.32	7
北京	3.25	8
辽宁	3.24	9
宁夏	3.16	10
吉林	3.10	11
天津	2.83	12

(续表)

省份	基础设施类负向得分	基础设施类负向排名
黑龙江	2.63	13
青海	2.57	14
江苏	2.48	15
海南	2.30	16
新疆	2.27	17
安徽	2.04	18
河南	2.02	19
云南	1.95	20
重庆	1.90	21
浙江	1.90	22
贵州	1.82	23
湖南	1.78	24
广东	1.74	25
山东	1.59	26
四川	1.49	27
河北	1.49	28
湖北	1.40	29
陕西	1.21	30
福建	0.90	31

进一步观察我国东、中、西部公共服务负向指标中基础设施类公共服务的负向得分与排名（见表5-69），东、中、西部基础设施类负向总分分别为25.26、19.93、31.38，基础设施类负向均分分别为2.30、2.49、2.62，西部第一，中部第二，东部第三，并且西部和中部高于整体均值，东部低于整体均值。

表5-69 中国东、中、西部公共服务负向指标中基础设施类的得分与排名

区域	基础设施类负向总分	基础设施类负向均分	基础设施类负向务排名
东部	25.26	2.30	3
中部	19.93	2.49	2
西部	31.38	2.62	1

4. 交通运输类

本章主要通过每万人口公共交通车辆数这个指标来衡量各省份交通运输类公共服务的概况,并且在考虑了专家打分权重以后得出了 2017 年中国 31 个省份交通运输类的负向得分与排名。如表 5-70 所示,排前五名的省份西藏、江西、贵州、广西和甘肃的交通运输类公共服务负向得分分别为 1.41、1.39、1.39、1.38、1.36;排后五名的省份北京、上海、天津、青海、辽宁的交通运输类公共服务负向得分别为 0.00、0.68、0.89、1.08、1.09。31 个省份交通运输类负向得分均值为 1.18,共有 20 个省份位于均值之上,11 个省份位于均值之下。

表 5-70 中国各省份公共服务负向指标中交通运输类的负向得分与排名

省份	交通运输类负向得分	交通运输类负向排名
西藏	1.41	1
江西	1.39	2
贵州	1.39	3
广西	1.38	4
甘肃	1.36	5
河南	1.36	6
河北	1.35	7
云南	1.34	8
山西	1.33	9
湖南	1.32	10
安徽	1.32	11
海南	1.28	12
陕西	1.26	13
四川	1.26	14
湖北	1.26	15
内蒙古	1.26	16
福建	1.25	17
山东	1.23	18
吉林	1.21	19
重庆	1.19	20
黑龙江	1.18	21

(续表)

省份	交通运输类负向得分	交通运输类负向排名
新疆	1.16	22
江苏	1.13	23
宁夏	1.12	24
浙江	1.11	25
广东	1.10	26
辽宁	1.09	27
青海	1.08	28
天津	0.89	29
上海	0.68	30
北京	0.00	31

进一步观察我国东、中、西部公共服务负向指标中交通运输类公共服务的负向得分与排名(见表5-71),东、中、西部交通运输类负向总分分别为11.10、10.37、15.22,交通运输类负向均分分别为1.01、1.30、1.27,中部第一,西部第二,东部第三,并且西部和中部高于整体均值,东部低于整体均值。

表5-71 中国东、中、西部公共服务负向指标中交通运输类的负向得分与排名

区域	交通运输类负向总分	交通运输类负向均分	交通运输类负向排名
东部	11.10	1.01	3
中部	10.37	1.30	1
西部	15.22	1.27	2

5. 社会保障类

本章主要通过社会基本保险普及率这个指标来衡量各省份社会保障类公共服务的概况,并且在考虑了专家打分权重以后得出了2017年中国31个省份社会保障类的负向得分与排名。如表5-72所示,排前五名的省份西藏、陕西、河北、广西和贵州的社会保障类公共服务负向得分分别为1.41、1.34、1.32、1.30、1.29;排后五名的省份上海、北京、浙江、广东、吉林的社会保障类公共服务负向得分别为0.00、0.10、0.36、0.38、0.57。31个省份社会保障类负向得分均值为0.99,共有19个省份位于均值之上,12个省份位于均值之下。

表 5-72 中国各省份公共服务负向指标中社会保障类的负向得分与排名

省份	社会保障类负向得分	社会保障类负向排名
西藏	1.41	1
陕西	1.34	2
河北	1.32	3
广西	1.30	4
贵州	1.29	5
甘肃	1.28	6
安徽	1.26	7
湖南	1.25	8
河南	1.23	9
青海	1.21	10
江西	1.21	11
湖北	1.20	12
山东	1.20	13
新疆	1.18	14
内蒙古	1.16	15
江苏	1.03	16
宁夏	1.02	17
海南	1.02	18
云南	1.00	19
福建	0.97	20
重庆	0.96	21
黑龙江	0.94	22
四川	0.92	23
辽宁	0.91	24
山西	0.86	25
天津	0.68	26
吉林	0.57	27
广东	0.38	28
浙江	0.36	29
北京	0.10	30
上海	0.00	31

进一步观察我国东、中、西部公共服务负向指标中社会保障类公共服务的负向得分与排名(见表5-73),东、中、西部社会保障类负向总分分别为7.97、8.51、14.07,社会保障类负向均分分别为0.72、1.06、1.17,西部第一,中部第二,东部第三,并且西部和中部高于整体均值,东部低于整体均值。

表5-73 中国东、中、西部公共服务负向指标中社会保障类的负向得分与排名

区域	社会保障类负向总分	社会保障类负向均分	社会保障类负向排名
东部	7.97	0.72	3
中部	8.51	1.06	2
西部	14.07	1.17	1

6. 环境保护类

本章主要通过污水处理率和城市绿化覆盖率两个指标来衡量各省份环境保护类公共服务的概况,并且在考虑了专家打分权重以后得出了2017年中国31个省份环境保护类的负向得分与排名。如表5-74所示,排前五名的省份西藏、青海、甘肃、贵州和吉林的环境保护类公共服务负向得分分别为3.61、2.94、2.25、1.91、1.79;排后五名的省份北京、山东、福建、广东、安徽的环境保护类公共服务负向得分别为0.11、0.62、0.65、0.67、0.79。31个省份环境保护类负向得分均值为1.32,共有14个省份位于均值之上,17个省份位于均值之下。

表5-74 中国各省份公共服务负向指标中环境保护类的负向得分与排名

省份	环境保护类负向得分	环境保护类负向排名
西藏	3.61	1
青海	2.94	2
甘肃	2.25	3
贵州	1.91	4
吉林	1.79	5
陕西	1.70	6
黑龙江	1.67	7
天津	1.62	8
新疆	1.57	9
四川	1.50	10
湖北	1.45	11
海南	1.34	12
辽宁	1.33	13

(续表)

省份	环境保护类负向得分	环境保护类负向排名
宁夏	1.32	14
云南	1.22	15
河南	1.18	16
广西	1.17	17
上海	1.13	18
山西	1.02	19
内蒙古	1.01	20
湖南	0.94	21
江西	0.91	22
江苏	0.89	23
河北	0.84	24
重庆	0.82	25
浙江	0.81	26
安徽	0.79	27
广东	0.67	28
福建	0.65	29
山东	0.62	30
北京	0.11	31

进一步观察我国东、中、西部公共服务负向指标中环境保护类公共服务的负向得分与排名（见表5-75），东、中、西部环境保护类负向总分分别为10.01、9.75、21.02，环境保护类负向均分分别为0.91、1.22、1.75，西部第一、中部第二、东部第三，并且西部高于整体均值，中部和东部低于整体均值。

表5-75 中国东、中、西部公共服务负向指标中环境保护类的负向得分与排名

区域	环境保护类负向总分	环境保护类负向均分	环境保护类负向排名
东部	10.01	0.91	3
中部	9.75	1.22	2
西部	21.02	1.75	1

下 篇

一个理想的 PPP 发展思考

第六章　PPP项目中存在的合规性问题

　　2014年国务院43号文及相关部委关于政府债务的规定发布以来，地方政府的融资手段只剩下发行地方债和采取PPP模式。而地方债体量较小，也常被地方政府用于置换以往的存量债务。于是，PPP模式成为新增基建资金的唯一融资渠道。随着各地政府对于PPP模式的不断推广，PPP模式的违规现象也随之不断出现，成为PPP模式实践过程中亟待规范和解决的问题。力推PPP模式的初衷之一，在于治理地方政府债务。从目前已经公开的案例来看，常见的违规情形多与地方政府违规举债相关。在规范的PPP模式中，社会资本方一般都承担项目设计、投融资、建设、运营等大部分工作，并通过使用者付费、可行性缺口补贴或政府付费等方式获得合理的投资回报。而常见的违规情形主要包括项目超出PPP的适用范围、参与主体不合格、运作方式不规范、审批手续不合规、风险收益分配不规范、承诺兜底收益等。

一、风险分配的规范性问题

（一）问题分析

　　风险分配，即风险在公共部门和私人部门之间的分配，是PPP模式区别于政府部门与社会资本方其他交易形式的显著标志。通过风险的合理分配，公共部门与私人部门共同承担风险，连接成风险的共同体。相较于传统的政府采购模式，PPP项目所需要的合同谈判时间更长、成本更高。在我国早期的PPP项目中，由于政府方与社会资本方的目标和出发点不同，常常出现谈判成本大大高于正常咨询和投标的现象，其中的重要原因是政府部门和社会资本方关于风险分担很难达成共识。因此，建立完善的PPP项目风险合理分担机制，是成功推行PPP模式的重要前提。

　　在PPP项目的风险分配中，政府部门应尽可能多地承担自己有管理优势的伴生风险，社会资本会按其相对优势承担较多的具体经营管理风险，最终实现双方风险最优应对、最佳分担并将整体风险最小化。为此，国内外学者也针对双方风险分配的问题进行了研究，如加拿大PPP委员会认为，民间实体在PPP项目中的参与程度与其承担的风险是同向变化的，当项目私有化程度升高时，其承担的风险也随之升高;反之,项目私有化程度降低,其承担的风险也随之降低。国内最具有代表性的是刘新平和王守清在早期的著作《试论PPP项目的风险分配原则和框架》(2006)中论证了影响PPP项目的风险分配因素,主要是PPP项目本身的规模和复杂性、双方对PPP项目的认知误区、双方承担风险的意愿、规范性的程序与合同文件。因此,为实现最优的、最合理的风险分配,PPP项目风险分配应遵循三条原则:(1)由对风险最有控制力的一方控制相应的风险;(2)承担的风险程度与所得回报相匹配;(3)承担的风险要有上限。另外,通常情况下PPP项目从发起直至运营需经历很多阶段,其中涉及诸多方面,以及多个参与方(包括政府、项目投资者、项目公司、金融机构等),还有产品使用者、保险公司、负责项目建设的建筑承包商和供应商、负责项目运营的运营商。

财政部于2014年颁布了《PPP项目合同指南(试行)》,其中有关PPP项目的风险分配的描述在第三章第十一条,即"按照风险分配优化、风险收益对等和风险可控等原则,综合考虑政府风险管理能力、项目回报机制和市场风险管理能力等要素,在政府和社会资本方之间合理分配项目风险。原则上,项目设计、建造、财务和运营维护等商业风险由社会资本方承担,法律、政策和最低需求等风险由政府承担,不可抗力等风险由政府和社会资本合理共担"。由此可见,我国目前针对PPP项目的风险分配问题已有初步的规则建议,各方在实际签约过程中也普遍存在风险分配不明确的问题,但从理论上看,政府方通常承担需要针对PPP项目的政策和法律方面的风险进行保障,而社会资本方需要针对项目进行过程中的具体运营方面出现的风险进行保障。然而,由于社会资本方会担心地方政府的信用问题,政府方往往承担着过大的风险,甚至出现部分违规情形,如承诺最低收益等,导致私人部门和政府部门的权责不完全匹配,并未形成风险共担和收益共享的合作机制。

(二)案例:武汉轨道交通8号线一期PPP项目

1. 案例介绍

2017年2月13日,中国政府采购网发布了成交公告《武汉市城乡建设委员会武汉市轨道交通8号线一期PPP项目社会资本采购竞争性磋商预成交结果公示》,从披露的合同和资料来看,该项目实际上为此前存量BT项目,项目建设已完成70%。武汉地铁采取保留施工方、重新选择投资人的方式,将存量BT项目转化为PPP项目。根据公示合同文本,该项目总投资135.84亿元,其中项目资本金47.84亿元,由社会资本(招商银行、光大银行和汉口银行联合体)和武汉地铁集团有限公司共同设立的"武汉地铁股权投资基金(契约型)"(以下简称"基金",占66%股权,社会资本方出资约28亿元),以及武汉地铁集团有限公司和武汉地铁运营有限公司投入。在基金结构中,武汉地铁集团是劣后级出资人,出资3.15744亿元,占基金份额的10%;招商银行、光大银行和汉口银行三家银行联合体是优先级出资人,作为社会资本出资28.41696亿元,占基金份额的90%。中标公告显示:预成交资本金财务内部收益率为按照中国人民银行最新发布的5年期以上银行贷款利率为基准下浮3%。

2. 违规表现

根据《关于制止地方政府违法违规融资行为的通知》(财预〔2012〕463号)的规定:"允许地方政府以单独出资或与社会资本共同出资方式设立各类投资基金,依法实行规范的市场化运作,按照利益共享、风险共担的原则,引导社会资本投资经济社会发展的重点领域和薄弱环节,政府可适当让利。地方政府不得以借贷资金出资设立各类投资基金,严禁地方政府利用PPP、政府出资的各类投资基金等方式违法违规变相举债,除国务院另有规定,地方政府及其所属部门参与PPP项目、设立政府出资的各类投资基金时,不得以任何方式承诺回购社会资本方的投资本金,不得以任何方式承担社会资本方的投资本金损失,不得以任何方式向社会资本方承诺最低收益,不得对有限合伙制基金等任何股权投资方式额外附加条款变相举债。"

另外,根据《政府和社会资本合作模式操作指南(试行)》(财金〔2014〕113号)的规定:"原则上,项目设计、建造、财务和运营维护等商业风险由社会资本承担,法律、政策和最低需求等风险由政府承担,不可抗力等风险由政府和社会资本合理共担。"而《关于在公共服务领域推广政府和社会资本合作模式的指导意见》(国办发〔2015〕42号)明确:"政府和社会资本合作模式是公共服务供给机制的重大创新,即政府采取竞争性方式择优选择具有投资、运营管理能力的社会资本,双方按照平等协商原则订立合同,明确责权利关系,由社会资本提供公共服务,政府依据公共服务绩效评价结果向社会资本支付相应对价,保证社会资本获得合理收益。"

本案中,由于本项目中标社会资本为金融机构,首先,从金融资本在项目中的作用来看,金融机构在其中不具备运营管理能力和承担项目的建设、运营风险的能力;其次,在目前未披露的基金合伙协议或项目公司股东协议中,政府出资代表地铁集团或地铁运营公司可能将对社会资本方承担收益担保、补足或兜底回购等义务。即使未有上述收益担保、补足或兜底回购的义务的安排,项目公司也将通过股东协议的相关约定,或与承包方(当地地铁集团)签订建设合同及与运营方(当地地铁运营公司)签订运营合同,将本项目全部建设、运营风险转移给政府方,而中标社会资本金融机构将并不承担任何实际建设、运营责任和风险,并取得与公共服务提供情况无关的固定的收益(本金利息),很可能是将原来的BT项目转为PPP项目的一种手段,是政府帮建设方向银行"借贷",也就是常说的"明股实债"。

3. 处罚决定

2017 年 2 月 27 日,财政部办公厅向湖北省办公厅发出《关于请核查武汉市轨道交通 8 号线一期 PPP 项目不规范操作问题的函》称,财政部发函要求核查武汉轨道交通 8 号线一期 PPP 项目,认为该项目存在"PPP 项目不规范操作""风险分配不当"等问题,要求湖北核查武汉轨道交通 PPP 项目不规范操作问题。

4. 后续处理

责任相关方已按照相关处置规定进行处理,武汉轨道交通 8 号线已于 2017 年年底开通。

二、政府参与主体合规性问题

(一)问题分析

PPP 项目的主体适格性一直是在项目申报时首先需定性的问题。在 PPP 模式下,参与主体主要包括两方面,即公共部门与私营投资者。各国公共管理部门在大多数情况下都是公权力主体,即拥有国家权力的行政机关,包括获得行政授权的机关和组织。政府作为公共部门代表,是 PPP 项目的主要发起方,在项目中具有一定的主导地位。在 PPP 模式下,政府转变了原有的集管理者、实施者、运营者于一身的角色。政府通过书面协议明确权利义务划分和风险分担机制,授权特许经营者在一定期限和范围内投资、建设、运营特定的基础设施和公共事业。PPP 项目实施过程中,政府与私营部门之间会存在信息不对称的情况。政府代表社会公众利益,以项目社会效益最大化为目标;私营部门则重视自身经济利益,追求企业效益最大化,二者目标的差别导致了利益冲突。PPP 项目的建设和运行过程中,私营部门拥有隐瞒行为的条件,可能损害公众利益,由此产生了道德风险。政府需要扮演好监管者的角色,采取措施规避私营部门的道德风险,因此政府在 PPP 中扮演的角色是否到位、处理与项目相对人的关系是否得当、在项目运行中的行为实施是否合理都会影响该 PPP 项目的实施效果。

(二)案例 1:G316 线长乐至同仁公路两当县杨店(甘陕界)至徽县公路建设项目

1. 案例介绍

根据 2018 年 4 月 27 日甘肃省财政厅公开的《关于 PPP 综合信息平台项目库清查情况的通报》(甘财经〔2018〕34 号)披露的信息,陇南市 G316 线长乐至同仁公路两当县杨店(甘陕界)至徽县公路 PPP 项目建设,总投资为 75.3 亿元,BOT 方式合作期限为 34 年,回报机制为使用者付费,纳入财政部第二批示范项目,目前处于执行阶段。2016年4月1日,甘政函〔2016〕62号文对该项目进行授权,同意甘肃省交通运输厅授权甘肃省交通建设集团有限公司为项目的实施机构,负责PPP项目的准备、采购、监管、移交等工作。

2. 违规表现

财政部和国家发展改革委对政府方主体的规定可参考以下文件:

(1)《政府和社会资本合作模式操作指南(试行)》(财金〔2014〕113号)第十条规定,县级(含)以上地方人民政府可建立专门协调机制,主要负责项目评审、组织协调和检查督导等工作,实现简化审批流程、提高工作效率的目标。政府或其指定的有关职能部门或事业单位可作为项目实施机构,负责项目准备、采购、监管和移交等工作。

(2)《关于组织开展第三批政府和社会资本合作示范项目申报筛选工作的通知》(财金函〔2016〕47号,以下简称"财金〔2016〕47号文")规定"有下列情形之一的,不再列为备选项目:政府方国有企业或融资平台公司作为政府方签署PPP项目合同的"。

(3)《关于进一步加强政府和社会资本合作(PPP)示范项目规范管理的通知》(财金〔2018〕54号,以下简称"财金〔2018〕54号文")规定:坚持政企分开原则,加强PPP项目合同签约主体合规性审查,国有企业或地方政府融资平台公司不得代表政府方签署PPP项目合同,地方政府融资平台公司不得作为社会资本方。

(4)《关于开展政府和社会资本合作的指导意见》(发改投资〔2014〕2724号)规定:(二)明确实施主体。按照地方政府的相关要求,明确相应的行业管理部门、事业单位、行业运营公司或其他相关机构,作为政府授权的项目实施机构,在授权范围内负责PPP项目的前期评估论证、实施方案编制、合作伙伴选择、项目合同签订、项目组织实施及合作期满移交等工作。此外该文件附件二《政府和社会资本合作项目通用合同指南》也明确要求,签订项目合同的政府主体,应是具有相应行政权力的政府,或其授权的实施机构。

从甘肃省财政厅对照92号文规定的审核结果来看:"项目完成立项审批,规范开展'两个论证',适宜采用PPP模式实施,实施方案获得批复,建立了按效付费机制,符合规范性要求。但甘肃省交通建设集团作为项目实施机构不符合规定。"造成这一现象的原因在于财政部、国家发展改革委对于PPP实施主体规定的差异。如国家发展改革委发布的《关于开展政府和社会资本合作的指导意见》(发改投资〔2014〕2724号)规定,行业管理部门、事业单位、行业运营公司或其他相关机构可以作为政府授权的PPP项目实施机构,在授权范围内负责PPP项目的前期评估论证、实施方案编制、合作伙伴选择、项目合同签订、项目组织实施及合作期满移交等工作。该规定对于获得合法授权的运营公司作为实施主体并没有进行限制,而财金函〔2016〕47号文、财金〔2018〕54号文等文件明确规定公司不可以代表政府作为签约主体。

3. 处罚决定

财金〔2018〕54号文将陇南市G316线长乐至同仁公路两当县杨店(甘陕界)至徽县公路建设项目列为"限期整改项目",整改原因为"主体不合规"。

(三)案例2:甘肃省兰州市榆中县和平污水处理厂项目

1. 案例介绍

甘肃省兰州市榆中县和平污水处理厂项目为市政工程项目,采取BOT模式运作,回报机制为使用者付费,合作期限为30年。项目投资估算总金额为10 781万元,由榆中县政府与社会资本投资人组建项目公司,项目公司负责兰州市和平污水处理厂工程新建项目的投融资、建设及运营维护,并取得购买服务费。项目实际上由榆中县城投公司代表榆中县政府作为项目实施机构。

2. 违规表现

根据财金〔2014〕113号文对政府参与主体的有关规定,"政府或其指定的有关职能部门或事业单位可作为项目实施机构,负责项目准备、采购、监管和移交等工作",另外根据财金函〔2016〕47号文中关于PPP相关参与主体是否适格问题明确规定,"国有企业或融资平台公司作为政府方签署PPP项目合同的不再列为备选项目"。榆中县和平污水处理厂项目的政府参与主体为国有企业榆中县城投公司,而非政府、政府指定的有关职能部门和事业单位,与相关规定对于PPP实施机构适格的要求不符。

3. 处罚决定

甘肃省财政厅公开的《关于PPP综合信息平台项目库清查情况的通报》(甘财经〔2018〕34号)披露的信息,审查结论认定榆中县城投公司作为项目实施机构不符合规定,存在政府参与主体不适格问题,要求做出相应调整,但保留其管理库入库资格。

三、社会资本参与主体合规性问题

(一)问题分析

PPP项目主体是否合规不仅在于政府方主体是否适格,社会资本方的选择也是其中的重要部分。在PPP模式中引入社会资本的主要原因是消除行业限制壁垒,降低资本进入的门槛与成本。这样做一方面可以通过吸收社会资本,缓解地方政府财政资金压力;另一方面也可以吸引具有先进技术和管理经验的社会资本进行项目运营。然而,由于PPP项目大多涉及交通、医疗和环保等投资规模大且技术门槛较高的公共事业建设,同时具备较强融资能力和技术水平企业可选择性较少。由于PPP鼓励社会资本尤其是民间资本进入基础设施和社会公共事业领域,鼓励政府与社会资本投资主体建立起竞争、合作、博弈、共赢的长期可持续性的合作伙伴关系,使政府与社会资本的双方优势都能得到发挥,而这种伙伴关系能否有效发挥作用,关键在于政府与社会资本之间能否通过一定的模式构建一种相互制衡、责任明晰、信息透明、监督有效的合作架构。此时,参与PPP模式的社会资本投资主体必须具有独立性,以便能够和当地政府部门之间形成一种相互制衡和博弈的权利义务关系。

财金〔2014〕113号文、财金〔2014〕156号文、财金函〔2016〕47号文和财金〔2018〕54号文等均对社会资本方的适格性进行了规定,如财金〔2014〕113号文规定:"本指南所称社会资本是指已建立现代企业制度的境内外企业法人,但不包括本级政府所属融资平台公司及其他控股国有企业。"财金〔2014〕156号文规定:"本级人民政府下属政府融资平台公司及其控股的其他国有企业(上市公司除外)不得作为社会资本方参与本级政府辖区内的PPP项目。"虽然前后法规的表述可能不一致,但规定的精神在逻辑上都是一致的。由于地方政府与地方国有企业存在千丝万缕的联系,这种联系可能会影响社会资本项目运营的独立性,这种影响在政府可以"控制"社会资本或社会资本由与地方政府关系更密切的融资平台来承担时表现得更加明显。在上述情况下,依靠政府财政还款的平台公司,和政府可以"控制"的负有出资义务的国有企业充当社会资本,本质上还是政府资金的体内循环,不能有效地吸引社会资金,严重影响了项目运营的独立性。失去独立性的伙伴关系只能是服从关系,而不是建设性的合作关系。因此,在我国推行的PPP模式中,承担社会资本投资主体的企业,不能是当地政府能够控制的企业,而应当是能够独立于政府部门之外的一种社会力量,与当地政府不存在资本、人事、管理等方面的控制关系。

(二)案例1:北京市轨道交通十四号线、十六号线项目

1. 案例介绍

(1)十四号线。地铁十四号线是北京市的一条"L"形骨干线路。线路起点位于北京市西南部,从丰台区永定河西的张郭庄站向东延伸,途经丽泽商务区、右安门外,在北京南站与四号线换乘,再经过永定门、南八里庄后线路方向转向北,途经大望路、朝阳公园、望京等地,终点位于北京市东北部朝阳区善各庄站。线路贯穿北京市南部和东部,全长约47.3千米,共设车站37座,设有张仪村和马泉营两座车辆段。十四号线车辆采用A型地铁车,6辆编组。按建设责任主

体,将北京地铁十四号线全部建设内容划分为 A、B 两部分:A 部分主要为土建工程部分,投资额约为 358 亿元,约占十四号线项目总投资的 70%,由北京地铁十四号线投资有限责任公司负责投资建设;B 部分主要包括车辆、信号、自动售检票系统等机电设备,投资额约为 150 亿元,约占十四号线项目总投资的 30%,由社会投资者组建的北京地铁十四号线特许经营公司负责投资建设。项目结构如图 6-1 所示。

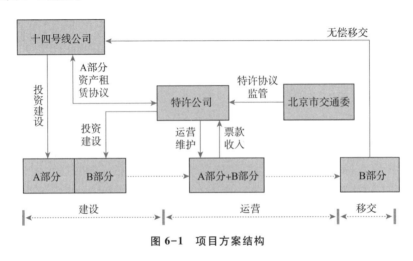

图 6-1 项目方案结构

根据《北京地铁十四号线项目特许协议》披露,特许公司为北京京港地铁有限公司,其股东北京首都创业集团有限公司、港铁北京四号线投资有限公司和北京市基础设施投资有限公司分别持有其 49%、49% 和 2% 的股权。

(2) 十六号线。十六号线是北京市轨道交通线网规划中的中心城区南北向骨干线路,服务于海淀山后、三里河行政中心区、丰台火车站、丽泽商务区、丰台科技园区等重要城市功能区。按批准的《北京地铁十六号线(含海淀山后线)引入社会投资项目实施方案》,按建设责任主体,将十六号线全部建设内容划分为 A、B 两部分:A 部分主要为土建工程部分,投资额约为 324 亿元,约占线路总投资的 70%,由十六号线公司负责投资建设;B 部分主要包括车辆、通信、信号、供电、空调通风、防灾报警、设备监控、自动售检票等系统,车辆段、停车场中的机电设备,以及市政府与特许经营者约定的其他内容,投资额为 150 亿元,约占项目总投资的 30%,由特许公司负责投资建设。从财政部和社会资本合作中心披露的方案来看,十六号线项目的政府方参与主体为北京市交通委(代北京市人民政府签订),社会资本方为北京京港地铁有限公司,其项目公司为北京京港十六号线地铁有限公司,是北京京港地铁有限公司的全资子公司。各参与方股权结构如图 6-2 所示。

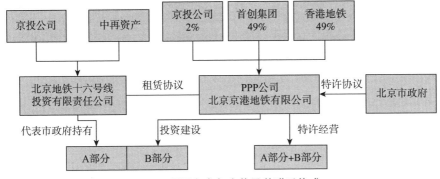

图6-2 项目各参与主体及其联系构成

2. 违规表现

根据财金〔2014〕113号文规定："本指南所称社会资本是指已建立现代企业制度的境内外企业法人,但不包括本级政府所属融资平台公司及其他控股国有企业。"财金〔2014〕156号文规定："本级人民政府下属政府融资平台公司及其控股的其他国有企业(上市公司除外)不得作为社会资本方参与本级政府辖区内的PPP项目。"财金函〔2016〕47号文规定："未按国办发〔2015〕42号文要求剥离政府性债务,并承诺不再承担融资平台职能的本地融资平台公司作为社会资本方的,不再列为PPP备选项目。"另外,根据财金〔2018〕54号文规定："国有企业或地方政府融资平台公司不得代表政府方签署PPP项目合同,地方政府融资平台公司不得作为社会资本方。"上述文件均从不同角度对社会资本方的要求进行了规定。

从上述规定可以看出,财政部对于社会资本主体参与PPP项目进行更为严格的限制。北京地铁十四号线和十六号线项目主体构成具有相似性,北京京港地铁有限公司作为社会资本方,已于2011年7月调出中国银监会(现中国银保监会)融资平台名单,而且从目前的股权结构来看,京港地铁"49%+49%+2%"的股权模式似乎与财金〔2014〕113号文所规定的"本级政府所属融资平台公司及其他控股国有企业不得作为社会资本方"存在一定的"擦边球"情形,理由在于其他控股的国有企业为两家,而且不存在共同的国有企业作为控股股东。而且前述法规对于社会资本方的限制从本质上来说主要是为了提高资金的利用效率,减少政府变相举债等违规风险,从已经运营的北京地铁四号线来看,运营效益良好。另外,北京市轨道交通十四号线PPP项目立项于2012年5月,财金〔2014〕113号文和财金〔2014〕156号文对该项目的追溯性也值得商榷。

3. 处罚决定

财政部于2018年4月24日发布的财金〔2018〕54号文将北京市轨道交通十四号线PPP项目和北京市轨道交通十六号线PPP项目均列为"限期整改项

目",整改原因为"主体不合规"。目前,京港地铁已就相关情况与相关部委沟通。

(三)案例2:甘肃省张掖市甘州区思源实验学校项目

1. 案例介绍

甘肃省张掖市甘州区思源实验学校项目于2017年发起,项目总投资24 304万元,包括土建工程和教学设备、生活设施购置两个组成部分。项目的社会资本合作方在项目合作期内享有投资、建设、运营思源实验学校及其相关附属设施的权利。按照实施公开招标的结果,项目的实际中标人为甘肃兴鼎建筑安装工程有限责任公司,但项目公司的股东是两位自然人胡林鹏和胡建福。

2. 违规表现

根据财金〔2014〕113号文的规定,"社会资本是指已建立现代企业制度的境内外企业法人,但不包括本级政府所属融资平台公司及其他控股国有企业",强调了参与PPP项目的社会资本应为符合现代公司治理要求、按商业化原则运作的企业法人。依据公开招标结果,思源实验学校建设项目的中标人为甘肃兴鼎建筑安装工程有限责任公司,但项目公司的股东是两位自然人,不符合社会资本参与主体的要求,存在主体不适格问题。

3. 处罚决定

甘肃省财政厅公开的《关于PPP综合信息平台项目库清查情况的通报》(甘财经一〔2018〕34号)披露的信息,审查结论认定甘肃省张掖市甘州区思源实验学校建设项目社会资本主体方不适格,要求做出相应调整,但保留其管理库入库资格。

四、运作方式的规范性问题

(一)问题分析

运作方式的选择直接决定了PPP项目的投资建设和后续运营方式,关系到参与各方"权责利"的确定和划分,因此在PPP项目实施过程中也成为审核关注的重点。

根据目前的规定,PPP项目合规的运作方式包括BOT、BOO、TOT和ROT等,但不包括各种形式的BT模式。

PPP项目运作模式最核心的要求是项目要有"实质性的运营",而不能缺少实质性运营环节,不能仅仅是BT模式。对于运营责任,财金〔2018〕54号文提出"不得约定将项目运营责任返包给政府方出资代表承担或另行指定社会资本方以外的第三方承担"。92号文列举的不符合规范运作要求包括:未按规定转型的融资平台公司作为社会资本方的;采用BT方式实施的;采购文件中设置歧视性条款、影响社会资本平等参与的;未按合同约定落实项目债权融资的;违反相关法律和政策规定,未按时足额缴纳项目资本金、以债务性资金充当资本金或由第三方代持社会资本方股份的。由此可以看出,规范运作的要求覆盖了PPP项目的各个环节,涉及项目融资、项目采购、项目建设、后续运营等诸多方面。

(二) 案例1:吉林市国电江北热源项目

1. 案例介绍

吉林市国电江北热源项目中,项目公司通过建设3×116MW热水锅炉及其配套辅助系统、附属设施,包括锅炉点火油系统,除灰渣系统,烟气除尘系统,烟气脱硫、脱硝系统,循环水供水系统,热首站、工程用压缩空气系统,采暖通风系统,给排水系统及电气系统、运行控制系统等,具体模式为"特许经营+政府可行性缺口补助"的形式。从吉林市国电江北热源项目中看到,该项目由项目公司国电吉林热电厂热源改造,但竣工后由项目公司委托国电吉林电厂运营。

2. 违规表现

根据财金〔2014〕113号文的规定:"PPP项目运作方式主要包括OM(委托运营)、MC(管理合同)、BOT(建设—运营—移交)、BOO(建设—拥有—运营)、TOT(转让—运营—移交)和ROT(改建—运营—移交)等。具体运作方式的选择主要由收费定价机制、项目投资收益水平、风险分配基本框架、融资需求、改扩建需求和期满处置等因素决定。"对于BT方式的项目,财金〔2015〕57号文、《关于组织开展第三批政府和社会资本合作示范项目申报筛选工作的通知》(财金函〔2016〕47号)和财办金〔2017〕92号文均对其明文规定不予受理。另外,财金〔2018〕54号文还对项目的运营责任提出了更为严格的规定:"不得约定将项目运营责任返包给政府方出资代表承担或另行指定社会资本方以外的第三方承担。"

对于PPP项目来说,其运作模式核心要有"实质性的运营",而不能缺少实质性运营环节,仅仅是BT模式,且该运营责任不能被转移。吉林市国电江北热源项目中对于运营阶段的描述中,竣工后由项目公司委托国电吉林电厂运营。该约定不符合财金〔2018〕54号文"不得约定将项目运营责任返包给政府方出资代表承担或另行指定社会资本方以外的第三方承担"的政策规定。

3. 处罚决定

财金〔2018〕54号文将吉林市国电江北热源项目列为"限期整改项目",整改原因为"运作不规范"。

(三)案例2:河北省保定市易县经济开发区项目

1. 案例介绍

河北省保定市易县经济开发区项目于2015年发起,采用PPP模式进行片区开发,提供规划设计咨询服务、土地整理投资、新型城镇化发展服务、基础设施及公共配套设施建设、片区运营管理等公共产品和服务。主要建设内容为土地整理和基础设施建设,备案投资额度为21.8亿元。项目于2015年发起设立,在实际运营过程中存在运作不规范问题,2018年被财政部列入"限期整改项目"名单。

2. 违规表现

该项目"运作不规范"的原因如下:第一,项目实施方案规定,政府与社会资本对项目公司股权比例为20%:80%,社会资本所持有项目公司80%的股权,可由社会资本持有,也可由社会资本及其指定的第三方共同持有。该方案违反了92号文列出的"不得由第三方代持社会资本方股份"这一禁止性规定,存在社会资本出资方不明确或违规代持的风险。第二,政府对项目实施方案的批复文件指出,该项目采取政府购买服务方式支付服务费用,将PPP项下政府付费与政府购买服务方式混为一谈,存在运作不规范的可能。

3. 处罚决定

财金〔2018〕54号文将河北省保定市易县经济开发区项目列为"限期整改项目",整改原因为"运作不规范"。

五、"两评一案"的规范性问题

(一)问题分析

"两评一案"包括物有所值评价、财政承受能力论证及项目实施方案,是判断是否适合采取PPP模式的关键,也是作为控制地方政府财政风险的关键屏障。因此,"两评一案"必须要经过详细论证并经所属政府财政部门及地方政府审批同意后方可采取PPP模式。

根据92号文的规定,未按规定开展"两个论证"包括已进入采购阶段但未开展物有所值评价或财政承受能力论证或虽已开展物有所值评价和财政承受能力论证,但评价方法和程序不符合规定的。实际操作中,由于项目申报程序的要求,绝大多数PPP项目都能按照要求完成"两评一案"工作并提交相关的报告材料,问题主要存在于评价方法和程序方面,部分项目的"两评一案"工作仅停留在形式上,并未深入开展科学严谨的评价和论证,推出了一些不适宜采用 PPP 模式、不具备实施条件、对社会资本缺乏吸引力的项目,导致项目后续无法推进,"两评一案"实际上也就失去了其"防火墙"的功能。

(二)案例:扬州市 611 省道邗江段工程项目

1. 案例介绍

扬州市 611 省道邗江段工程项目为 611 省道邗江段,全长约 27.019 千米,均为新建道路,本次实施路段为 25.258 千米(不含向阳河特大桥与已完成路段 823 米)。本项目是邵伯湖西岸南北向的干线公路,同时也是邵伯湖环湖公路的重要组成部分,串联了邵伯湖生态度假区、公道生态旅游区,并与北部湖荡生态保护区、凤凰岛生态旅游区直接相连,与湖东岸的 S203、北侧的 S333 及南侧规划的 S353 共同组成了邵伯湖环湖公路,对邵伯湖景区旅游经济的开发乃至整个扬州市旅游产业的发展都将起到积极的支撑作用。本项目采用一级公路标准建设,设计速度为 100 千米/小时,一般路段路基宽为 26.0 米,城镇路段路幅全宽为 43.0 米,桥涵与路基同宽,桥涵设计荷载采用公路-Ⅰ级。宁启铁路至终点江平东路段约 823 米已先期实施,项目总投资约为 11 亿元。项目由中标社会资本在扬州市注册成立项目公司,占 100%股份。从财政部政府和社会资本合作中心网站上可以看到该项目的物有所值报告和财政承受报告。

2. 违规表现

《政府和社会资本合作项目财政承受能力论证指引》(财金〔2015〕21 号)和财金〔2015〕57 号文都规定了每一年度全部 PPP 项目需要从预算中安排的支出责任占一般公共预算支出比例应当不超过 10%,而财金〔2015〕57 号文进一步规定"对合同变更成本高,融资结构调整成本高,原债权人不同意转换,不能化解政府性债务风险、降低债务成本和实现'物有所值'的项目,财政部将不予受理"。另外,财金函〔2016〕47 号文也明确指出:"未按财政部相关规定开展物有所值评价或财政承受能力论证的不再列为备选项目。"

所谓"两评一案",即物有所值评价、财政承受能力论证和项目实施方案。本项目中,从财政部政府和社会资本合作中心披露的"两评"文件来看,其评价过程过于粗糙,评价方法不够细化,甚至物有所值分析仅停留在定性层面。

3. 处罚决定

财金〔2018〕54 号文将扬州市 611 省道邗江段工程项目列为"限期整改项目",整改原因为"运作不规范,未按规定开展两评"。

六、项目合规手续的规范性要求

（一）问题分析

大多数PPP项目均涉及项目建设，因而应当符合项目建设要求，具备项目建设合规手续，如可行性研究、环境评估、土地等合规手续。同时，涉及国有资产权益转移的存量项目应按规定履行相关国有资产审批和评估手续。项目合规手续的规范性是项目实施的合规基础，直接影响建设过程和后续运营过程的顺利进行，甚至有可能因手续不合规导致整个项目的失败，其重要性毋庸置疑，关于PPP项目申报的各类法规无一例外都明确了满足合规手续完备性的要求。财金〔2018〕54号文中也对手续合规性问题做出了规范和强调，要求PPP项目必须"按国家有关规定认真履行规划立项、土地管理、国有资产审批等前期工作程序"。但实际执行过程中，受制于项目进度等方面的原因，仍然有部分项目在无法满足或完全满足合规手续完备性的要求情况下贸然实施，或"先上车、后补票"，为项目的成功实施造成了隐患。

（二）案例：新疆维吾尔自治区的喀什5A级景区立体停车库建设项目

1. 案例介绍

新疆维吾尔自治区的喀什5A级景区立体停车库建设项目发起于2016年，主要对喀什市5A级景区立体停车库进行投资、建设、运营、移交，其运营内容为停车库、配套商业等，为喀什市市区提供停车服务。该项目建筑内容包含地上建筑物、约200个停车位、配套基础设施等。从项目的公开文件来看，在项目选址位于5A级景区相关区域的前提下，前期工作缺乏对项目涉及的环境问题的充分评估，导致项目在推进过程中因环境问题受阻。

2. 违规表现

根据财金函〔2016〕47号文的要求，PPP项目的建设手续（包括可行性研究、环境评估、土地等项目合规性审批手续），必须满足合规性完备性要求，能够充分支持项目的设立和推进。在涉及重要景区用地的情况下，喀什5A级景区立体停车库建设项目未能完成充分的环境评估和获取相应的审批手续，致使建设手续完备性和合规性存疑，无法有力地支撑项目推进，属于典型的PPP项目建设手续不完备问题。

3. 处罚决定

财金〔2018〕54号文对新疆维吾尔自治区的喀什5A级景区立体停车库建设项目做出退出示范库和项目库的"双退"处理，退库原因为"项目涉及环境问题"，项目暂停推进。

七、政府 PPP 规模与区域经济发展不匹配问题

(一) 问题分析

由于 PPP 项目是全生命周期的间接投资,大量的 PPP 项目将给地方造成较大的还款压力,因此 PPP 模式在实践过程中还需要因地制宜地考虑 PPP 规模与区域经济发展之间的匹配性。

关于 PPP 规模与区域经济发展之间的匹配问题,现有规定主要从一般公共预算的角度进行了规范和限制,如财金〔2015〕57 号文中明确:"每一年度全部 PPP 项目需要从预算中安排的支出责任,占一般公共预算支出比例应当不超过 10%。"但实践过程中此类规定仍然是较为宽泛的,10%的"上限"控制的仅是需要从一般公共预算中安排的支出责任,并不包括政府从其他基金预算或以土地、无形资产等投入的部分,此外从政府性基金预算中,也存在一定的腾挪空间,这样既能继续安排 PPP 项目上马,同时不触碰一般公共预算支出 10%的规定,因此实际上对于 PPP 规模与区域经济发展之间匹配性方面的限制仍然不够细化。地方政府出于发展经济的动机可能忽视 PPP 规模与区域经济发展之间的匹配性,盲目扩大 PPP 项目规模,造成政府债务风险。

(二) 案例:包头市地铁项目

1. 案例介绍

2016 年 9 月 1 日,国家发展改革委正式下发《关于印发包头市城市轨道交通第一期建设规划(2016—2022 年)的通知》(发改基础〔2016〕1914 号),包头市成为全国建设轨道交通的第 43 个城市。文件显示,包头市地铁项目规划 6 条线路,总长度为 182.5 千米,近期建设项目总投资为 305.52 亿元。其中,资本金占 40%,计 122.21 亿元,由包头市财政资金筹措,其他资金通过国内银行贷款等融资方式解决。据公开资料显示:"包头地铁项目中,最流行的 PPP 项目也在地铁中充分实施。"12 月 29 日,项目获得内蒙古自治区发展改革委批复正式立项,2017 年 5 月 21 日项目正式开工。次年 8 月初,正在建设的包头市地铁项目被紧急叫停。

该项目被叫停是因为主管部门认为包头市地铁建设所需资金数额过大,与包头市财政收入不匹配,建议停工以节省资金用于企业发展。从公开资料中可以看出,包头市政府将 PPP 模式作为资金的主要来源之一,但由于政府资本金落实不到位,直到项目被叫停,并没有真正的社会资本方参与其中。

2. 违规表现

该项目在开工三个月内被紧急叫停,没有具体的违规及处分公告。数据显

示,2016年,包头市全年一般公共预算收入为271.2亿元,较上年增长7.5%。全年一般公共预算支出为415.2亿元,较上年增长5.6%,其中交通运输支出为13.2亿元,较上年增长44.2%。而包头市全市人口不到300万,这一项目会给当地市政府带来明显的财政负担,被叫停可能是出于对地方债和金融风险的担忧。

3. 事件后续

2018年1月3日,在中共内蒙古自治区第十届委员会第五次全体会议暨全区经济工作会议上,内蒙古自治区党委提出,要全面梳理在建和计划建设的政府投资项目,停建、缓建一批政府过度举债的项目,坚决叫停包头市地铁项目与呼和浩特市地铁3、4、5号线项目。据称,在包头市地铁项目停工近5个月后,内蒙古自治区正式公布项目已被叫停。目前,国家发展改革委正就《关于进一步加强城市轨道交通规划建设管理的意见(草案)》广泛征求意见,该草案旨在收紧对申报建设地铁、轻轨等轨道交通城市提出的财政、GDP、人口等硬性指标。在新的征求意见稿中,对申建地铁的城市相关标准的要求变为:一般公共财政预算收入在300亿元以上,地区生产总值在3 000亿元以上,市区常住人口在300万以上。对GDP和财政收入的要求均是2015年之前的3倍。

财金〔2018〕54号文调出示范并退库项目清单如表6-1所示。

表6-1　财金〔2018〕54号文调出示范并退库项目清单

序号	项目名称	所属省份	总投资(万元)	一级行业	示范批次	调出原因
1	内蒙古自治区包头市立体交通综合枢纽及综合旅游公路PPP项目	内蒙古	42 274	交通运输	第三批	实施方案调整,不再继续采用PPP模式
2	松北新城综合场馆	内蒙古	19 500	文化	第三批	不再继续采用PPP模式
3	内蒙古自治区通辽市霍林郭勒市河东新区中蒙医院工程项目	内蒙古	19 601	医疗卫生	第三批	不再继续采用PPP模式
4	内蒙古自治区通辽市霍林郭勒市河东新区部分道路桥梁及附属设施工程	内蒙古	10 098	市政工程	第三批	尚未落地,不再继续采用PPP模式

（续表）

序号	项目名称	所属省份	总投资（万元）	一级行业	示范批次	调出原因
5	内蒙古自治区鄂尔多斯市空港物流园区燃气工程PPP项目	内蒙古	12 600	市政工程	第三批	尚未落地,不再继续采用PPP模式
6	内蒙古自治区兴安盟扎赉特旗康复中心建设项目	内蒙古	5 000	医疗卫生	第三批	尚未落地,不再继续采用PPP模式
7	安徽省池州市G318池州至殷汇段一级公路改建工程PPP项目	安徽	169 800	交通运输	第三批	不再继续采用PPP模式
8	福建省龙岩市厦蓉高速公路龙岩东联络线	福建	580 145	交通运输	第三批	不再继续采用PPP模式
9	山东省泰安市岱岳区天颐湖水生态环境综合治理项目	山东	50 131	生态建设和环境保护	第三批	项目融资未落实,不再继续采用PPP模式
10	山东省聊城市茌平县金柱盛世千岛山庄生态养老项目	山东	234 483	养老	第三批	不再继续采用PPP模式
11	河南省濮阳市濮阳县城区集中供暖新建项目	河南	45 000	市政工程	第二批	转为政府投资模式实施
12	河南省洛阳市孟津县洛阳平乐正骨医院	河南	48 800	医疗卫生	第二批	无适宜运营方,不宜继续采用PPP模式
13	湖北省襄阳市道安老年公寓项目	湖北	40 000	养老	第三批	项目融资未落实,不再继续采用PPP模式
14	湖南省益阳市中心城区黑臭水体整治工程PPP项目	湖南	161 698	生态建设和环境保护	第三批	不再继续采用PPP模式
15	海南省北门江天角潭水利枢纽工程	海南	456 302	水利建设	第三批	尚未落地,不再继续采用PPP模式

（续表）

序号	项目名称	所属省份	总投资（万元）	一级行业	示范批次	调出原因
16	云南省迪庆藏族自治州香格里拉县城集中供热一期工程项目	云南	71 846	市政工程	第三批	不再继续采用PPP模式
17	陕西省铜川市印台区王石凹煤矿工业遗址公园（生态修复）项目	陕西	33 877	文化	第三批	项目投资主体和规模发生变化，一年内无进展
18	陕西省西咸国际文化教育园沙河海绵型生态修复项目	陕西	80 000	生态建设和环境保护	第三批	项目投资主体和规模发生变化，一年内无进展
19	甘肃省兰州新区现代有轨电车1号线及2号线一期工程PPP项目	甘肃	264 666	市政工程	第三批	项目停止推进，不再继续采用PPP模式
20	甘肃省定西市城区供热管网建设工程	甘肃	45 630	市政工程	第三批	转为政府投资模式实施
21	甘肃省甘南藏族自治州黄河上游玛曲段生态治理工程PPP项目	甘肃	22 200	生态建设和环境保护	第三批	不再继续采用PPP模式
22	甘肃省武威市民勤县红沙岗镇生活污水处理工程及污水处理厂配套中水回用贮水池工程PPP项目	甘肃	16 577	市政工程	第三批	不再继续采用PPP模式
23	甘肃省武威市民勤县城东区给排水工程PPP项目	甘肃	15 350	市政工程	第三批	不再继续采用PPP模式
24	甘肃省武威市民勤（县城）至红沙岗一级公路建设工程	甘肃	169 700	交通运输	第三批	不再继续采用PPP模式

（续表）

序号	项目名称	所属省份	总投资（万元）	一级行业	示范批次	调出原因
25	甘肃省武威市民勤县红沙岗工业集聚区科技孵化园及保障房建设PPP项目	甘肃	138 768	城镇综合开发	第三批	不再继续采用PPP模式
26	甘肃省武威市民勤县石羊河国家湿地公园建设项目	甘肃	17 520	生态建设和环境保护	第三批	不再继续采用PPP模式
27	宁夏回族自治区固原市社会民生事业PPP项目	宁夏	55 722	教育	第三批	尚未落地，不再继续采用PPP模式
合计			2 827 288			

第七章 PPP 相关热点评论

一、广义财政视角下的 PPP

我国 PPP 分为财政部和国家发展改革委两条线。2017 年 11 月,PPP 项目领域接连迎来重磅文件。11 月 10 日,财政部办公厅下发 92 号文,从严格新项目入库标准和集中清理已入库项目两个方面规范 PPP 项目运作。主要影响在:(1)政府付费类项目入库难度加大,92 号文强调审慎开展政府付费类项目,截至 2017 年 12 月,落地的 PPP 项目中有 33% 为政府付费类,52% 为可行性缺口补助类,另外 15% 为使用者付费,政府付费类项目占比较高。92 号文强调要审慎开展政府付费类项目,因为其会对生态建设、保障性安居工程、城镇综合开发等政府付费占比较高的项目的入库产生负面影响。(2)部分不符合规定项目清理出库:从文件表述看,10% 的监管红线短期内不会动摇,未来或有更加集中的退库行为出现。

2017 年 11 月 21 日,国资委公布《关于加强中央企业 PPP 业务风险管控的通知》(国资发财管〔2017〕192 号,以下简称"192 号文"),意在控制央企债务风险。主要影响在:(1)未来社会资本或需要并表,资产负债表压力较大。在 PPP 项目中,社会资本方参与了 PPP 项目的前期工作、建设、运营、移交等整个流程,对 PPP 项目具有实际上的控制权,理论上是最应该并表的股东,但实际操作中,社会资本方为了出表,往往会选择引入战略投资者共同参与 PPP 项目。192 号文指出,社会资本方应该按照"实质重于形式"原则,综合判断是否需要"并表"。(2)部分回报率偏低的项目或难以开展。当前 PPP 项目的平均回报率降至 6% 左右,与一般贷款利率相差不大,未来,为了中标故意压低回报率的行为将受到限制。(3)主要央企未来可投资空间受限。192 号文规定了累计对 PPP 项目的净投资上限,根据测算,未来八大央企剩余可投资规模在 2.5 万亿元左右,量级小于前期已投资规模。

与此同时,国家发展改革委发文鼓励民营企业更多地参与 PPP 项目,未来我们可能会看到:(1)政府付费类项目受限,更多的项目采用可行性缺口补助或者使用者付费的回报模式。(2)央企作为社会资本方参与 PPP 受限,未来更多的可能仅作为施工企业参与项目建设;但地方国有企业在 PPP 中扮演的角色的重要性可能逐步上升,地方国有企业与地方政府关系也较为密切,且目前不受任何政策限制。(3)民企可能更多地参与 PPP 项目建设。

(一) 如何理解广义财政背景下的 PPP

财政部与国资委分别发布 92 号文与 192 号文以规范 PPP,很多投资者担忧 PPP 的项目入库、落地都将受到较大影响,相应的,总投资额也将出现较大回落。我们认为,投资者之所以关心 PPP,实质上还是关心其对于经济的拉动能力,进而对经济运行方向做出判断。如果是这样,抛开广义财政来看 PPP 是没有意义的,举一个最简单的例子,87 号文之后,很多原来通过政府购买完成的项目绕道棚改和 PPP 完成,这就提高了 PPP 的潜在供给,而且项目质量也有可能提升。在这种情况下,即使入库项目和落地率有所提升(仅仅是假设),也不能说基建投资或者地产投资会上行,因为从整体上讲,这是一个广义财政收缩的结果。

所以我们认为应该从广义财政的角度理解 PPP 的监管要求,进而推测其对经济运行的潜在影响,本部分内容如下:第二部分梳理对 PPP 的监管政策(92 号文与 192 号文)与十九大前后监管政策的逻辑一致性。第三部分讨论 92 号文与 192 号文的新内容和对地方政府的融资模式潜在的影响。第四部分讨论在当前背景下广义财政是否会出现较快的收缩,这是影响 2018 年经济运行最为核心的一个因素。

(二) PPP 的监管政策与十九大前后监管政策的逻辑一致性

87 号文对于政府购买服务的范畴进行了较为严格的限定,但是也为政策资本开支留了一些口子。比如,文件指出"党中央、国务院统一部署的棚户区改造、易地扶贫搬迁工作中涉及的政府购买服务事项,按照相关规定执行",即棚改和扶贫继续可以使用政府购买服务。如果我们回顾在财政部公布 87 号文之后的"市场解读",大家普遍认为 PPP 会成为一个"被监管部门认可"的、对政府购买形成替代的融资方式。那么为什么短短半年之后,财政部和国资委就推出 92 号文和 192 号文,给 PPP 踩刹车呢?

另外,市场也存在这样一种困惑,从十九大强调的重点(扶贫、环保、乡村建设方面)来看,这些都涉及新的资本开支,而十九大之后,各地方政府都将十九大中强调的发展攻坚任务列入"地方规划"。可以说,地方政府当前的资本开支意愿不弱,而中央也要求地方有所作为;但是从"钱袋子"上看,似乎所有政策都是在收紧,从十九大之前的 43 号文(国发〔2014〕43 号)、50 号文(财预〔2017〕50 号)、87 号文到之后的 92 号文、192 号文(国资委),都是"扎紧钱袋子"的政策。一边是担子在加重,另一边是融资环境在收紧,似乎政策本身存在"不一致"的地方,投资者普遍感觉难以把握监管者对于广义财政的态度,和以往周期中货币政策和财政同向发力、大开大合不同。

我们认为要理解这些矛盾,可能还要从十九大报告中寻找答案。十九大报告中最重要的攻坚任务是"化解重大风险",风险无外乎资产泡沫的风险(房价)以及地方政府债务的风险。现在房价全面上涨的势头已经被遏制,而地方政府债务问题才是重中之重。所以,本轮对于地方政府融资行为的调控,目标不是管总量,对于地方政府投资的态度至少不是负面的,关注点在于"控制地方政府债务风险"。大多数政策是将地方政府和资本开支做切割,只要不增加地方政府债务风险,那么监管部门对于资本开支本身没有什么"负面"态度。但是对于地方债务这一条红线,态度是非常明确和坚决的,而且强调实质重于形式,对于PPP运行中一些"实质由政府兜底"的项目,也予以监管,管理精细化程度在不断提升。

我们可以梳理一下43号文以来的政策思路,43号文是纲领性文件,强调剥离融资平台公司的政府融资职能,50号文强调违规担保及规范政府与社会资本方的合作行为,87号文规范的是政府购买行为,92号文规范PPP项目的入库执行标准(防止PPP项目异化成新的融资平台),192号文(国资委)规范国企参与PPP的行为(严格来讲,国企也属于广义财政的一部分)。这些文件里,自始至终都没有对于"资本开支"任何负面的论断,只对"债务"有要求,而且要求非常严格。

因此,我们也可以理解当前看似"矛盾"的政策内涵,其实遏制地方债务不是2017年以来才有的政策,它和地方政府发展经济、"做事"的矛盾一直都存在。只不过遏制债务之前在"政策精神"层面多一些,细则制度上少一些,在地方亟须加大资本开支提振经济时,往往也会出现松动,而现在既有指导精神也有细则,政策可执行性大大提高。对于发展建设的目标也完全没有放松,比如三大攻坚战中的"扶贫"与"环保"都涉及资本开支,"乡村振兴""公共服务公平"等要求也需要金融支持。总的来讲,对于地方政府可以说是"约束更多了,担子更重了"。

古代对于施政者的品评标准在三点——公、忠、能。公在于大公无私,廉洁自持;忠在于忠于职守,上令下达;能在于善于施政,为人所不能。这些标准在今天仍然适用,地方政府一方面要不打折扣地贯彻党中央的方针政策,对于扶贫、环保等涉及国计民生的建设任务要不打折扣地落实;另一方面也要严守债务底线,不断化解尤其不能创造新的风险。前者是忠的要求,后者是能的要求,两者在逻辑上并不矛盾。

(三) 92号文与192号文的新内容和对地方政府融资模式的潜在影响

财政部和国资委发布的文件,意在从地方政府和社会资本两个方面控制债务风险。PPP项目的本质是,对一定预期收益的项目,财政部拿出一部分资金吸引社会资本入股,利益共享、风险共担。目前的社会资本主要以央企为主,国资委为避免央企承担过多的债务风险,发布了192号文,限制央企参与PPP的经营风险。

PPP项目之所以会带来债务风险,主要在于以少量的资本撬动大规模投资。在实际中,PPP一般会涉及两层杠杆(见图7-1)。第一层杠杆是项目的杠杆,在项目投资中,以少量资本投资(一般在30%左右)撬动信贷。根据《国务院关于调整和完善固定资产投资项目资本金制度的通知》(国发〔2015〕51号),各类固定资产投资有最低的项目资本金比例要求为20%—40%不等。比如,城市轨道交通、铁路和公路项目、保障性住房和普通商品住房为20%,港口、机场等为25%,煤炭为30%,钢铁、电解铝项目为40%。在目前落地的PPP项目中,资本金出资比例平均在30%左右。第二层杠杆是项目公司资本金的杠杆,财政部规定社会资本可以独自或者与政府共同成立特别目的公司进行公司建设和运营合作项目。但在实际中,一般也会引入金融机构参与项目公司股权投入,银行等金融机构一般会约定固定收益回报或者以"对项目公司的股东借款"形式出现,形成第二层杠杆。即金融机构参与项目公司股权投资,但不承担股权风险,社会资本以少量资金进入后撬动了金融机构股权投资。

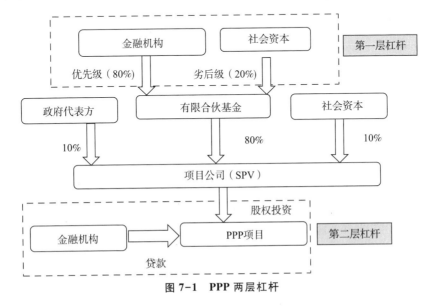

图7-1 PPP两层杠杆

1. 92号文：财政部下发，严控地方政府债务风险

92号文的出台旨在"规范PPP项目运作"，从严格新项目入库标准和集中清理已入库项目两个方面展开。正如前文所述，入库对于PPP项目尤其是政府付费类项目的开展至关重要。项目没有进入财政部综合信息平台，原则上不得安排公共预算资金的支付，这对于很多项目尤其是政府付费类项目非常重要。此外，入库也是金融机构判断PPP项目的投资标准之一。

（1）严格新入库标准。在新入库项目标准方面，财政部强调对新申请纳入项目管理库的项目进行严格把关，优先支持存量项目，审慎开展政府付费类项目，其中不适宜采用PPP模式实施、前期准备工作不到位、未建立按效付费机制的项目不得入库。

财政部对新入库项目的规定有两个方面值得注意，一方面，强调审慎开展政府付费类项目。从过去实际执行的数据来看，政府付费类项目是最容易落地，也是各地最容易做的项目。截至本文完成时，落地的PPP项目中有33%为政府付费类，52%为可行性缺口补助类，另外15%为使用者付费。从入库来看，政府付费类项目占入库项目的比例不断上升，从2016年9月的26%快速上升至2017年9月的54%，而使用者付费类占比从50%降至29%。不过，政府付费类项目的过多开展必然会加大当地政府的债务负担。

从项目类型来看，市政工程、交通运输、生态建设和环境保护等行业的PPP项目主要由政府负责提供，因此在回报机制上以政府付费类为主。具体来看，生态建设和保障性安居工程中政府付费机制占比最多，占比均在40%以上，其中保障性安居工程项目类型多为棚户区改造，收益来源较少，需要政府付费。而对于能源、农业、医疗、养老、旅游等项目，使用者付费占比较高，主要在于项目本身能够产生不少收益，如景区旅游开发项目可以依赖旅游景区的门票及周边收入，项目收益较为客观。此次92号文强调要审慎开展政府类付费项目，接下来政府付费类项目的入库难度将会加大，甚至无法入库，这将会影响PPP项目的发展，尤其是对生态建设、保障性安居工程、城镇综合开发等政府付费占比较高的项目可能产生负面影响；同时，更多的项目可能转为可行性缺口补助类型，为纯公益性项目增加部分商业经营内容。

另一方面，此次财政部文件对建立绩效付费机制进行了较为明确的定义，强调建设成本要进行绩效考核，并且实际支出与绩效考核结果挂钩部分占比至少要达到30%。30%的绩效挂钩在此前的文件中并未出现，这是首次以政策文件形式明确建设成本与绩效挂钩，并明确规定挂钩比例；但是已经入库的项目目前尚未有这条要求。

（2）清理已入库项目。财政部指出各级财政部门应组织开展项目管理库入库项目集中清理工作，全面核实项目信息及实施方案、物有所值评价报告、财政承受能力论证报告、采购文件、PPP项目合同等重要文件资料。以下五种类型的项目需要清退:未按规定开展"两个论证"、不宜继续采用PPP模式实施、不符合规范运作要求、构成违法违规举债担保、未按规定进行信息公开。

一方面,92号文指出,尚未进入采购阶段但所属本级政府当前及以后年度财政承受能力已超过10%上限的,应该清理退库。如我们上文所描述的,目前落地的大部分项目,都涉及财政支出(包括政府付费和可行性缺口补助),这将导致未来10年财政压力的大幅增加。而从目前财政部的态度来看,10%的监管红线很难突破。PPP项目的财政支出主要包括项目的资本金投入、政府付费和可行性缺口性补贴中列入本地财政年度预算和中长期财政规划的部分。财政部在对十二届全国人大五次会议第2587号建议的答复中曾明确说,10%的红线是经过反复论证最终确定的"上限",我们预计这一比例短期内不会动摇。

另一方面,财政部也指出10%的"上限"控制的仅是需要从一般公共预算中安排的支出责任,并不包括政府从其他基金预算或以土地、无形资产等投入的部分。所以,虽然此次92号文再次强调了10%的红线,但能否对地方政府形成明确的约束,仍值得商榷。如江苏省此前披露全省已落地PPP项目共有财政支出责任3 162亿元,平均年支出责任为328亿元,其中,来自一般预算支出102.5亿元,来自政府性基金预算支出225.5亿元,政府性基金预算支出占比更大。未来,地方政府未达到10%的红线规定,是否会选择安排更多的政府性基金预算支出,或者以土地、无形资产等出资,仍值得关注。

2017年以来退库行为明显增加。退库原因包括项目不再采用PPP模式、项目停止和项目整合。从92号文要求来看,各省级财政部门应于2018年3月31日前完成本地区项目管理库集中清理工作,并将清理工作完成情况报财政部金融司备案。

2. 192号文:国资委下发,严控央企债务风险

总结来看,192号文的规定主要包括:强化集团管控,明确集团对PPP业务管控的主体责任和各级子企业的具体管理责任;严格准入条件,提高项目质量,严控非主业领域PPP项目投资;严格规模控制,防止推高债务风险,累计对PPP项目的净投资原则上不得超过上一年度集团合并净资产的50%,资产负债率高于85%或近两年连续亏损的子企业不得单独投资PPP项目;实现风险共担,不得引入"名股实债"类股权资金或购买劣后级份额等方式承担本应由其他方承担的风险、不得为其他方股权方出资提供担保、承诺收益等;规范会计核算,准确反映PPP业务状况;严肃责任追究,防范违规经营投资行为;按照实质重于形式的原则决定是否需要并表。

(1)未来社会资本或需要并表,资产负债表压力较大。当前PPP项目社会资本方的参与主体以央企、大型国企为主,如中国建筑、中国铁建、中国交建等,

它们主要受国有资产监督管理机构考核,在考核体系中,企业债务风险是考核的重要指标,而PPP单个项目规模较大,如果并表,会造成资产负债率的增加,这导致不少大型国企既要积极参与项目建设,又有PPP项目公司资产不并表的现实需求。

在PPP项目中,社会资本方参与了PPP项目的前期工作、建设、运营、移交等整个流程,对PPP项目具有实际上的控制权,理论上是最应该并表的股东。但实际操作中,社会资本方为了出表,往往会选择引入战略投资者共同参与PPP项目。战略投资者一般以金融机构为主,包括但不限于信托、券商资管、资管计划、银行理财等类型,它们和社会资本共同组成有限合伙基金。有限合伙基金一般采用结构化设计,金融机构充当优先级,按照合同约定获取固定回报,社会资本充当劣后级。从股权控制来看,战略投资者往往占大头,对PPP项目公司具有名义上的控制权,社会资本和地方政府对PPP项目的股权比例相对较低,最终PPP项目进入战略投资者的资产负债表中。但国资委新发的192号文指出,社会资本方应该按照"实质重于形式"原则,综合判断对PPP项目的控制程度,规范界定合并范围。如果按照"实质重于形式"的原则,PPP项目将需要并入社会资本方的表中,考虑到PPP项目金额一般较大,在目前主要央企资产负债率已经偏高的背景下,此举将会降低央企参与PPP项目的热情。

此外,在实际PPP项目融资中,部分项目没有进入财政预算安排,预期现金流保障度低,金融机构参与度不高,往往会要求社会资本提供各种增信和担保措施,而这也是在192号文被禁止的。未来,央企参与PPP项目,要么并表;要么仅作为施工方参与,不控股项目公司,通过结构化设计出表的模式或较难实现。

(2)部分回报率偏低的项目或难以开展。根据192号文的规定,回报水平合理设定是PPP投资财务管控指标,投资回报率原则上不应低于本企业相同或相近期限债务融资成本,严禁开展不具备经济性的项目。近几年,随着PPP项目竞争的激烈,PPP项目投资回报率也有了明显的下降,其中以市政公用和交通运输类项目投资回报率最低。

目前我国PPP项目采用公开招标、邀请招标、竞争性谈判、单一来源采购等方式,实际上PPP项目招标多数采用无底价的最低价中标方式。这种方式导致企业间恶性竞争,部分企业采取故意压低报价甚至低于成本报价的方式,来增加中标机会,获得建筑利润。这也压低了社会资本的回报率,如此前出现过2%左右的回报率报价,这样低的回报率不仅不能满足资本的要求,也无法保证项目的建设质量。

(3)主要央企未来可投资空间受限。192号文指出要对PPP业务实行总量管控,"累计对PPP项目的净投资(直接或间接投入的股权和债权资金、由企业提供担保或增信的其他资金之和,减去企业通过分红、转让等收回的资金)原则上不得超过上一年度集团合并净资产的50%"。50%的红线限制了央企可投资PPP项目的上限,根据八大主要央企(中国建筑、中国铁建、中国中铁、中国交建、中国电建、中国能建、中国中冶、中国化学)的资产负债表,2017年6月末八家央企净资产合计1.12万亿元,可知八大央企对PPP项目的净投资规模上限在5 600亿元。按照项目资金来源,资本金占比为30%,而社会资本在资本金中占比30%计算,可知八大央企合计对PPP的净投资规模在6万亿元左右。目前大部分PPP刚进入运营期,分红、转让等收回的资金规模较小,能带来的净投资抵扣量小。根据明树数据统计,目前八大央企累计中标PPP规模在3.5万亿元左右,计算可知八大央企剩余可投资规模在2.5万亿元左右,量级小于前期已投资规模。

3. 发改投资〔2017〕2059号文:鼓励民营资本进入PPP领域

目前参与PPP项目的企业类型以央企为主(包括央企下属公司),民营企业整体占比较低,且呈现不断下滑的趋势。民营企业参与程度低主要有两方面原因:第一,资本金融资能力弱。资本金融资能力是社会资本在PPP市场上持续投资的重要保障,对于每个PPP项目,可能都需要成立项目公司,都需要社会资本注入资本金。央企一般实体规模较多,融资能力强,而地方国企也不断获得增资支持,在PPP市场上竞争力增强。第二,投资期限较长而回报率偏低。PPP项目的投资期限通常都超过10年,且随着竞争的加剧,回报率较前期有明显降低,民营企业从项目层级来看,其参与也主要集中在县级和区级,省级和市级一般更愿意与中央和地方国有企业合作。此次国家发展改革委发布的文件也主要意在鼓励民营企业更多参与PPP项目,调动民营企业参与地方基础建设的热情。

总之,财政部和国资委发布的两份文件分别对地方政府和央企开展PPP进行了限制,而国家发展改革委的文件鼓励民营企业参与PPP。未来我们可能会看到:第一,政府付费类项目受限,更多的项目采用可行性缺口补助或者使用者付费的回报模式。第二,央企作为社会资本方参与PPP受限,未来更多的可能仅作为施工企业参与项目建设;但地方国有企业在PPP中扮演的角色的重要性可能逐步上升,地方国有企业与地方政府关系也较为密切,且目前不受任何政策限制,未来在PPP市场中占比可能上升。第三,民企可能更多地参与PPP项目建设。

(四) 监管和地方政府可能的应对之策

针对日趋紧张的监管政策,地方政府的应对之策可能在以下几个方面:

第一,因为87号文限制政府购买而转而寻求PPP作为资本开支来源的地区,尤其是东部地区,在资本金注入的空间更大,一方面,这些区域的财政收入更有保障;另一方面,其所能控制的资产和资源作为"对价"的能力更强(如专利权、土地使用权之类)。政府可以用这些国有资产或者是政府性基金中的收入作为资本金参与 PPP 项目,这些都将使得 10% 红线的约束力下降。

第二,对于政府付费和可行性缺口补助项目,可能也有一些腾挪的余地,比如一些现金的支付义务可以通过其他方式来履行,如一些河道清淤、治理的项目,可以用沿河商铺的开发权予以补贴。这在原则上属于两件事,但是通过 PPP 方式增加互信、加强合作本身也是在公共建设领域引入社会资本的应有之义,也是很多企业参与 PPP 的初衷,只要程序上合法合规,采用这种模式也无可厚非。事实上,即使是自身有收益的项目,项目之外的资源支持也是存在的,比如南京地铁项目,在下车和出站之间就规划设计了很多商铺。

面对纯政府付费的项目监管可能趋严的问题,地方政府可能会考虑尽量增加一些收入来源,比如在市区建立绿地或者公园这种依靠政府付费的项目时,设置一些饭馆、报刊亭,以创造一些收入,减轻政府支付压力甚至将其变为收益型项目,以避免"未建立按效付费机制"等监管要求下的入库障碍。

地方政府也可能对于资质较好、收益比较有保证的项目给予更加积极的态度和更多的支持,一般 PPP 项目实际上都是社会资本发起,由社会资本计划项目,然后走流程让"政府与社会资本合作中心"发起。名义上是政府发起的,但大多数都是社会资本发起,但审批和流程控制是在政府手里。一个方案(实施方案)有两个报告(财政承受能力评估报告、物有所值评估报告)和四项审批(规划、发改、土地、环评),缺一个,项目都无法完成。另外政府资源可能体现在非经济领域,比如协调居民征地拆迁。如果政府不出面,社会资本和居民谈判,推进难度很大。再比如,一个地下综合管廊项目建了管廊,要有入廊企业才能有现金流,如果通信、供水、供热、供电的公司都不表态,项目就无法推进。如果政府牵头,各个公司表示支持并指定人员参与相关工作,项目进展就大大加快了,一句话,政府在 PPP 项目中投入的资源不仅是资本金,这一点,发达地区可以动用的资源肯定多于欠发达地区,而投入资源的多寡取决于其对 PPP 项目的重视程度。我们认为,在 87 号文之后,地方政府对 PPP 的重视程度肯定会大大提升。

我们认为监管部门可能也需要考虑如何能够切实提高 PPP 项目的吸引力,目前尚有不少改善的空间,比如税负问题,目前金融机构和社会资本投资 PPP 都搭建了结构化的设计,涉及层层征税的问题,税收负担较传统模式高很多。项目公司首先要交 25% 的所得税,比如项目公司拿到 8% 的收益,交完所得税后分给投资人的只有 6%,此外还有增值税等其他税费,算下来银行利润较低,且这个过程也涉及重复征税的问题。

（五）对 2018 年的广义财政的展望①

综合上述分析，我们认为 92 号文和 192 号文就如同在一个飞速运转的车轮下面撒沙子，结果可能是 PPP 入库项目"增速减缓，质量提升"，PPP 落地流程变慢，但之后的落地率有可能提高，毕竟 PPP 是在监管"规范地方财政"的大背景上留的一个口子，这个口子本身再"扎紧"的概率比较低。但是我们同时认为从广义财政的角度，收缩的信号是比较明确的。但与以往周期的区别在于，本次财政收紧更多的是从系统性风险层面出发，监管部门的诉求是"控制地方风险"，对于资本开支本身没有"负面意见"。从十九大报告来看，中央对地方政府压的担子依旧不少，这可能迫使地方政府开拓新的资金来源。

我们认为 2018 年的地方债的新增量可能一定程度上超出市场的预期，但是我们认为非标和贷款将出现回落。另外贷款方面，我们认为如果从银行给三个基建行业的贷款来看，回落可能不会很明显，但是我们认为相当一部分支持基建的贷款是企业中长期贷款（2017 年近 7 万亿元），因为城投平台的注册类型复杂，在统计上未必会归属于基建行业，但我们认为 2017 年相当一部分是此类贷款。这一块受到 87 号文影响，我们认为在 2018 年回落会比较明显，棚改和扶贫可能是"对冲"，但是棚改从 2017 年的规划上看是减量的，从我们调研的情况看，2018 年的项目开发难度或将高于 2017 年，因此棚改对于贷款的支撑力度可能相对有限。

综上，我们认为 2018 年的广义财政将是一个收缩的过程。

二、棚户区改造与 PPP 项目建设中的债务博弈

PPP 项目建设是我国基础设施投资领域的重要组成部分，截至 2018 年 5 月 31 日，我国 PPP 入库项目为 7 606 个，项目总金额为 11.69 万亿元。国务院推出近 6 万亿元的棚户区改造，对经济民生的影响巨大。这两项工作的实际推进过程中，出现了中央和地方政府的债务博弈，引起了社会各界的关注。对这一问题进行分析有较强的现实意义。

要深入分析棚户区改造与 PPP 项目建设中的债务博弈问题，就需要理解问题产生的内在逻辑。本部分试图通过回顾我国城镇化进程，阐述地方政府形成债务与高杠杆负债的逻辑，进而通过对国务院、财政部系列文件的梳理，说明中央政府搭建地方债务管理体系的思路。在清晰阐述中央和地方政府的逻辑后，介绍棚户区改造与 PPP 项目建设融资中的债务博弈。

---

① 本小节完成于 2017 年 12 月 16 日，故此处表述为当时观点。

（一）地方政府形成债务与高杠杆负债的逻辑

我国社会逐步由以农业为主的传统乡村型社会向以工业（第二产业）和服务业（第三产业）等非农产业为主的现代城市型社会转变。在这一转型过程中，居民由分散居住向大中型城市集中，居民生产和生活的土地及地域空间发生显著变化。

居民从原居住地向新居住地迁移意味着新居住地需要向新增人口大量提供居住用房，满足这一需求的过程造就了我国繁荣的住房供应市场。居住地的改变不仅意味着需要提供住房，还意味着需要配套提供大量的医院、学校、城市间轨道交通网、机场、公路网、污水处理厂、电站、自来水厂及规模巨大的地下管网系统等基础设施。这一需求满足的过程就是我国 20 年来基础设施投资飞速增长的过程。

新建住房和新建基础设施是一项无比困难、复杂的任务。完成这一任务的实施主体不仅需要筹措天量的启动资金、克服资金回收期长导致的现金流期限错配等经济范畴的问题，还需要解决变迁过程中的土地拆迁纠纷、利益再分配导致的群体性事件、环境的破坏与保护等复杂的社会问题。这就需要实施主体既要有强大的资金筹措能力，又要有强大的社会协调能力。由于我国社会之前 20 年既缺乏私营经济体，又缺乏民间社会组织，地方政府成为能完成这一任务的唯一主体。

由于基础设施建设项目的前期投入资金量大、资金回收期长的特点，其筹资与偿债现金流存在天然的期限错配。地方政府为筹措前期项目资金、克服存量项目期限错配，私营经济体为提高资本回报率，两者在提高资金杠杆率方面达成了一致。高杠杆经营成为地方政府完成城镇化建设任务的必然选择。

中央政府既需要地方政府及私营经济体"干活"——继续推进新建住房和新建基础设施的任务，又要防止"出事"——抑制地方政府及私营经济体提高资金杠杆率引发的经济波动，还要引导私营经济体更多地承担其不愿意承担的新建基础设施的任务。这是我国国务院、财政部提出控制政府债务规模（政府债务去杠杆）、2018—2020 年三年棚户区改造规划和财政部出台 PPP 系列文件的基本逻辑。由于地方政府、私营经济体和中央政府的行动逻辑不同，在实际执行层面形成了较为激烈的博弈。

（二）中央政府搭建地方债务管理体系的思路

政府债务问题是伴随城镇化过程而逐步产生的，政府债务管理体系的搭建也是按照市场自发形成存量债务、中央政府在实际情况基础上建章立制予以规范的思路进行的。

国务院和财政部基本上是按照普查摸清债务存量→区分债务类型→划定合理的政府债务范围→合理债务进行规范化、不合理债务风险自担→不合理债务风险暴露(地方政府违规处罚、私营经济体投资损失)→形成有实质约束力的债务控制体系的思路进行的。

《国务院关于加强地方政府融资平台公司管理有关问题的通知》(国发〔2010〕19号),率先提出了地方政府债务的分类标准,将平台公司债务划分为公益性由财政资金偿还、公益性不由财政资金偿还和非公益性三类项目,并提出了区别对待的集中处理意见,提出了坚决制止地方政府违规担保行为的要求。这一文件体现了政府债务分类管理的政策意图。

2013年,借助全国性政府债务审计工作(2013年全国政府性债务审计结果——国家审计署2013年第32号公告),国务院初步摸清了全国范围内的政府债务,并将政府债务划分为政府负有直接偿还责任(20.69万亿元)、政府负有担保责任(2.90万亿元)和政府承担一定救助责任(6.65万亿元)三类债务。

2014年我国在统计结果的基础上修订了《中华人民共和国预算法》,在此基础上明确了政府购买服务的概念,国务院于同年发布了《国务院关于创新重点领域投融资机制鼓励社会投资的指导意见》(国发〔2014〕60号),财政部于同年发布了《财政部关于推广运用政府和社会资本合作模式有关问题的通知》(财金〔2014〕76号)及《关于印发政府和社会资本合作模式操作指南(试行)的通知》(财金〔2014〕113号),这些文件共同初步构成了私营经济体参与基础设施建设的基础制度体系。财政部随后发布了《政府和社会资本合作项目财政承受能力论证指引》(财金〔2015〕21号)和《PPP物有所值评价指引(试行)》(财金〔2015〕167号)文件,构成了PPP项目操作执行层面的文件体系。在这一层面的文件中,财政部明确了PPP项目总支出不得超过当年一般公共预算支出10%的限制并明确了具体的操作办法。

与此同时,国务院通过《国务院关于加强地方政府性债务管理的意见》(国发〔2014〕43号)文件,对地方政府债务进行了系统性规范。这一文件是地方政府债务管理的纲领性文件。文件明确指定财政部作为地方政府性债务的归口管理部门,确认了2013年以前形成的政府债务大部分纳入预算管理,对地方政府债务实行规模控制,确定了一般债务收支纳入公共预算管理,专项债务收支纳入政府性基金预算管理的债务管理原则。

财政部随后出台了《地方政府存量债务纳入预算管理清理甄别办法》(财预〔2014〕351号)承继国务院"抓紧将存量债务纳入预算管理"的要求,出台《关于对地方政府债务实行限额管理的实施意见》(财预〔2015〕225号)承继国务院"对地方政府债务实行规模控制"的要求,出台《地方政府专项债券发行管理暂行办法》(财库〔2015〕83号)承继国务院"专项债务收支纳入政府性基金预算管理"的要求。财政部 2017 年《地方政府土地储备专项债券管理办法（试行）》（财预〔2017〕62 号）和 2018 年《试点发行地方政府棚户区改造专项债券管理办法》（财预〔2018〕28 号）及其他专项债券的发行（如收费公路债、铁路债等）都是对专项债务收支纳入政府性基金预算管理这一指导原则的体现。

至此中央政府基本完成了地方政府债务体系的搭建，即地方政府债务实行限额管理，2013 年以前的存量债务基本纳入预算管理，新发生的举债集中在省级平台。举债形式是发行地方债，一般公共预算支出的负债需求由一般性政府债券满足，以一般公共预算收入偿还，重大工程、项目形成的专项债务支出发行专项债，由对应的政府基金性收入偿还。财政部通过各省份的专员办公室在省级层面集中监控地方政府债务体系的运行情况。

在完成界定地方政府债务和担保的基础上，国务院和财政部配合金融监管机构密集发布禁止地方政府违规融资和担保的系列文件。2018 年出台的《关于规范金融企业对地方政府和国有企业投融资行为有关问题的通知》（财金〔2018〕23 号）是这一系列文件的代表之作。

地方政府为完成城镇化中基础设施建设的任务，所需资金远超政府债务限额。以 2018 年棚户区改造为例，2018 年全部地方政府专项债为 1.35 万亿元（包括土地储备、收费公路、轨道交通、棚户区改造等多种类型），而确定的棚改目标达到 500 万套，以一套 50 万元的金额进行保守测算，棚改的资金总规模达到 2.5 万亿元，远超过专项债券的总规模。由于资金饥渴，地方政府有强烈的在债务体系外获取资金的需求和尽可能多的将资金需求纳入债务体系的动机。这就是地方政府隐性债务和三四线城市棚改乱象的根源所在。

地方政府债务实际上分成了体系内债务（显性债务）和体系外债务（隐性债务）两类，如果隐性债务在总债务中占比较小，那么未来如果爆发一个规模可控的集中债务违约，在严厉追责和资金损失的双重作用下，我国的政府债务体系就有可能按照目前搭建的框架完善起来，形成有实质约束力的债务控制体系。如果隐性债务的规模过大（在总债务中占比较大），中央政府抽紧流动性（去杠杆）的行动就可能造成系统性金融风险的爆发。如果地方政府找到途径将隐性债务转化为显性债务，中央政府就将不得不为这些债务负责，导致债务控制体系没有实质的约束力。

（三）棚户区改造与 PPP 项目建设融资中的债务博弈

1. 棚户区改造融资博弈

中央政府推进两个三年期棚改计划总计 3 200 万套的工作是想解决城镇化进程中的土地整理等问题，但是由于没有明确的、可量化的棚户区界定标准，具体操作均由地方政府把握，地方政府拥有很大的自主权。在财政部 2017 年为治理政府购买服务乱象出台 87 号文以后,地方政府以购买服务方式合规负债的其他渠道被封堵,只留下棚户区和易地扶贫搬迁两个口子。棚户区改造在很大程度上成为地方政府将不合规债务转化为合规债务的渠道。

比如,西部某省会城市 2016 年棚改投资仅为 60 亿元,2017 年暴增至 700 亿元,而 2018 年更是出台了 1 200 亿元的棚改投资计划。2017 年 12 月 9 日,中国人民银行研究局局长徐忠在"2017 国新论坛暨国新指数发布会"上表示:"很多地方政府将部分项目转为棚改项目和扶贫项目,在 PPP 支出额度中予以扣除,随意扩大棚改适用标准,将一般项目包装成棚改项目以及发起设立引导基金等形式,继续融资。"

《国务院关于进一步做好城镇棚户区和城乡危房改造及配套基础设施建设有关工作的意见》(国发〔2015〕37 号)中明确提出了市县政府可以将购买棚改服务资金逐年纳入财政预算,并按照协议要求向提供棚改服务的实施主体支付。这就为地方政府合规负债及将隐形债务转换为合规债务提供了出口。而 2015 年国家发展改革委为稳增长出台的专项建设基金为地方政府放大杠杆率提供了极为便利的条件。

专项建设基金可以为棚改提供项目资本金,而满足项目资本金要求后,棚改可以向金融机构申请项目贷款。以北京市为例,国家开发银行可以向专项建设基金提供 15% 的项目资本金,而北京市政府缴纳 5% 的资金后就可以配齐 20% 的项目资本金向金融机构申请棚改项目贷款,融资比例可以达到 80%。由于全部债务均可纳入政府预算,金融机构可以轻松地向由政府信用背书的棚改项目发放贷款。理论上,北京市政府可以用 5 亿元资金撬动 95 亿元资金,杠杆率高达 1∶20。而动辄 15—20 年的贷款期限,使得这些债务的偿还责任全部进入了地方政府的中长期财政规划,也就是说超过大多数现任决策者的任期甚至是生命周期。

2. PPP 项目建设融资博弈

PPP 政策中 10% 公共预算支出的约束虽然不硬,但是毕竟存在。这一渠道不太好用,但这是一个地方政府在其他合规渠道被封堵后的选择。地方政府产业基金与 PPP 项目贷款的组合使用可以达到与专项建设基金与棚改项目贷款组合使用相同的杠杆效果。尽管财政部于 2018 年 4 月 24 号出台了财金〔2018〕54 号文对分类项目进行了清理整顿,对包头市立体交通综合枢纽等项目进行了清退,对差额补足收益等形式的变相担保进行了限制,但是作为棚改纳预算被堵住之后的仅存的合规进行政府债务体系的途径,PPP 后续融资情况仍值得警惕。比如说 2018 年是《政府和社会资本合作项目财政承受能力论证指引》的修订之年,针对第二十五条"每一年度全部 PPP 项目需要从预算中安排的支出责任,占一般公共预算支出比例应当不超过 10%。省级财政部门可根据本地实际情况,因地制宜确定具体比例,并报财政部备案,同时对外公布",10%比例的限制就有很多不同的声音,较有代表性的是希望扩大一般公共预算支出范围,将政府性基金支持纳入预算支出的基数进行计算。这种观点乍一看是有道理的,因为按照《政府性基金管理暂行办法》规定,政府性基金预算支出是以收定支的,有收入支撑当然可以进行负债了。但是如前文所述,从政策逻辑方面讲,这不符合国发〔2014〕43号文"一般债务收支纳入一般公共预算管理,将专项债务收支纳入政府性基金预算管理"的政策框架;从实际操作层面讲,地方政府依靠卖地、公路、铁路收费取得的政府性基金收入这一现金流早已用于支撑专项土储债、棚改债等专项地方债务了,又怎么能再用于支撑PPP项目负债呢?因此,10%的公共预算支持限制不仅不能放松,反而需要进一步加强。

由于私营经济体取得较高资本回报的需求,其实际参与PPP项目的热情不高。在现阶段杠杆率不能提高、项目回收期长的约束下,如果能提高资金周转效率就有可能提高一部分项目的资本回报率,进而吸引一部分民营资本投入到基础设施建设中去。从这个角度看,推进PPP项目的资产证券化是具有实践意义的。

（四）结语

棚户区改造与PPP项目建设中的债务博弈问题实质上是我国社会在形成有效的政府负债管理体系这一过程中利益各方激烈博弈的体现。今天,这种博弈仍在以金融行业为代表的社会各层面激烈地进行着,并且可能会持续数年至数十年。作为博弈的最终结果,一个涵盖社会各阶层的政府负债管理体系将建立起来。这一制度安排形成的过程将深刻影响这一代人,而制度安排的结果也将深刻影响中国社会的未来。

限于笔者的水平,本部分仅对一些现象做了浅显的介绍,并针对现象做了肤浅的分析。引发读者对政府债务问题的兴趣、吸引高水平研究者做深入分析,是本书的写作目的。

三、PPP与政府购买服务：区别与融合

在中国的政策法律体系中,PPP与政府购买服务一度是平行世界里的两套制度。在PPP发展的过程中,政府购买服务横空介入基础设施投融资类项目,一度大大挤压了PPP的生存空间。随着87号文的拨乱反正,PPP与政府购买服务又各归各位,回到泾渭分明的状态。但是,回归到政府采购制度对服务的定义,PPP与政府购买服务之间的关系并没有从根本上厘清,《政府购买服务管理办法（征求意见稿）》解决了政府购买服务与PPP分离的问题,却没有解决

PPP与政府采购制度本身融合的问题。本部分梳理PPP与政府购买服务之间发生纠葛的内在逻辑,从底层逻辑上对二者关系进行再界定,进而对政府采购制度和PPP的发展提出建议。

(一) PPP与政府购买服务:如何纠缠不清

1. 政府购买服务:广义、狭义与第三含义

政府购买服务之所以被误用和滥用,一个重要的原因是政府购买服务在相关政策法律文件中,是一个"多义词"。

狭义上,政府购买服务的定义即《政府采购法》《政府采购法实施条例》《政府购买服务管理办法(征求意见稿)》(以下简称"征求意见稿")三者做出的规定——政府购买服务,是指把属于政府职责范围且适合通过市场化方式提供的服务事项,按照一定的方式和程序,交由符合条件的社会力量和事业单位承担,并由政府根据服务数量和质量及合同等约定向其支付费用的行为。政府购买服务包括购买直接受益对象为社会公众的公共服务,以及直接受益对象为政府自身的履职所需的辅助性服务,其中,政府购买履职所需的辅助性服务按照政府采购有关规定执行,政府购买的公共服务则主要通过未来的《政府购买服务管理办法》来规制。目前来看,狭义的政府购买服务与PPP是没有关系的,特别是征求意见稿中明确规定,服务与工程打包的项目、融资行为不得作为政府购买服务的内容。

广义上,政府购买服务等于狭义的政府购买服务加上PPP。例如,《关于推广和运用政府和社会资本合作模式有关问题的通知》(财金〔2014〕76号)中提到"PPP模式的实质是政府购买服务",这里采用的就是广义的政府购买服务的概念,这是因为PPP显然也是政府以市场化的方式为社会公众或自身履职购买的服务,只不过这种服务与狭义的政府购买服务相比,更加综合、复杂。广义的政府购买服务是一个极其重要的概念,PPP正是借助于这个概念,才成功套用了《政府采购法》的整套法律制度体系。规范PPP选择社会资本过程的《政府和社会资本合作项目政府采购管理办法》(财库〔2014〕215号)的上位法依据是《政府采购法》,而根据《政府采购法》,政府采购的对象只有三种——货物、服务和工程,PPP要纳入《政府采购法》的体系,必须要说清楚自己属于采购对象中的哪一种。显然,PPP不是货物;PPP中可能含有工程,但工程并不是PPP的核心;PPP的核心是运营服务,相比之下更接近服务,但这种服务并不是狭义上的公共服务,而是一种融合了投资、建设、维护、运营乃至经营的长期的、具有不确定性和开放性的服务。基于此,PPP适用于《政府采购法》的制度体系,但又有区别与传统政府采购的明确特征——PPP不是先有预算后采购,而是先通过财政承受能力论证远期财政有能力安排预算,然后进行采购。可见,《政府

采购法》体系中的"服务"是广义的服务，包含PPP与狭义的政府购买服务，二者均以《政府采购法》作为基础制度（一般法），二者自己的制度构成特别法，在与政府采购的一般法冲突时，适用相关的特别法，而在自身的特别法没有规定时，则应适用政府采购的一般法。与此同时，PPP和狭义的政府购买服务之间又有分明的界限——政府购买服务要求现有预算，因此不能用PPP的财承思维来运作政府购买服务；反过来，政府购买服务的相关规定也不能操作更复杂的PPP项目。

除了上述两层含义，PPP还有第三层含义，就是政府付费型的PPP。在2014—2016年的一些PPP政策文件里，很多时候将PPP划分为"特许经营"和"政府购买服务"两个类型，例如《关于深化投融资体制改革的意见》（中发〔2016〕18号）、《关于开展政府和社会资本合作的指导意见》（发改投资〔2014〕2724号）、《传统基础设施领域实施政府和社会资本合作项目工作导则》（发改投资〔2016〕2231号）。这里的政府购买服务指的是采用"政府付费"回报机制的PPP模式，主要适用于缺乏使用者付费基础的基础设施建设项目。

政府购买服务存在三重含义，就为后来这一概念被误用和滥用埋下了伏笔。

2. 政府购买服务：介入PPP的前因后果

随着PPP逐步成为地方政府进行基础设施和公共服务项目投融资的主要工具，实践中开始有一些金融机构和地方政府希望能够绕开PPP的监管规定、钻监管的空子。PPP有四大监管红线，让地方政府、社会资本和金融机构无法随心所欲地推动项目：一是预算管理方面，不能超过10%的财政承受能力限制；二是社会资本方面，不允许地方政府融资平台作为社会资本；三是竞争程序方面，公开招标、竞争性磋商是主要的选择社会资本手段，单一来源采购操作的空间极小；四是合作期限方面，财政部原则上要求项目合作期限不能低于十年，企业没办法像以往做BT那样快进快出。

为了绕开PPP的四条监管红线，一些主体将狭义的政府购买服务的概念，嫁接到广义的政府购买服务和政府付费型PPP上，移花接木规避PPP。具体有四种动机：

（1）为了将合同授予地方政府平台公司。传统的金融机构政信业务高度依赖于政府及其机构的信用。在PPP模式下，政府无法将PPP合同授予自己的平台公司，但借助政府购买服务模式，政府则不再受此限制。如此一来，政府与平台公司签订政府购买服务合同，平台以此合同带来的收益权向银行质押获得贷款，政府、平台公司和偏好政府信用的金融机构三方取得共赢，然而政府债务风险则在暗中累积。

（2）为了规避10%财承红线。一些地方的财政承受能力告急，就通过政府购买服务规避PPP下严格的财承论证程序。

（3）为了规避竞争。政府采购服务的程序相对《政府采购法》的一般规定和PPP选择社会资本的特别规定，要更为灵活和简便。为了促进事业单位改革，政府购买服务给予单一来源采购方式更加灵活的适用空间，以帮助事业单位能够度过市场化转制的早期阶段。借助单一来源采购，大量原本应该进行竞争的项目逃避了招标采购的程序。

（4）为了缩短合同期限。原则上，政府购买服务合同不能超过财政中期规划的时间，即不得超过3年。但是大量的政府购买服务合同用于政府投融资领域的时候突破了3年的限制，但依然能够低于PPP的合同期限要求，帮助社会资本方实现快速回款的目的。

在这种情况下，2016年开始，"政府购买服务合同"开始泛滥于本应采用PPP的基础设施和公共服务投融资领域，大量的合同绕开PPP的监管，以狭义的政府购买服务合同的政策文件为依据，即《政府购买服务管理办法（暂行）》（财综〔2014〕96号），构建政府和企业之间的交易关系，进而获取金融机构贷款，造成基础设施投融资领域的监管失灵。短短两年间，政府采购服务合同的金额达到了7万亿—8万亿元，而同期落地的PPP尚不到2万亿元，大量的政府隐形债务在暗处积累。

3. PPP与政府购买服务：如何泾渭分明——87号文拨乱反正

2017年，财政部颁布87号文紧急叫停政府购买服务在基础设施投融资领域的误用。

根据87号文，政府购买服务必须符合预算管理、期限管理、内容管理三个方面的要求。在预算管理方面，政府购买服务所需资金应当在年度预算和中期财政规划中据实足额安排；相应的，在期限管理方面，政府购买服务期限应严格限定在年度预算和中期财政规划期限内。

在内容管理方面，应严格按照《政府采购法》确定的服务范围实施政府购买服务，不得将原材料、燃料、设备、产品等货物，以及建筑物和构筑物的新建、改建、扩建及其相关的装修、拆除、修缮等建设工程作为政府购买服务项目。严禁将铁路、公路、机场、通信、水电煤气，以及教育、科技、医疗卫生、文化、体育等领域的基础设施建设，储备土地前期开发，农田水利等建设工程作为政府购买服务项目。严禁将建设工程与服务打包作为政府购买服务项目。严禁将金融机构、融资租赁公司等非金融机构提供的融资行为纳入政府购买服务范围。

在政府采购法律体系里面，87号文的意义不在于创设新的规则，而是对于原有规则秩序的重申。因此，对于违规的政府购买服务的整改不存在以87号文为界前后划断的问题。在操作层面上，对于涉及建设和融资的"政府购买服务合同",以平台公司为服务提供主体的、规避招标的,均没有整改的余地,只能彻底推翻重来;对于其他方面合规,但项目期限过短的项目,能否通过直接的再谈判调整项目期限,存在争论;对于项目前期财政承受能力报告缺失,但后期能通过财政承受能力论证的项目,政府方补办相关程序之后,可以治愈项目的瑕疵,转为合规项目。

4.《政府购买服务管理办法(征求意见稿)》夯实基础

2018年6月26日,财政部发布《政府购买服务管理办法(征求意见稿)》(以下简称"征求意见稿"),通过之后,其将取代财综〔2014〕96号文,成为政府购买服务的关键性文件。征求意见稿在处理PPP与政府购买服务的关系上,承继了87号文的整体思路,在措辞上更加明确地强调《政府采购法》中的服务与工程打包的项目及融资行为不得作为政府购买服务的内容。

相比87号文,征求意见稿对政府购买服务的体系进行了系统化的构建,从谁来买(购买主体)、买谁的(承接主体)、买什么(购买内容)、用什么来买(预算管理)、怎么买(承接主体确定方式)、怎么付费(履约管理、绩效管理)等方面对政府购买服务制度进行了全方位完善,大大夯实了政府购买服务制度的基础,为政府购买服务改革的进一步深化,采购方式和采购技术的进一步优化提供了基础性的制度保障。

(二) PPP与政府购买服务:问题并未解决

1. PPP与政府购买服务:真的泾渭分明吗

PPP与政府购买服务,看似已经回到了泾渭分明的理想状态,但由于仅在技术层面进行类型化处理,缺乏理论体系的支撑,在遇到界限模糊的项目时,还是容易出现争议。

例如,实务中有一类建营一体化项目(DBO或EPC+OM),在这类项目中,政府通过预算提供建设期的全部资金,同时也支付运营期内的运营费用,不需要企业方进行融资。政府的诉求在于,让项目的设计施工方与运营方是同一家企业,以提高项目的建设运营效率。对于这类项目,如果站在PPP的角度,那么作为广义的政府购买服务,可以使用《政府采购法》的相关规定选择社会资本;然而,如果项目的运营期较短(三年之内),属于工程加政府购买服务项目,那么站在政府购买服务制度的视角,这类打包就不能适用政府购买服务的规定,而应适用政府购买工程的规定。仅因为服务期限的不同,两个类似的项目就出现了完全不同的认定和处理方式,这说明制度之间的衔接尚欠缺火候。

2. PPP的尴尬:在《政府采购法》上尚无安身立命之所

政府购买服务制度在完善过程中,完全没有考虑PPP的采购制度与《政府采购法》的衔接。政府购买服务在撇清与PPP的关系的同时,PPP适用《政府采购法》的法理基础也在松动——PPP究竟是作为货物、工程、服务中的哪一种采购对象适用《政府采购法》？目前完全没有依据。

（三）PPP与政府购买服务：或许能够融合

这种尴尬局面迫使我们认真思考一个问题：PPP与狭义的政府购买服务之间，除了在技术操作层面有许多区分，在内在本质上究竟是否存在一定的共性基因，使得二者能够统一在一个共同的上位概念上，共同支撑起政府采购的"服务"这一采购对象。

首先，目前PPP与狭义的政府购买服务之间的区别主要体现在技术层面。例如，在最核心的先有预算后采购的指标上，如果我们认为政府与服务供应商之间也可以存在长期稳定的服务合同，那么将PPP规制中的财政承受能力论证制度引入狭义的政府购买服务，则先预算后采购、合同期限不能超过三年的问题就能迎刃而解。对于这类区别，我们认为这不是PPP与政府购买服务的本质上的区别，而是属于通过技术手段能够消除的区别。同理，当工程和服务打包在一起时，如果我们认为项目的重心在服务而非工程，那么政府购买服务也完全可以与PPP使用同一套制度来选择供应商。至于合同的乙方到底能不能是政府平台公司、能不能是政府性机构，这些都属于制度层面的技术性问题。

其次，狭义的政府购买服务和PPP之间有一些共性特征，这些特征共同区别于传统政府采购制度下的其他采购对象，包括：①购买内容的核心都是服务，相对于货物的采购，服务的供应与供应商自身的素质和能力关系更为密切；②都采用绩效付费、迟延付费的思路，而不是提前付费；③合同的延续性和供应的稳定性对于服务体验来说很重要。因此，PPP与狭义的政府购买服务是有可能统一到广义的政府购买服务这个上位概念来的，即以广义的政府购买服务对应《政府采购法》中的"服务"概念，从而为PPP在政府采购体系中的地位奠定基础。

最后，广义的政府购买服务在内部要形成自己的基本制度，为狭义的政府购买服务和PPP提供共性的原则与技术性支撑。一是要在合同订立阶段为服务采购提供更多可选择的采购方式，或是对现有采购方式的执行机制提供更多具有针对性的优化。二是要在合同履行阶段给服务合同的履行提供更多的灵活空间，以处理情势变更事宜、应对公共需求的变化。这在现有的政府采购法律制度中几乎是空白，这一空白对于传统的标准化货物采购来说并不是一个特别大的问题，但对于服务采购特别是非标准化服务采购来说，可能是一个严重的欠缺。随着制度的不断完善，我们或许能够在广义的政府购买服务制度之下见到一个矩阵性的制度群，在这个制度群中，一个建设维护类的PPP项目与一个系统维护类的政府购买服务项目可能分享一套基本的采购制度,一个运营类的 PPP 项目则与一个非营利性机构委托运营的政府购买服务项目分享一套基本的采购制度,一个经营类的 PPP 项目则有一套不同于其他服务类项目的采购制度和合同履约制度。事实上,这就是目前发达国家采购制度的现状,我国的政府采购制度在采购技术和合同管理方面还有很长的路要走。

综上,狭义的政府购买服务和 PPP 之间有可能找到共同的上位法概念,进而发展出一套区别与传统货物采购的更为灵活、高效、机动、开放的采购制度。届时,政府购买服务与 PPP 将能够反哺政府采购法律体系,在制度层面实现提升政府治理水平的目标。

四、地方政府债券与 PPP

(一)地方政府一般债券、专项债券和 PPP 项目的特点及其对比

地方政府债券,是指国家中有财政收入的地方政府、地方公共机构发行的债券,一般用于交通、通信、住宅、教育、医院和污水处理系统等地方性公共设施的建设。我国的地方政府债券,按资金用途和偿还资金来源分类,通常分为一般债券和专项债券两类。

地方政府一般债券是指省、自治区、直辖市政府(含经省级政府批准自办债券发行的计划单列市政府)为没有收益的公益性项目发行的、约定一定期限内主要以一般公共预算收入还本付息的政府债券。[①] 一般债券通常是地方政府为缓解资金紧张或经费不足问题而发行的,以本地区的财政收入作为担保。地方政府专项债券是指省、自治区、直辖市政府(含经省级政府批准自办债券发行的计划单列市政府)为有一定收益的公益性项目发行的、约定一定期限内以公益性项目对应的政府性基金或专项收入还本付息的政府债券。[②] 专项债券一般是为筹集资金建设某项具体工程而发行的债券,往往以专项政府基金或专项收入作为偿债保证。

2014 年起,PPP 模式开始在我国被大力推广,成为地方政府建设项目的新的运作方式。由于该模式鼓励社会资本参与公共项目的建设,节约了政府资金,因此广受各地方政府欢迎。

表 7-1 对地方政府一般债券、地方政府专项债券、PPP 项目的特点做了简单的比较。

---

① 《地方政府一般债券发行管理暂行办法》第二条。
② 同上。

表 7-1　地方政府一般债券、地方政府专项债券和 PPP 项目的对比

	地方政府一般债券	地方政府专项债券	PPP 项目
定义	地方政府一般债券是指省、自治区、直辖市政府(含经省级政府批准自办债券发行的计划单列市政府)为没有收益的公益性项目发行的、约定一定期限内主要以一般公共预算收入还本付息的政府债券	地方政府专项债券是指省、自治区、直辖市政府(含经省级政府批准自办债券发行的计划单列市政府)为有一定收益的公益性项目发行的、约定一定期限内以公益性项目对应的政府性基金或专项收入还本付息的政府债券	PPP（Public-Private Partnership）是指公共部门、营利性企业和非营利性组织等在某些公用事业项目的建设或运营中进行相互合作的一种制度安排
发起	省、自治区、直辖市依照国务院下达的限额举借的债务，列入本级预算调整方案，报本级人民代表大会常务委员会批准。债券资金收支列入一般公共预算管理	单只专项债券可以对应单一项目发行，也可以对应多个项目集合发行	PPP 项目可由政府或社会资本发起；政府发起 PPP 项目的，应当由行业主管部门提出项目建议，由县级以上人民政府授权的项目实施机构编制项目实施方案，提请同级财政部门开展物有所值评价和财政承受能力论证；社会资本发起 PPP 项目的，应当由社会资本向行业主管部门提交项目建议书，经行业主管部门审核同意后，由社会资本编制项目实施方案，由县级以上人民政府授权的项目实施机构提请同级财政部门开展物有所值评价和财政承受能力论证
期限	1年、3年、5年、7年、10年，单一期限债券的发行规模不得超过一般债券当年发行规模的 30%	1年、3年、5年、7年、10年,7年期和10年期债券的合计发行规模不得超过专项债券全年发行规模的 50%	不适用

(续表)

	地方政府一般债券	地方政府专项债券	PPP项目
发行和偿还主体	地方政府。具体发行工作由省级财政部门负责		社会资本可依法设立项目公司,政府可指定相关机构依法参股项目公司。项目融资由社会资本或项目公司负责
管理	一般债务①收入、安排的支出、还本付息、发行费用纳入一般公共预算管理	专项债务②收入、安排的支出、还本付息、发行费用纳入政府性基金预算管理	项目公司
偿债来源	一般债务本金通过一般公共预算收入(包含调入预算稳定调节基金和其他预算资金)、发行一般债券等偿还;一般债务利息通过一般公共预算收入(包含调入预算稳定调节基金和其他预算资金)等偿还,不得通过发行一般债券偿还	专项债务本金通过对应的政府性基金收入、专项收入、发行专项债券等偿还;专项债务利息通过对应的政府性基金收入、专项收入偿还,不得通过发行专项债券偿还;单只专项债券应当以单项政府性基金或专项收入为偿债来源;专项债务收支应当按照对应的政府性基金收入、专项收入实现项目收支平衡,不同政府性基金科目之间不得调剂	由融资主体负责
第三方论证		各地按照有关规定开展债券信用评级,择优选信用评级机构,与信用评级机构签署信用评级协议,明确双方权利和义务	项目实施机构可依法通过政府采购方式委托专家或第三方专业机构,编制项目物有所值评价报告。受托专家或第三方专业机构应独立、客观、科学地进行项目评价、论证,并对报告内容负责

---

① 一般债务包括地方政府一般债券、地方政府负有偿还责任的国际金融组织和外国政府贷款转贷债务(以下简称"外债转贷")、清理甄别认定的截至2014年12月31日非地方政府债券形式的存量一般债务。

② 专项债务包括地方政府专项债券、清理甄别认定的截至2014年12月31日非地方政府债券形式的存量专项债务。

（续表）

	地方政府一般债券	地方政府专项债券	PPP项目
披露	各地应及时披露一般债券基本信息、财政经济运行及债务情况等	各地应当按照有关规定及时披露专项债券基本信息、财政经济运行及相关债务情况、募投项目及对应的政府性基金或专项收入情况、风险揭示及对投资者做出购买决策有重大影响的其他信息。专项债券存续期内，各地应按有关规定持续披露募投项目情况、募集资金使用情况、对应的政府性基金或专项收入情况及可能影响专项债券偿还能力的重大事项等	在项目执行阶段，政府、社会资本或项目公司应依法公开披露项目相关信息，保障公众知情权，接受社会监督
利率	采用承销、招标等方式确定。采用承销或招标方式的，发行利率在承销或招标日前1—5个工作日相同待偿期记账式国债的平均收益率之上确定		PPP项目必须通过物有所值评价和财政承受能力论证。政府可以对社会资本方做出补贴，但不应担保收益
投资者	各地应积极扩大债券投资者范围，鼓励社会保险基金、住房公积金、企业年金、职业年金、保险公司等机构投资者和个人投资者在符合法律法规等相关规定的前提下投资债券		由政府通过竞争性方式采购的社会资本方，可以是单一来源
监管	财政部驻各地财政监察专员办事处加强对一般债券的监督检查，规范债券的发行、资金使用和偿还等行为		PPP项目采购活动的监督检查由各级人民政府财政部门负责。项目执行过程中，政府相关职能部门应根据国家相关法律法规对项目履行行政监管职责

（二）地方政府债券发展现状

2008年，为应对国际金融危机，我国推出了"四万亿投资"的一揽子刺激经济增长计划，受原《中华人民共和国预算法》（以下简称"原《预算法》"）限制地方政府直接举债和分税制导致的地方政府财权和事权不匹配,各地方政府纷纷通过成立和组建融资平台承担为地方政府筹措资金的功能,融资平台债务发行规模大幅增长。但是由于政府背书的存在和浓重的政府行政色彩,融资平台债务软预算约束特征明显,同时融资平台对融资成本不敏感,融资成本过高,且融资平台存在负债率过高、多头举债等不规范行为,导致地方政府债务状况不透明,风险不断积聚。在此背景下,国家多次出台政策规范地方政府的融资方式,并逐步探索以地方政府债券为主体的阳光、规范的融资机制。

从 2009 年开始,我国地方政府发债模式经历了"代发代还"、试点省份"自发代还"和"自发自还"三个阶段。2014 年之前,由于原《预算法》明确规定"除法律和国务院另有规定外,地方政府不得发行地方政府债券",同时地方政府通过融资平台等其他融资渠道进行融资受到的制度约束较小、灵活程度更高,导致地方政府债券这一重要的融资方式从发行数量到发行规模都相对有限。为建立规范的地方政府举债融资机制,预算法修正案于 2014 年 8 月 31 日通过,为地方政府自主发债提供了法律保障。2014 年 10 月 2 日,国务院办公厅发布了《国务院关于加强地方政府性债务管理的意见》(国发〔2014〕43 号,以下简称《意见》),《意见》指出"要建立借、用、还相统一的地方政府性债务管理机制;修明渠、堵暗道,赋予地方政府依法适度举债融资权限,加快建立规范的地方政府举债融资机制;对地方政府债务实行规模控制和预算管理"。《意见》出台后,地方政府融资行为被更加严格地约束,可使用的融资方式主要包括地方政府债券(含一般债券和专项债券)和 PPP 两大方式。地方政府债券成为以地方政府为发行主体的最为重要的融资方式,与 PPP 模式共同成为政府基础设施项目和公共服务项目融资的两大支柱。

从地方政府债券的适用范围来看,《意见》中明确"地方政府举债采取政府债券方式,没有收益的公益性事业发展确需政府举借一般债务的,由地方政府发行一般债券融资,有一定收益的公益性事业发展确需政府举借专项债务的,由地方政府通过发行专项债券融资"。同时《意见》中还规定"要把地方政府债务分门别类纳入全口径预算管理。地方政府要将一般债务收支纳入一般公共预算管理,将专项债务收支纳入政府性基金预算管理,将政府与社会资本合作项目中的财政补贴等支出按性质纳入相应政府预算管理"。地方政府需按举借债务的不同类型纳入相应的预算管理,偿债资金较为明确,与过去其他隐性政府性债务(城投债券、BT、银行贷款、信托等)相比,前述两种模式的偿债主体和偿债资金更加明确,债务偿还的保障程度也相应提升。2015 年,财政部又相继发布关于印发《地方政府一般债券发行管理暂行办法》的通知(财库

〔2015〕64号)和关于印发《地方政府专项债券发行管理暂行办法》的通知(财库〔2015〕83号),进一步明确和细化了地方政府一般债券和专项债券的发行管理相关规定,地方政府债券逐步成为地方政府公益性项目最主要的举债融资方式。

自2014年上海等10个地区启动地方政府债券"自发自还"试点以来,地方政府债券发行规模大幅增长,目前已成为债券市场的核心品种。地方政府债券的发行在防范和化解地方政府债务风险、深化财政与金融互动、稳增长、促改革、调结构、惠民生等方面发挥了积极作用。公开发行债券的方式有利于公开披露债务相关信息,有利于对地方政府债务进行监督和管理。从具体形式来看,一般债券主要解决一般公共预算内的必要建设资金,专项债券主要解决的是有一定收益的政府性基金或是专项收入的必要建设资金,分工明确、互为补充。

从统计数据来看,《意见》发布后,从2015年开始,地方政府债券发行数量和发行规模显著增长,发行数量从原来每年发行不足100只快速增长至每年发行超过1 000只,发行规模从每年不足5 000亿元增长至每年4万亿—6万亿元,2015年、2016年、2017年发行金额分别达到3.84万亿元、6.05万亿元和4.36万亿元(见图7-2)。

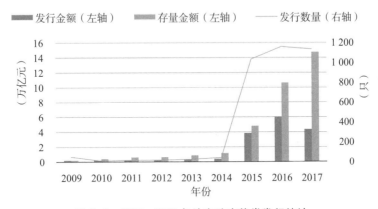

图7-2 2009—2017年地方政府债券发行统计

资料来源:Wind资讯。

各省、自治区、直辖市发行情况方面,发行规模与省、自治区、直辖市的经济发展规模较为相关,经济体量较大的东部沿海省、自治区、直辖市的发行规模较其他地区更大,如江苏、山东、浙江、广东等省份无论发行数量和发行规模都位居全国前列,而西部地区如青海、宁夏、西藏等发行规模则较为有限(见图7-3和图7-4)。

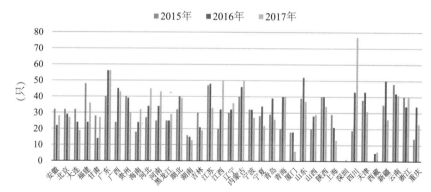

图 7-3 2015—2017 年各省、自治区、直辖市地方政府债券发行数量

资料来源：Wind 资讯。

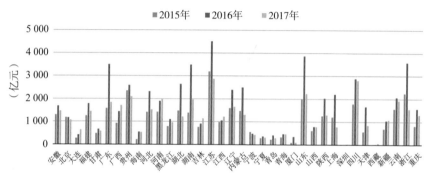

图 7-4 2015—2017 年各省、自治区、直辖市地方政府债券发行规模

资料来源：Wind 资讯。

发行结构方面，从 2015—2017 年①地方政府债券发行的结构上看（见表 7-2），发行数量上，专项债券的发行数量逐年上升，所占比例逐步超过一般债券发行数量所占比例。发行规模上，一般债券的发行规模仍然占据多数，但专项债券发行规模的比例也在逐渐上升。

专项债券中，目前财政部和相关部委及部分地方政府已经推出了四个细分品种，分别为：关于印发《地方政府土地储备专项债券管理办法（试行）》的通知（财预〔2017〕62 号）推出的土地储备专项债券；关于印发《地方政府收费公路专项债券管理办法（试行）》的通知（财预〔2017〕97 号）推出的收费公路专项债券；深圳市基于《关于试点发展项目收益与融资自求平衡的地方政府专项债券品种的通知》（财预〔2017〕89 号）进行试点发行的轨道交通专项债券；关于印发《试点发行地方政府棚户区改造专项债券管理办法》的通知（财预〔2018〕28 号）推出的棚户区改造专项债券。

---

① 2015 年之前的年份未对地方政府一般债券和专项债券进行区分。

表 7-2　2015—2017 年地方政府债券发行结构

年份	类别	发行数量		发行规模	
		数量(只)	占比(%)	数量(亿元)	占比(%)
2015	一般债券	647	62.51	28 606.92	74.59
	专项债券	388	37.49	9 743.70	25.41
	小计	1 035	100.00	38 350.62	100.00
2016	一般债券	662	57.12	35 339.84	58.45
	专项债券	497	42.88	25 118.56	41.55
	小计	1 159	100.00	60 458.40	100.00
2017	一般债券	483	42.59	23 619.35	54.20
	专项债券	651	57.41	19 961.59	45.80
	小计	1 134	100.00	43 580.94	100.00
合计		3 328		142 389.96	

资料来源:Wind 资讯。

各个专项债券细分品种推出后得到地方政府快速响应,2017 年细分品种发行数量和发行规模分别占当年全部专项债券的 42.40% 和 14.36%,其中以土地储备专项债券和收费公路专项债券两个品种为主(见表 7-3)。

表 7-3　2017 年地方政府专项债券细分品种发行情况①

细分品种	发行数量		发行规模	
	数量(只)	占全部专项债券比例(%)	数量(亿元)	占全部专项债券比例(%)
土地储备专项债券	251	38.56	2 406.98	12.06
收费公路专项债券	24	3.69	440.04	2.20
轨道交通专项债券	1	0.15	20.00	0.10
合计	276	42.40	2 867.02	14.36

资料来源:Wind 资讯。

不断丰富的地方政府专项债券发行品种重点围绕公共基础设施建设和公益性社会服务等民生领域,将有社会付费机制、资金循环链条、市场化运营能力的项目逐步纳入专项债券发行范围,一方面有效地缓解了地方政府民生项目建设和事业发展方面资金紧张的压力;另一方面也进一步强化了地方政府的风险

---

① 首单地方政府棚户区改造专项债券于 2018 年 6 月招标发行,因此该品种未纳入本表统计范围。

意识和责任,有效促进了地方政府债券管理水平和投融资能力的提高,提高了债券资金使用质量和效率,对推动我国经济长期稳定健康发展发挥了积极作用。

(三)地方政府债券与PPP的关系

从地方政府债券和PPP模式的关系来看,两者均充当了地方政府基础设施项目和公共服务项目融资的重要工具,在功能上具有一定的相似性,但在融资方式、具体操作层面和针对性等方面来看又存在一定差别,在相互替代的同时又存在互补的一面。下面将主要从两种融资方式的替代性和互补性两个方面分别作阐述和说明:

替代性方面。PPP模式的推广和使用为地方政府增加了一种新的基础设施项目和公共服务项目融资方式,改变了项目建设实施必须依靠自有资金或举债方式实现的传统模式,极大地克服了过往地方政府融资过度依赖于融资平台和发债的弊端。对于收费定价机制透明、有稳定现金流、社会效益较好的优质项目,地方政府可以根据财政资金承受能力的现实情况,选择PPP模式与社会资本展开合作,不仅能减轻项目建设运营全过程对地方政府财政资金的压力,也在引入社会资本方资金的同时吸纳了社会资本方的项目建设管理经验,同步提高了财政资金的使用效率和项目实施的社会效益。采取PPP模式有利于厘清政府债务与企业债务之间的界限,从根本上解决过去政府融资平台债务与政府债务之间界限模糊的问题。采取PPP模式成立的项目公司,其债务明确为企业债务,偿债资金来源为项目运营收益或者政府补贴。通过PPP模式可以替代通过政府融资平台和发行地方政府债券为公益性项目进行融资的传统模式,成为地方政府基础设施项目和公共服务项目融资的一种重要途径。因此,在一些对社会资本具有较强吸引力的优质项目的建设实施过程中,PPP模式的推广实际上为地方政府融资"工具箱"中增加了一件提质增效的新工具,部分替代了地方政府债券的功能。从统计数据上看,如图7-5和图7-6所示,以2015年为起点,各省、自治区、直辖市①地方政府债券发行规模与以GDP代表地方政府的经济实力和以一般公共预算收入代表地方政府综合财力的比值在2015—2017年总体上呈现先上升后下降的变化趋势,在一定程度上说明了随着PPP模式在地方政府基础设施项目和公共服务项目实施过程中的不断推广和应用,地方政府对于债券融资的依赖程度有所降低,两种融资方式之间存在一定的替代关系。

---

① 五个计划单列市的GDP和一般公共预算收入已从所属省份中扣除。

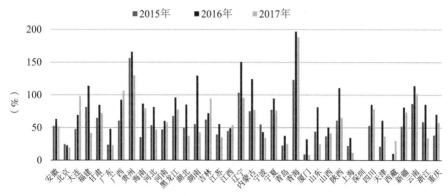

图 7-5　2015—2017 年各省份地方政府债券发行规模占一般公共预算收入的比重

资料来源：Wind 资讯、国家统计局网站、各省统计局网站。

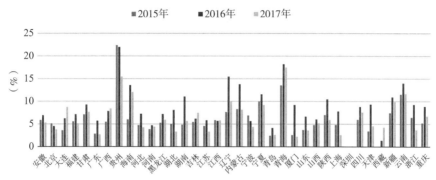

图 7-6　2015—2017 年各省份地方政府债券发行规模占 GDP 的比重

资料来源：Wind 资讯、国家统计局网站、各省统计局网站。

互补性方面。对于具有一定的盈利性和稳定现金流的优质项目，采用 PPP 模式具有天然的优势。但对于一些公益属性较强、盈利能力和稳定性都较弱的项目，采用 PPP 模式对社会资本方的吸引力有限，难以有效地吸纳社会资本加入，地方政府债券则是 PPP 模式的一种重要的互补的融资方式，能够在一定程度上解决这部分项目融资困难的问题。在发行规模方面，两种融资方式也不存在较强的联动性，根据近年来财政部发布的关于做好地方政府债券发行工作的意见和通知，地方政府债券（含一般债券和专项债券）的发行实施限额管理，省、自治区、直辖市政府发行的债券总规模不得超过当年本地区债券限额。根据《地方政府一般债务预算管理办法》和《地方政府专项债务预算管理办法》的规定，该限额由财政部在全国人民代表大会或其常务委员会批准的债务限额内，根据债务风险、财力状况等因素并统筹考虑国家调控政策、各地区公益性项目建设需求等，提出分地区债务限额及当年新增债务限额方案，报国务院批准后下达省级财政部门①。关于地方政府 PPP 的规模,现有规定主要从一般公共预算的角度进行了规范和限制。如财金〔2015〕57 号文中明确了每一年度全部 PPP 项目需要从预算中安排的支出责任,占一般公共预算支出比例应当不超过 10%。因此从发行规模上来看,对两种方式目前尚不存在刚性的关联和限制。总体上,从互补的角度来看,两者实际上是地方政府融资"工具箱"中具有一定互补功能的两种融资工具,各自解决各自的问题,共同服务于地方经济建设发展的目标。

五、PPP 与地方隐性债务风险防控

防范和化解地方债务风险是目前三大攻坚战确立的关键性目标之一,PPP 作为公共基础设施中的一种项目运作模式,究竟与地方债务和融资有着怎样的关联,其近年来跌宕起伏的实践背后又暴露出什么亟待解决的问题,未来如何促进 PPP 在公共领域的健康发展?从地方投融资体制的演变出发,结合地方融资平台的实践发展,本部分试图揭示并探讨 PPP 与地方债务的逻辑关联、现实问题和未来方向,进而提出促进 PPP 健康有序发展的相关建议。

(一)地方投融资体制演变中的"两次出表":PPP 成为重要一环

中国的地方债务和融资问题,与其经济增长结构和财政体制紧密相关,是并非孤立而且现实性很强的严峻课题。近年来热度不减的 PPP,实际上在这一过程和演变中扮演着重要角色。

1. 第一次"出表":地方基建从"财政报表"走向"平台报表"

回顾地方融资的脉络、渠道或工具的演变,有助于我们深刻认识 PPP 的定位和作用。从全球来看,举借债务是政府弥补预算赤字的重要手段之一,然而在很长一段时间里,中国的地方政府在法律层面并无独立的举债权,原《预算法》第二十八条规定:"地方各级预算按照量入为出、收支平衡的原则编制,不列赤字。除法律和国务院另有规定外,地方政府不得发行地方政府债券。"该条款为日后地方非正规的举债埋下了伏笔。

---

① 根据 2017 年 3 月印发的《新增地方政府债务限额分配管理暂行办法》第七条:"新增限额分配应当体现正向激励原则,财政实力强、举债空间大、债务风险低、债务管理绩效好的地区多安排,财政实力弱、举债空间小、债务风险高、债务管理绩效差的地区少安排或不安排。新增限额分配用公式表示为:某地区新增限额=(该地区财力×系数 1+该地区重大项目支出×系数 2)×该地区债务风险系数×波动系数+债务管理绩效因素调整+地方申请因素调整。系数 1 和系数 2 根据各地财力、重大项目支出及当年全国新增地方政府债务限额规模计算确定。用公式表示为:系数 1=(某年新增限额-某年新增限额中用于支持重大项目支出额度)/($\sum i$ 各地政府财力)。式中,i=省、自治区、直辖市、计划单列市;某地区政府财力=某地区一般公共预算财力+某地区政府性基金预算财力。系数 2=(某年新增债务限额中用于支持重大项目支出额度)÷($\sum i$ 各地重大项目支出额度)。式中,i=省、自治区、直辖市、计划单列市。"

与此同时,1994年分税制的实施,重新界定了中央和地方的财政关系,也使得地方政府财权和事权不匹配的矛盾愈加突出,不仅实际的赤字无法避免,而且地方在日常支出之外也无法获得充足的建设资金,这便是"土地财政"产生的最初动力。2006年新的政府收支分类改革,不再设置"基本建设支出"科目,基本上弱化了表内基建支出的规模。

地方基建第一次"出表",正是在此背景和体制下产生的(见图7-7)。2008年"四万亿计划"之后,中国经济在投资和进出口"双驾马车"的驱动下高速增长,城镇化的推进和GDP政绩观,刺激着地方在基建领域巨大的融资需求。房地产的高增长,加速了土地市场的"财政化",卖地生财成为众多地方政府法定收入之外的巨大财源。各地纷纷创设出"类企业化"的平台,承担投融资职能,这便是后来蓬勃发展的城投企业。

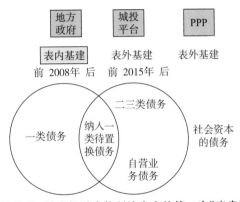

图7-7 地方投融资体制演变中的第一次"出表"

资料来源:作者整理。

这类企业主要承担了土地一级开发职能,协助地方实现土地财政;同时代建基础设施,拉动地方固定资产投资。地方为增强其融资能力,不断注入新的资产和土地,甚至国有股权,使得其业务日益多元化,模式越来越复杂,公益性和经营性的界限日益模糊。地方城镇化的资金需求依托于"土地财政",构建了以土地抵押品融资和建设的运作模式:注入土地—抵押融资—基建和卖地—归还贷款。

简言之,原《预算法》限制了地方政府合法的举债权,分税制挤压了地方可支配财力,而城镇化和房地产的发展则为地方创设替代性的融资渠道(土地财政)和工具(融资平台)提供了条件。"分税制"和原《预算法》的"负向效应"便是促成债务复杂化的重要原因,也是地方政府将基建从表内转移到平台报表的重要原因。因此,地方财权和事权不匹配,更多地体现在基建领域而非公共支出领域。地方融资平台通过发行城投债,以土地抵押向银行贷款等渠道,为地方基建源源不断地输血,从而解决了地方基建的投融资难题。

2. 第二次"出表":地方基建从"平台报表"走向"社会报表"

城投企业成为地方获取资金的重要通道,但由此产生的负债主体庞杂、债务水平模糊、融资软约束、债务管理体系混乱等问题层出不穷。为解决这些根本性问题,2013年之后,国家审计署先后开展了三轮较大规模的地方债务审计,2014年国务院颁布了《关于加强地方政府性债务管理的意见》(国发〔2014〕43号,以下简称"43号文")以甄别地方债务和推动平台转型,2015年起新《预算法》实施,省级政府发行债券举债融资成为唯一的渠道,禁止城投企业再承担融资职能。这一系列动作旨在规范地方的融资渠道,"开前门,堵后门",加强地方债务管理,有效化解地方债务风险。

然而,经历43号文之后半年的短暂收紧,地方融资重新出现了爆发式的增长。2015年以来,经济下行压力加大迫使地方重回稳增长的通道,加之中央考虑到地方的实际情况,适度放开了在建项目的后续融资。但地方政府债券的资金仍旧是杯水车薪。2015—2017年新增限额仅分别为0.60万亿元、1.18万亿元和1.63万亿元,大量的额度被用于置换存量的15.40万亿元的地方政府债务。面对上万亿元的基建需求,政府需要找到一条既不增加地方财政负担,同时又能解决资金缺口的渠道。此时,PPP模式便被推向前台。

2014年下半年以来,PPP相关政策密集出台,财政部发布《关于推广运用政府和社会资本合作模式有关问题的通知》(财金〔2014〕76号),2015年多部委联合出台《基础设施和公用事业特许经营管理办法》,鼓励和引导社会资本参与基础设施和公用事业建设运营。李克强总理在2015年《政府工作报告》中提出要在基础设施等领域积极推广PPP模式。

同时,各地方政府也出台配套措施,积极推广和推进PPP模式。此时,存量的基建仍大量留存在平台企业报表中,但增量便逐步转移到平台之外。地方政府将基建项目以PPP的模式,打包给部分央企、地方国企及民营企业,甚至异地的平台企业。PPP完全成为一种替代性的融资工具。由此,地方基建实现了第二次"出表",从"平台报表"转移到"社会报表"(见图7-8),由此产生大量相关隐性债务。

(二)不规范的PPP项目增加了地方隐性债务的风险

2018年5月,财政部通报了PPP项目清理结果,各地累计清库项目涉及投资1.8万亿元,整改项目涉及3.1万亿元。这场对地方PPP全面清理整顿的工作持续了4个多月,主要目的在于"防止PPP异化为新的融资平台,坚决遏制隐性债务增量风险"。为何曾被寄予厚望的PPP模式成为清理对象,饱受增加隐性债务的诟病呢?

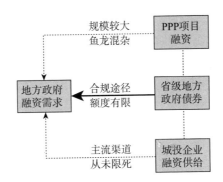

图7-8 地方投融资体制演变中的第二次"出表"

资料来源:作者整理。

1. 拆解地方隐性债务:负债复杂多变,PPP是变相融资的重要渠道

2015年之后,官方认可的地方政府债务,除了经甄别确认的一类债(地方政府负有偿还责任的债务),增量的仅限于省级政府债券。针对存量,财政部仅认可8.6万亿元经确认的二类债(地方政府负有担保责任的债务)和三类债(地方政府具有一定救助责任的债务),但实际上各地出于债务率考虑,仍有较多的债务无法纳入一类债务,比如部分政府还贷性高速公路贷款,部分应收类BT工程款等,大多仍留存于平台报表中。

除了上述存量债务,2015年以来新增的债务,大多可以归类为隐性债务。尽管官方对隐性债务尚无明确定义,但根据有关资料,凡是未纳入地方债务管理系统的、在限额之外的、自2015年以来新增的与地方有关的变相融资和违法违规举债产生的债务,均涉嫌为隐性债务。从融资主体来看,主要包括三类:一是融资平台,二是地方医院、学校、其他事业单位,三是地方的PPP城镇化基金、PPP项目公司(SPV)等。其中,平台公司为主导,涉及各类融资形式,其他两类的渠道各有特色。主要表现在:

一是平台通过"正常"的渠道融资后再输血给地方政府。政府和平台债务甄别后,只要声明新增债务与政府无关,平台仍可以正常融资,只是不能为公益性项目直接举债债务。平台的融资渠道分为两类:标准化渠道和非标准化渠道。标准化渠道以银行贷款和债券为代表。银行贷款方面,尽管中国银监会(现中国银保监会)自2011年以来出台了多项措施管控平台类贷款,不再对融资平台名单内的主体发放公益性贷款,但部分平台通过出"平台名单"的方式,仍然能获得一定其他类型的贷款。2015年以后,国开行、农发行等政策性银行有关棚改类的贷款成为平台长期借款的主要增量部分。2017年年末国开行棚改贷款余额达2.93万亿元,该部分贷款的性质界定仍未明确。另外,广义城投债券的存量规模从2014年年末的3万多亿元增长至2018年6月末的7.5万亿元左右,其中国家发展改革委审批的企业债约有4万亿元,其次是银行间交易

商协会管理的中期票据、短期融资券、非公开定向债务融资工具等,还有部分交易所发行的公司债等品种。非标准化渠道主要包括委托贷款、信托贷款、融资租赁、信托计划等。近年来增长较快的近22万亿元银行理财资金正是通过上述非标准化渠道进入到地方平台和房地产领域,成为不受监管的表外信贷融资市场的。根据我们的统计,包括银行贷款、债券、非标准化债权在内的各类债务融资工具,增长均十分迅猛。2016年和2017年公开发债的城投企业有息债务平均增速分别高达25%和20%,根据2017年已公开披露年报的城投企业财务报表粗算,包括上述形式的有息债务规模接近30万亿元。仍有较多的资金拆借给地方政府或被占用,用于地方基建项目或准公益项目。需要说明的是平台有息债务并非全部等同于隐性债务,只是较多地涉及或与隐性债务有关。

二是用医院、学校等事业单位的资产作抵质押来融资,再转给地方政府使用。比较典型的是融资租赁公司的平台类业务。其交易结构是,通过售后回租的方式向租赁公司融资,即将其医疗器械、教学设备等出售给租赁公司,然后分期向租赁公司支付租金,到期后象征性支付一定费用将设备购回。另外,部分平台也以道路、管网等为标的物通过融资租赁来融资。

三是与PPP有关的项目融资产生的债务。2015年财政部大力推进PPP项目融资以来,地方政府对于很多新增项目,采用引入社会资本、成立PPP城镇化基金或项目公司的形式进行融资。由地方财政隐性担保、附带名股实债回购条款、收益承诺、纳入政府购买服务范畴,这部分增量债务中有大量游离于债务管理体系之外,成为较难统计的灰色地带。该类或有负债,名义上都不是地方政府合法债务,但并非完全没有关系,比如回购纳入预算支出安排容易转变为潜在的债务责任,再比如城投公司代表政府参股PPP基金,再投向子公司的基建项目,到期后由城投公司回购股权等。

2. "名股实债"类"伪PPP"的形式和特点

2016年以来,各地对PPP趋之若鹜,上马一窝蜂,项目基本上都指向市政基建、交通等领域。越是不发达的地区,对PPP的需求越强烈,极易增加地方隐性负债。以W市为例,当地每年财政收入大概20亿元,规划的3年PPP建设规模达1 000亿元。一般来说,比较典型的PPP违规融资有以下几种表现:

一是建筑商和银行等机构通过"名股实债"搞"伪PPP",前者以部分央企或其他国企建筑企业为主,其主要目的是拿到订单,后者以银行、信托等金融机构为主,其目的是"曲线救国"向地方放贷。比如,较复杂的PPP融资基金模式,项目公司的股权构架是:建筑企业占20%,政府占10%,70%的股权由PPP融资基金(一般名为城镇化基金)来持股。该基金中,银行和信托等金融机构作为优先级占80%,建筑企业占15%,平台公司占5%做劣后级。这种结构减轻了各方注册资本的压力,发挥了基金财务杠杆的效果。另外项目公司不并入上市公司报表,建筑企业将不擅长的运营环节放入体外,工程环节流入了体内。金融机构则通过基金的形式实现了放贷或投资。

二是平台公司介入 PPP,最初不允许其作为社会资本方,仅代表地方政府做 PPP 基金的劣后方,承担股权回购职能,后来有部分平台仍可以普通国企的身份承担社会资本角色,其实仍是承担项目投融资职能。地方政府则为社会资本方或基金出具承诺函、安慰函甚至担保函,将不符合要求的伪 PPP 项目包装成政府购买服务的形式,或对部分 PPP 股权基金承诺保本收益,回购股权等。这些 PPP 有几个典型特征:①项目本身大多无现金流,而是依靠财政付费,项目大多与基建或纯公益性质有关;②不符合 PPP"风险共担、利益共享"的原则,仅仅以融资为目的,容易将风险完全转嫁给政府。

更为恶劣的是,部分地方政府将已完工的 BT 项目(一般是基建类),包装成 PPP 类项目公司来运营。原 BT 合同签订方为甲方市住建委和乙方平台公司(项目承建方)。新 PPP 项目公司由地方政府通过平台公司出少量资金入股,引进金融机构作为大股东;同时,住建委委托平台公司与 PPP 项目公司签订 PPP 合同,约定项目补贴条款,每年给予项目公司补贴,将补贴款纳入地方财政预算。项目公司每年再以分红的形式给金融机构返款。地方政府从项目公司获得金融机构注入的股权资金,再将之作为待回购的基建成本加成款项返还给平台(见图 7-9)。这种做法将存量债务变为地方的预算支出,虽然减轻了当期地方偿债压力,但未来支出义务存在转化为潜在或有债务的风险。

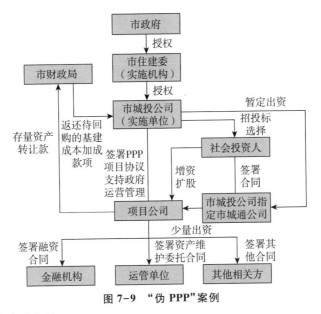

图 7-9 "伪 PPP"案例

资料来源:作者整理。

（三）政策管控和信用收缩背景下 PPP 的发展环境不容乐观

2017 年以来,地方政府和 PPP 行业面临双重政策环境的影响,一是严查隐性债务增量,规范和化解地方债务风险;二是去杠杆和信用收缩。

1. 地方隐性债务政策管控背景下,PPP 清理整顿实则在"正本清源"

国务院办公厅《关于印发地方政府性债务风险应急处置预案的通知》(国办函〔2016〕88 号)出台以来,财政核查风暴不断升级,地方变相融资急刹车。这一系列政策遵循了中央经济工作会议精神,核心是防风险,直接目的是遏制变相融资和地方政府违法违规担保。

2018 年 5 月,财政部、银保监会等六部委联合发布《关于进一步规范地方政府举债融资行为的通知》(财预〔2017〕50 号)清理整改地方政府违规融资及担保,展开摸底排查,同时通报并问责了多个地方政府违规举债行为,接着又出台了针对土地储备专项债券的 62 号文及政府购买服务的 87 号文,其主旨仍是牢牢守住不发生区域性系统性风险的底线。

除了管控地方政府和融资平台,多部委还出台了直接针对 PPP 的相关文件(见表 7-4),特别是《关于规范政府和社会资本合作(PPP)综合信息平台项目库管理的通知》(财办金〔2017〕92 号)。财政部开始对 PPP 已入库和新项目进行全面排查,国资委 192 号文严格管控央企参与 PPP 项目,国家发展改革委鼓励民间资本参与 PPP,财政部 23 号文管控金融机构参与为 PPP 提供债务性资金等。上述代表性文件,重要目的在于对 PPP 进行"纠错",改变工具属性,使其回归本源,健康发展。

表 7-4　2015 年下半年以来财政部等部委严查违规融资和担保(含 PPP)的有关文件

文件名称	要点归纳
国务院办公厅《关于印发地方政府性债务风险应急处置预案的通知》(国办函〔2016〕88 号)	区分政府债务和政府性债务,存量和增量如何处理; 第一次将或有债务纳入风险管控的范畴; 将防控风险的第一道责任下放到省级政府,扣上"紧箍咒"; 建立四级响应机制,提出财政重整计划,在流程上加以事前控制风险
《财政部驻各地财政监察专员办事处实施地方政府债务监督暂行办法》(财预〔2016〕175 号)	与财预〔2012〕463 号文条款高度类似,严控变相融资违法违规担保是指向

(续表)

文件名称	要点归纳
《关于进一步规范地方政府举债融资行为的通知》（财预〔2017〕50号）	联合执法,划定大限,清理整改变相融资刻不容缓,地方政府、平台、中介机构、金融机构一并处罚
《关于印发〈地方政府土地储备专项债券管理办法（试行）〉的通知》（财预〔2017〕62号）	核心是解决资金来源,规范土地储备和资金管理,对财综〔2016〕4号文操作层面的细化,但短期内专项债杯水车薪,土地开发融资仍靠平台
《关于坚决制止地方以政府购买服务名义违法违规融资的通知》（财预〔2017〕87号）	核心是规范结算关系,为政府购买服务"正名",对部分政府购买服务合同签订较多的平台具有较大影响,后续结算方式可能重回"老路"
财政部《关于规范政府和社会资本合作（PPP）综合信息平台项目库管理的通知》（财办金〔2017〕92号）	严格新项目入库标准:不适宜采用PPP模式(包括商业类非公共服务项目、涉及国家安全或重大公共利益、涉及工程建设、无运营内容的);前期准备工作不到位的;未建立按效付费机制的(政府付费或可行性缺口补助方式获得回报,但未建立与项目产出绩效相挂钩的付费机制;政府付费或可行性缺口补助在项目合作期内未连续、平滑支付,导致某一时期内财政支出压力激增的;项目建设成本不参与绩效考核,或实际与绩效考核结果挂钩部分占比不足30%,固化政府支出责任的) 集中清理已入库项目:比如未按规定开展物有所值评价或财政承受能力论证的;本级政府当前及以后年度财政承受能力已超过10%上限的;不符合规范运作要求,包括未按规定转型的融资平台公司作为社会资本方的;采用建设—移交(BT)方式实施的;未按时足额缴纳项目资本金、以债务性资金充当资本金或由第三方代持社会资本方股份的;等等
国资委《关于加强中央企业PPP业务风险管控的通知》（国资发财管〔2017〕192号）	明确PPP业务审批权在集团总部层面;提升准入条件和项目质量,投资回报率原则上不应低于本企业相同或相近期限债务融资成本;控规模,防止债务风险,比如设定累计对PPP项目的净投资原则上不得超过上一年度集团合并净资产的50%等标准;防止央企承担"名股实债"类股权资金或购买劣后级份额等风险;要严肃追究责任,同时对PPP业务重大决策实施终身责任追究制度;等等

(续表)

文件名称	要点归纳
国家发展改革委《关于鼓励民间资本参与政府和社会资本合作（PPP）项目的指导意见》（发改投资〔2017〕2059号）	除国家法律法规明确禁止准入的行业和领域外，一律向民间资本开放，不得以任何名义、任何形式限制民间资本参与PPP项目；采取转让—运营—移交（TOT）、更新—运营—移交（ROT）等多种运作方式，规范有序盘活存量资产，吸引民间资本参与；重点推介以使用者付费为主的特许经营类项目，审慎推介完全依靠政府付费的PPP项目，以降低地方政府支出压力、防范地方债务风险；鼓励政府投资通过资本金注入、投资补助、贷款贴息等方式支持民间资本PPP项目，鼓励各级政府出资的PPP基金投资民间资本PPP项目；推进符合条件的民间资本PPP项目发行债券、开展资产证券化，拓宽项目融资渠道
财政部《关于规范金融企业对地方政府和国有企业投融资行为有关问题的通知》（财金〔2018〕23号）	实际上是财政部对金融资金提供方（主要是国有金融机构）进行规范，其目的是堵上资金链条中供给端（含中介）一环，也就是"金融机构（商业银行、政策性银行、信托、租赁、资管等）—融资载体（平台、国企、事业单位、城镇化基金、PPP项目等）—地方政府" 原则是"穿透审查"，禁止兜底，禁止各种绑定政府信用、切割平台融资、PPP等和地方政府的关系；重申严禁地方政府违法违规和变相举借债务。不得提供债务性资金作为地方建设项目、政府投资基金或PPP项目资本金

资料来源：作者整理。

目前，地方政府隐性债务增量、不规范的举债融资行为基本得到了遏制，各地正逐步开展隐性债务自查摸底，同时财政部对债务管控已形成从规则到执行层面的"闭环"，各地区陆续跟进。2018年新疆和湖南先后发文全面清理PPP项目，比如新疆1.5万亿元PPP项目停工整顿，湖南"停、缓、调、撤"原则压减投资项目。这些政策除了使得基建投资大幅趋缓，还使得2018年PPP的推进在政策层面面临严格审查。比如融资建设类PPP项目，由施工企业负责先行融资，而地方政府最初是提供抵押品或出具财政保证函，但这些目前已经全面叫停。

2. 去杠杆和信用收缩：PPP社会资本方再融资压力加大

2016年年底，央行开始牵头制定"大资管"统一监管的标准。2018年4月，中国人民银行、中国银保监会等四大部委联合发布《关于规范金融机构资产管理业务的指导意见》（银发〔2018〕106号）（业内简称"资管新规"），这将深刻地改变金融行业的未来格局。在"去杠杆、去嵌套、去通道"的导向下，银行表外信贷理财、信托和租赁等非标融资正在全面收缩,叠加中美贸易争端等,内外部环境正面临严峻挑战。无论是地方政府还是融资平台,融资的需求都在下降,同时防控债务风险的压力加大,对利用PPP扩展新增投资的意愿在持续下降。

资管新规要求金融机构回归本源,银行表外信贷资金回表,实现"非标转标",信托、融资租赁、保险、资管公司、私募基金等非标融资渠道持续收缩,与此同时包括房地产、城投公司、民营企业及部分国企等主体再融资的难度加大,而内生现金流不足,也导致2018年以来信用违约事件增加,2018年上半年债市违约金额达到253亿元,同比增长47%,其中六成为民营上市公司。由此,投资者对民营企业产生不信任,部分参与PPP项目较多的上市公司债券发行失败,再融资艰难,比如某园林类上市公司拟发债10亿元,最终仅发0.5亿元,引发市场对其融资和偿债担忧,导致股价大跌,这也导致PPP概念股一度集体下跌。尽管中国人民银行多次降准释放流动性宽松信号,但融资市场偏紧的格局未发生根本改变。

以民营企业为代表的PPP社会资本方,大多在生态环保、固废处理、水务、燃气等偏公用事业领域,而此类领域正是适合大力推广PPP的重点。在当前再融资和信用环境较差的情况下,部分主体的融资困难、成本高问题十分突出,这将会延缓PPP项目的落地进度。我们调研发现,2016年,PPP项目贷款利率一般是基准下浮10%。2017之年后,部分基金与信托参入进来合作,各方都不并表,个别项目杠杆率可以从5倍放大到30倍。2018年,各金融机构对资本金要求穿透视监管,"明股实债"杜绝。即使对大型央企来说,目前的贷款利率也要在基准上浮15%,而民营企业上浮30%以上也未必能拿到贷款。

(四)"弃量提质,回归本源",促进PPP健康有序发展

地方隐性债务风险化解,以及PPP的规范和健康发展,二者应是目标统一、并行不悖的。规范PPP的发展,总的原则应该是"弃量提质,回归本源"。在目前地方财政吃紧和债务防控压力巨大的情况下,降低PPP的数量不是坏事,最重要的是提高质量。

短期来看,提高质量可以从基本环节出发,比如从主体资质、适用领域、回款方式、地方财政可承受能力等多个角度严格把关。

一是主体资质。PPP的本质要求是吸引社会资本参与公共领域的投资和运营,其并非地方政府的融资工具。融资和建设只是公共项目的前期环节之一,而更重要的是运营和维护。现阶段,民营企业参与PPP的热情仍不高,这也是现实的问题。但真正比较规范的项目,对民营企业仍有较大的吸引力。近年来,民营企业参与一般PPP项目的回报率基本稳定在5%—7%。对个别专业性施工企业来说,参与PPP的综合利润率可能超过30%,前提是这得益于稳定、规

范的回报机制。另外,我们建议从财税政策入手,鼓励真正具有项目运营经验的民营企业参与进来,但必须要限制平台公司以自身或具有实际控制的子公司作为社会资本方,而对于平台公司代表政府参与PPP,杜绝"名股实债",防止PPP"走样"、再次成为地方融资工具。

二是适用领域。即使是在发达国家,PPP模式也仅占公共项目投资的不到20%,是一种补充方式而非主流。PPP并非能解决所有公共基础设施领域的投融资,部分公益性较强的基础公共产品,理应由政府直接投资或支付建设运营费用,纯公益性的项目只能通过预算内财政支出安排或地方政府债券来解决资金问题,这是原则问题。目前,PPP项目行业分布中,市政工程、交通运输类所占项目数量和投资额均较多。而部分民企参与PPP较为集中的行业是生态环保、固废处理等。前者的需求量明显大于后者,而前者的融资目的性很强,对于后者中成熟的项目,地方又不太愿意采用PPP的形式。地方政府应该首先考虑的是民营企业专业化的运营能力,而不是简单的融资,所以需要做好权衡,协调资源,将真正适合的项目推出来。

三是回款方式。根据中国财政科学研究院的有关报告,目前政府付费型PPP项目占比约为50%,可行性缺口补助型占比约为40%。政府完全付费的模式被证明容易增加地方财政支出负担,可行性缺口补助中财政补贴的比重应该也不低。可见现阶段项目现金流对政府的依赖度仍很高,所以评估社会资本方时,将补贴与绩效挂钩,重视其运营能力和质量很关键。

四是地方财政可承受能力评估。尽管目前有PPP项目所谓"10%的公共财政预算支出上限",但实际上很多地方均绕道或变通,突破了该上限。比如,之前某些地方只要单个项目不超过10%红线,并不计算该地区当年所有PPP项目财政付费支出的总和。根据财政部相关报告,部分债务率较高的省份,比如内蒙古、贵州等,实际上很多区县的PPP项目最大支出已超过10%。这些省份债务风险较大,目前很多融资平台再融资的压力也很大,风险暴露概率较大。因此,财政能力评估可适当和当地的债务情况结合起来。若该地区债务风险较大,可暂缓或叫停PPP项目,以降低地方的财政压力和债务风险。

PPP之所以成为地方违法违规融资的工具,并不是本身有问题,而是地方政府融资需求未能得到满足,PPP成为替代品,属于操作层面的不规范。因此,长远来看,"开前门"需要扩大地方债券的发行规模,满足地方的有效和合理融资需求。

当前,PPP或将面临一段时间的收缩期,但地方发展诉求是持续存在的。PPP的发展不是一蹴而就的过程,尤其是在当前条件下,既不能操之过急,也不能全盘否定。在当前防控债务风险的严峻形势下,应根据各地的承受能力和债务情况,适度推进PPP落地的进度,一方面,合理界定公益性或者偏公益性的项目,防止地方将此类项目与部分经营项目打包,包装所谓的 PPP 项目进行不当融资,防止"伪 PPP"卷土重来;另一方面,多个维度规范 PPP,制定合理和有效的激励政策,促进其健康有序发展。

六、PPP 发展中的税收问题

PPP 项目由于生命周期较长,短则几年,长则几十年,所以在发展中会遇到许多税收问题,并且在发展的过程中由于税制改革等因素的影响,将增大其税收的不确定性,影响投资收益的预测。因此,一方面需要重视 PPP 发展中的涉税问题,另一方面将 PPP 项目生命周期中不同阶段的税收问题分别进行研究。

(一) PPP 项目前期的税收问题

1. 项目合同签订中的税收问题

(1) 施工总承包合同中的税收问题。一个项目通常是从签订合同开始的,在施工总承包合同中应密切关注税收政策的变化。自 2018 年 5 月 1 日起,纳税人发生增值税应税销售行为或者进口货物,原适用 17% 和 11% 税率的,分别调整为 16% 和 10%。企业应相应调整工程造价的计价依据以适应税率的变化。在施工总承包合同中还需要注意混合销售的问题。根据《中华人民共和国税法》(以下简称《税法》,只有一项销售行为既涉及货物又涉及服务才为混合销售,如果是两项服务则应界定为兼营,分别根据不同的货物和服务适用的不同税率进行计税。此外,《税法》对于混合销售并未根据合同中货物及劳务的占比来进行判断,而是根据主体来判断,也就是施工总承包其建筑服务的主体决定了施工总承包合同按建筑服务 10% 税率进行混合销售的征税。但是,近年来《税法》也允许部分特殊的混合销售项目按兼营进行涉税处理,例如电梯的安装服务,可以单独计税,意味着未来有部分(如 EPC 等)合同除关注税率变化,还需要关注混合销售与兼营的问题。

(2) 融资合同的税收问题。PPP 项目是典型的重资本型项目,因此,融资是其中重要的组成部分。融资成本除了需要考虑金融因素,还需要考虑其中的涉税问题。因为,有可能不同的融资方式会产生融资成本的差异。在融资合同中,需要关注 BT 与 BOT 这两种类型项目的差异。从融资税收成本的角度看,BOT 优于 BT。关键原因在于 BT 中的回购价款主要由两部分成本构成,一是建安成本,二是融资成本。由于回购价款在营业税中全国并未有统一的税收政策,所以转为增值税之后通常按建筑业去界定,老项目适用简易计税法,3% 的税率影响不大,但新项目按 10% 的税率,则会影响到回购价款中的融资成本部分,需要按 10% 的税率去征收。事实上,根据《税法》,贷款利息只需按 6% 的税率进行征税。此外,《税法》还规定,购进的贷款服务的进项无法从销项中抵扣。

BOT则不一样,由于BOT融资主体通常是项目公司,项目公司分别与金融机构及施工总承包签订合同,融资成本与建安成本自然分离,则可以规避进项无法抵扣的限制。

(3) PPP项目合同印花税问题。由于PPP项目金额巨大,而印花税又是地方税,因此关于印花税的税源也颇受地方关注,在有些地方PPP项目合同被要求缴纳印花税。通常中选的社会资本会与政府签订PPP的框架协议,然后由政府资本及社会资本共同出资成立项目公司,再由项目公司与政府所指定部门签订延续的PPP协议。据有些企业反映,地方要求其无论是PPP的框架协议,还是由项目公司与政府指定部门签订的延续性的PPP协议,均需缴纳印花税,并且同一项目缴纳两次PPP合同的印花税。《中华人民共和国印花税暂行条例》采用的是正列举法,如果合同不属于条例列举的类型则无须缴纳印花税。项目公司与政府签订的PPP协议并不具有施工总承包合同的性质,若将其认定为需要缴纳印花税且重复缴纳是不合理的。此外,PPP项目的框架协议的内容包括施工总承包合同、贷款合同、采购合同等内容,而这些合同均需要缴纳印花税,因此假设PPP项目的框架协议也征税,将会造成重复计税的问题。

2. 项目公司组建的税收问题

(1) 项目公司出资方式的选择。PPP项目中,政府如果以非货币性资产出资,项目公司承受作为投资的土地房屋,需要按照有关的规定办理产权变更,并缴纳契税。由于PPP项目主要涉及公共基础设施建设,土地使用权如果以非行政划拨的方式注入项目公司,按照《税法》规定,应视同有偿转让,因此项目公司承担契税、土地增值税的税负。社会资本如果以货币出资,只需就合同缴纳相应的印花税;如果以实物资产或无形资产等非货币性资产出资,就需承担增值税、土地增值税、印花税及企业所得税的税负。在设立项目公司时,绝大多数PPP项目都是以股权投资的方式注入资本,这样可以规避增值税和土地增值税,大幅减少企业所得税。此外,为了规避地方债务风险,我国政府对于资本金有严格的限制。从税收风险的角度去看,货币资金的出资是税负最低的项目公司出资方式。

(2) 项目公司组织形式的选择。PPP项目中,政府资本和社会资本共同成立项目公司。项目公司主要采用有限责任或者有限合伙的组织形式。不同的组织形式对投资方会产生不同的影响。如果项目公司为有限责任公司,政府和社会资本分别按分红比例获取股息红利,社会资本方缴纳企业所得税。但是,根据《税法》的规定,境内居民企业因符合股息红利等权益性投资收益免税条件的,可享受免税。如果项目公司为有限合伙企业,投资方应按"先分后税"的原则划分收益,合伙人根据其类型就取得的收益进行缴税。境内法人合伙人缴纳企业所得税,境外法人合伙人适用10%的预提所得税。

（3）项目公司选址的税收问题。项目公司所在地的差异会影响项目公司的所得税税率及税收优惠。虽然，我国目前已尽量减少了地区的税收优惠差异，但为了鼓励西部大开发，依然会给予一定的税收优惠。例如，自2011年1月1日至2020年12月31日，对设在西部地区的鼓励类产业企业按15%的税率征收企业所得税。西藏自治区企业所得税税率为15%，投资太阳能、风能、沼气等绿色新能源建设并经营的，自项目取得第一笔生产经营收入所属纳税年度起，免征企业所得税7年，符合国家和自治区环境保护要求的污水处理及垃圾回收项目，自项目取得第一笔生产经营收入所属纳税年度起，免征企业所得税8年。

3. 项目融资的税收问题

（1）贷款利息不得抵扣进项税。PPP项目的最常见融资方式是银行贷款等传统融资模式。但是根据现行增值税的规定，取得贷款服务的相关增值税进项税额不能抵扣，只能计入相关成本，因此项目公司只能承担消化这部分的税收负担。而纵观我国目前的PPP模式，融资难是其面临的主要障碍之一，我国民间主体拥有的融资渠道本来就少，且一般需要资产抵押，获得资金的门槛高、机会少、成本高，而且资金使用期限也相对较短。因此，对于很多投资规模大、项目持续时间长的PPP项目来说，既有的融资体系难以保证大部分企业参与PPP项目的资金需求，取得贷款的进项税额无法抵扣的问题使项目公司融资成本进一步增大。

（2）中小企业融资成本高。从各地的推广实践来看，地方政府主导的许多PPP项目中，社会资本多以大型企业、国有企业为主，而众多中小企业的参与程度普遍不高，主要原因之一在于中小企业在融资方面往往处于劣势地位，缺少必要的融资激励政策。当前，很多中小企业从银行等金融机构取得贷款较难，它们大多数只能从非金融机构获得资金支持。而《中华人民共和国企业所得税法》（以下简称《企业所得税法》）中，非金融企业向非金融企业借款的利息支出，在企业所得税汇算清缴时需要对该利息支出超过金融机构同期贷款利率的部分进行纳税调增，也就是其税前能扣除的仅仅是不超过金融机构同期贷款利率水平的那部分利息支出。但对于多数中小企业而言，通常从非金融机构获得贷款的利率会远远高于金融机构同期贷款利率，而相比之下，税前能列支的标准较低，导致其企业所得税前的大量利息支出需要做纳税调增处理，这无疑将进一步抬高中小企业的融资成本，不利于其参与PPP项目。

（3）融资中的资本弱化问题。关于财务投资者的进入，《企业所得税法》有明确的反避税手段，对于非金融企业，债务性融资与权益性融资的比例不能超过2∶1，超过部分的利息无法在企业所得税税前扣除。PPP项目中需要较大规模的资金，但是由于企业具有降低资产负债率和规避风险的需求，因此通常采用"小股大债"的方式,财务投资者既有股东的身份,同时也有债权人的身份,投资者巨额的财务融资造成的资本弱化问题,将造成 PPP 项目税收负担增加。

（二）PPP 项目建设阶段的税收问题

1. 施工管理模式的税收问题

（1）总分包模式。总分包模式是由项目公司与总承包方签订总承包合同,总承包方与实际施工单位签订工程分包合同,明确合同关系,同时由实际施工单位向总承包方开具发票并进行工程结算,总承包方向项目公司开具发票并进行工程结算,建立完整的增值税的抵扣链条。此模式下总承包方将工程分解分包给各施工单位,可能会违反《中华人民共和国建筑法》（以下简称《建筑法》）规定,有一定的法律风险;并且层层分包签订分包协议,导致印花税重复缴纳,并且总包在预缴环节要取得各分包商的分包发票进行差额抵扣,增加了操作流程。但该模式的管理难度降低,减少了管理成本。

（2）集中管理模式。集中管理模式是由总承包方集中管理以其名义中标的工程项目,对工程项目的收入及成本费用核算集中到总承包方,使销项税和进项税均体现在总承包方,从而使增值税进销项相匹配,实现进项税的抵扣。原则上集团中标的工程项目以集中管理模式为主,集中管理模式下项目仍按工程项目管理办法分为集团直管项目和授权管理项目。为明确各参建单位管理责任、同时满足增值税"三流一致"原则,集中管理模式下直管项目和授权管理项目所有对外合同均需以总承包方名义对外签订,并加盖总承包方合同专用章,严禁以各参建公司、各项目名义签订合同,总承包方合同专用章采取授权管理原则。此模式下以总承包方为主体集中核算,规避了建筑法对于禁止层层分包的限制,并且由于不需要签订分包合同,减轻了印花税的负担,并且与业主结算开票,也减少了操作流程。但该模式的管理难度增加,导致管理成本增加。此外,由于《税法》允许总承包商的集团内部任务分包,由总包方及集团内部任务分包单位（具有增值税纳税人资格）分别与业主结算及开具增值税发票,所以有一部分项目将总承包额分解为总包及集团内部任务分包分别缴税。该模式最大的优势是确保了总承包商机构所在地的税源与项目劳务发生地税源间的分配,因为通常集团内部任务分包单位有可能在项目劳务发生地注册。

2. 建设期进项税额留抵问题

2016 年 5 月 1 日起建筑业纳入"营改增"范围以后,在工程总包方为一般纳税人的情况下,项目公司能获得对方开具的增值税专用发票。由于 PPP 项目大多建设周期较长,前期投入资金较多,因此该阶段项目公司会产生大量的增值税进项税额。而在现行政策背景下,项目公司取得的进项税资产只有在产生了销项税负债时才能"派上用场"。在建设阶段,项目公司一般不会取得收入,也就不产生增值税销项,因此在其收回工程投资成本之前,通常不用向税务机关缴纳增值税。

这一阶段项目公司沉淀有大量增值税留抵税额,对增值税一般纳税人而言,留抵税额意味着其购进支出得不到及时的补偿,同时,进项税额的长期留抵也意味着企业将损失一定数额的资金时间价值,且需承担较大的流动性压力。对于PPP项目公司而言,建设环节由于需投入较多资本,其面临的资金压力本来就大,再加上大量进项税长期留抵的问题,进一步加大了其资金压力和风险。

近期,我国已经开始对于部分行业实行增值税留抵额的退税制度,但是所涉及的行业主要以装备制造、高新技术及电网企业为主,尚未涉及建筑业及其他行业,因此,可以进一步研究PPP项目的增值税留抵退税问题。

3. 跨地区提供劳务个人所得税问题

PPP项目由于存在个人跨地区提供劳务的情况,因此关于个人所得税的税源分配也产生了问题。有些地方规定,凡是PPP项目都需要在当地按照收入总额预征1%的个人所得税,以保证地方的财政收入。

根据国家税务总局2015年52号公告,总承包企业、分承包企业派驻跨省异地工程项目的管理人员、技术人员和其他工作人员在异地工作期间的工资和薪金所得的个人所得税,由总承包企业、分承包企业依法代扣代缴并向工程作业所在地税务机关申报缴纳。

跨省异地施工单位应就其所支付的工程作业人员工资、薪金所得,向工程作业所在地税务机关办理全员全额扣缴明细申报。凡实行全员全额扣缴明细申报的,工程作业所在地税务机关不得核定征收个人所得税。

总承包企业、分承包企业和劳务派遣公司机构所在地税务机关不得对异地工程作业人员已纳税工资、薪金所得重复征税。两地税务机关应加强沟通协调,切实维护纳税人权益。

所以,项目当地的税务机关根据收入预征1%的个人所得税并不符合规定,更关键的是,有可能导致个人所得税的重复计税。因此,应结合近期我国的个人所得税改革,完善跨地区提供劳务的个人所得税管理问题,应以个人所在机构代扣代缴预缴及个人汇算清缴为主,避免PPP项目当地以收入总额核定征税的方式。

(三) PPP项目运营阶段的税收问题

1. 项目运营收入的增值税适用税率问题

由于PPP项目涉及的行业范围广、类别多,一些新兴的行业难以找到直接对应的增值税应税税目,因此导致在适用税率的确认上存在税收管理方面的问题。目前常见的PPP项目主要的行业税率包括:收费高速公路项目,其车辆通行费收入、广告牌出租收入适用"不动产经营租赁"税目,税率为10%;加油站的特许经营收入属于"销售其他权益性无形资产",税率为6%;城市轨道交通项目的票务收入、广告位出租收入适用税率为10%;车体广告收入按"有形动产租赁"税目,适用税率为16%;城市地下综合管廊项目一般按"建筑服务"缴纳10%的增值税,但日常维护费应按"现代服务"税目缴纳6%的增值税;污水处理项目取得的污水处理服务收入适用16%的税率;管网可用性服务费、管网运维服务费属于"建筑服务",税率为10%;项目的委托运营服务费按"管理服务"征收6%的增值税。

但是,也存在一定的争议,部分观点认为PPP项目的运营收入应统一按照建筑业10%的税率来征收。事实上PPP项目的施工总承包按照建筑业征税是合理的。但是,作为项目公司,其身份是业主,对其运营收入按建筑业征税是否恰当值得商榷。

2. 项目运营的税收优惠问题

(1) 增值税的税收优惠。

① 中央财政补贴不征收增值税。纳税人取得的中央财政补贴,不属于增值税应税收入,不征收增值税。除中央财政补贴外,目前还没有明确的文件指导其他类型的财政补贴的增值税征收管理问题。因此,在实践中,项目公司应结合每一类补贴的性质和内容具体分析。如部分补贴与生产经营无关,则该补贴不涉及流转税的征收问题,无须考虑增值税。

② 增值税简易计税。在PPP项目中,一般可以选择简易计税的项目包括车辆通行费收入、轨道交通票务收入、建筑服务收入和不动产租赁收入等。

③ 增值税即征即退。纳税人销售自产的资源综合利用产品和提供资源综合利用劳务,可享受增值税即征即退政策(见表7-5)。

表7-5 PPP项目涉及的资源综合利用项目汇总

综合利用的资源名称	综合利用产品和劳务名称	技术标准和相关条件	退税比例(%)
污水处理厂出水、工业排水(矿井水)、生活污水、垃圾处理厂渗透(滤)液等	再生水	产品原料100%来自所列资源;产品符合《再生水水质标准》(SL368-2006)规定的技术要求	50

（续表）

综合利用的资源名称	综合利用产品和劳务名称	技术标准和相关条件	退税比例（%）
工业废气	高纯度二氧化碳、工业氢气、甲烷	产品原料95%以上来自所列资源；高纯度二氧化碳产品符合（GB10621-2006），工业氢气产品符合（GB/T3634.1-2006），甲烷产品符合（HG/T3633-1999）规定的技术要求	70
工业生产过程中产生的余热、余压	电力、热力	产品原料100%来自所列资源	100
垃圾处理、污泥处理、处置劳务	—	—	70
污水处理劳务	—	污水经加工处理后符合《城镇污水处理厂污染物排放标准》（GB18918-2002）规定的技术要求或达到相应的国家或地方水污染物排放标准中的直接排放限值	70

（2）企业所得税的税收优惠。

① 公共基础设施项目的所得税优惠。PPP模式多应用于投入大、周期长的基础设施项目，因而在部分PPP项目可以申请享受的企业所得税优惠为国家重点扶持的公共基础设施项目"三免三减半"，从项目取得第一笔生产经营收入（包括试运行收入）所属纳税年度起，第一年至第三年免征企业所得税，第四年至第六年减半征收企业所得税。

② 西部大开发税收优惠。对西部地区内资鼓励类产业、外商投资鼓励类产业及优势产业的项目在投资总额内进口的自用设备，在政策规定范围内免征关税。自2011年1月1日至2020年12月31日，对设在西部地区的鼓励类产业企业减按15%的税率征收企业所得税。

③ 综合利用资源减计收入。企业以《资源综合利用企业所得税优惠目录》规定的资源作为主要原材料，生产国家非限制和禁止并符合国家和行业相关标准的产品取得的收入，减按90%计入收入总额。

④ 环境保护、节能节水项目减免。第一，从事符合条件的环境保护、节能节水项目的所得可以免征或减征企业所得税。符合条件的环境保护、节能节水项目，包括公共污水处理、公共垃圾处理、沼气综合开发利用、节能减排技术改造、海水淡化等。第二，企业从事符合条件的环境保护、节能节水项目的所得，自项

目取得第一笔生产经营收入所属纳税年度起,第一年至第三年免征企业所得税,第四年至第六年减半征收企业所得税。

⑤ 专用设备投资抵免。企业购置并实际使用《环境保护专用设备企业所得税优惠目录》《节能节水专用设备企业所得税优惠目录》和《安全生产专用设备企业所得税优惠目录》规定的环境保护、节能节水、安全生产等专用设备的,该专用设备投资额的10%可以从企业当年的应纳税额中抵免;当年不足抵免的,可以在以后5个纳税年度结转抵免。

⑥ 亏损结转弥补期限延长。自2018年1月1日起,高新技术企业的亏损弥补期限由5年延长至10年。该政策有利于高新技术类型的PPP项目,项目公司建设期未获得收入,有可能会造成亏损,但由于延长了亏损弥补的期限,则建设期的成本能够结转至运营期扣除。

（3）土地使用税的税收优惠。

关于土地使用税的税收优惠在国务院颁布的《中华人民共和国城镇土地使用税暂行条例》中有明确说明,这里仅列举涉及PPP项目较多的条款:①宗教寺庙、公园、名胜古迹自用的土地。②市政街道、广场、绿化地带等公共用地免缴土地使用税。③经批准开山填海整治的土地和改造的废弃土地,从使用的月份起免缴土地使用税5年至10年。④填海整治的土地,是指纳税人经有关部门批准后自行填海整治的土地,不包括纳税人通过出让、转让、划拨等方式取得的已填海整治的土地。⑤对港口的码头(即泊位,包括岸边码头、伸入水中的浮码头、堤岸、堤坝、栈桥等)用地,免征土地使用税。根据财税〔2016〕16号文的规定,对城市公交站场、道路客运站场、城市轨道交通系统运营用地,免征城镇土地使用税。

3. 项目利润分配的税收问题

PPP项目公司可以选择不同形式的组织架构,其中最常见的是有限责任或者有限合伙的组织架构。在这两种不同的项目公司组织架构下,利润分配的涉税问题不同,具体分析如下:

（1）有限责任公司的利润分配问题。PPP项目公司采取有限责任公司形式时,通常需要政府方和社会资本方均按合同约定的比例出资持股,从理论上说,在利润分配时,股东获得分红的比例与其持股比例相一致。根据企业所得税优惠政策的相关规定,当PPP项目中的投资者即社会资本一方为我国居民企业时,其从项目公司取得的利润分红是免征企业所得税的。但在我国近年来的PPP实践中,政府为吸引社会资本投资,双方在签署PPP项目合同时,往往会约定未来项目公司对其取得利润进行分红时,股息、红利等权益性投资收益会向社会资本倾斜,即社会资本获得的分红比例可能高于其持股比例。于是,就会出现社会资本取得的这部分超比例分红的纳税问题。如果将这部分超比例的股息红利理解为应税的偶然所得,则会造成重复征税的问题,将使社会资本多付出一部分税务成本。

(2) 有限合伙企业的利润分配问题。有限合伙制下,通常由政府作为普通合伙人,而社会资本一方作为有限合伙人,二者共同成立有限合伙企业,然后对 PPP 项目公司进行投资。在这一组织架构下,往往存在社会资本间接取得的 PPP 项目利润分红的纳税争议问题。我国在对合伙企业取得的生产经营所得和其他所得征收所得税时,采取的是"先分后税"的原则,即合伙企业可以不作为纳税主体,以合伙架构中的合伙人为纳税义务人。具体到 PPP 项目而言,项目公司取得利润后分红给政府和社会资本共同设立的有限合伙企业,在合伙企业层面无须纳税,待其对合伙人分红后,社会资本层面就产生了相应的企业所得税纳税义务。但按《税法》有关投资收益免税的规定,当 PPP 项目的投资者即社会资本是我国境内居民企业时,其取得的这部分收入形式上来自合伙企业,但实质上仍然是从项目公司取得的投资收益,应该给予其免税待遇。然而,由于我国现行企业所得税制度中并未对这一情况做出明确的界定,在实务中,各地方税务机关对此类问题就有一定的自由裁量余地,多数税务机关出于谨慎性的原则,不允许作为社会资本一方的企业享受该笔投资收益免税的优惠待遇,理由通常为这笔所得是社会资本以合伙机构的有限合伙人身份取得的应税所得,而不是直接从项目公司取得的股息红利。由于现行的投资收益税收激励政策不完善,就导致同一收益在项目公司层面和社会资本层面都需要缴纳所得税,从而产生企业所得税的重复征税问题,加重了社会资本的投资成本,不利于调动其投资积极性。

(四) PPP 项目移交阶段的税收问题

1. 资产移交的税收问题

项目运营期满后,项目公司根据 PPP 项目合同将约定资产无偿移交给政府方。资产移交后,项目公司按公司章程清算,项目公司股东从 PPP 项目退出。这是 PPP 项目标准的退出方式。

对于 PPP 项目,如果在最初政府与社会资本签署项目合同时,约定期满时社会资本需将项目资产及项目相关权力移交给政府或其主管部门,那么就会产生资产移交的涉税问题,例如在 BOT 和 TOT 运作模式下,项目约定期限届满时均涉及这一问题。

(1) BOT 模式。对于以 BOT 模式运作的 PPP 项目,如果政府与社会资本方最初明确约定了项目资产建成后所有权即归属于政府,项目公司仅享有特许经营权,则这种项目资产的移交就不涉及所有权属的变更,在所得税及增值税上无须按视同销售进行处理;如果两方约定项目资产的所有权属于项目公司,则在约定期限届满资产移交时,依据现行增值税相关规定,项目公司将资产无偿移交给政府或相关主管部门,如果项目是用于公益事业或者以社会公众为对象的,增值税上不需要将该业务做视同销售处理,反之,用于其他用途,就需要缴纳增值税。由于涉及所有权的变更,在企业所得税上需要按视同销售处理,计算缴纳企业所得税。

(2) TOT 模式。对于以 TOT 模式运作的 PPP 项目,通常存在以下两种移交模式:政府将存量项目无偿转让给项目公司,在项目期限届满时,项目公司再将项目归还给政府;政府只是授予项目公司在约定期限内对项目资产的使用权,使用权到期即约定期限届满,不涉及权属变更。按照当前税收政策规定,对于前一种移交模式,由于涉及所有权的改变,需要缴纳相应的增值税和企业所得税。由于 PPP 模式的实质是政府从社会资本方获得融资,而政府或使用者付费形成社会资本方融资成本补偿及收益。对于上述涉及权属转移的资产移交,如果按照增值税和企业所得税的视同销售处理,势必会造成重复征税。同时,PPP 项目设施转让移交过程中还可能会涉及因土地、房产等评估价值增加导致的土地增值税税收负担。

2. 股权转让的税收问题

股权转让是指项目公司股东根据 PPP 合同约定,将所持股权转让给政府、其他股东或第三方,项目公司章程和股东发生变更。股权转让方式一般有一次转让、分期收款、分批(次)转让等,涉及的税收有两种。

(1) 企业所得税。企业转让股权收入,应于转让协议生效且完成股权变更手续时,确认收入的实现。转让股权收入扣除为取得该股权所发生的成本后,为股权转让所得。企业在计算股权转让所得时,不得扣除被投资企业未分配利润等股东留存收益中按该项股权所可能分配的金额。股权转让形成所得时并入当年应纳税所得额计算缴纳企业所得税;股权转让形成损失时,向主管税务机关专项申报备案后作为财产损失在企业所得税税前扣除。

(2) 印花税。在股权转让方式下,应依据双方签订的股权转让合同缴纳印花税。根据《中华人民共和国印花税暂行条例施行细则》,应按照产权转移书据缴纳印花税,税率为 0.05%。"财产所有权"转移书据的征税范围是,经政府管理机关登记注册的动产、不动产的所有权转移所立的书据,以及企业股权转让所立的书据。

3. 股权撤出(减资)的税收问题

根据 PPP 合同约定,经政府方同意,项目公司其他股东以减资的方式撤回股权投资,项目公司成为政府 100% 控制的公司,适用于有政府方参股的 PPP 项目。

项目公司股东股权撤回取得的资产中,相当于初始出资的部分,应确认为投资收回;相当于被投资企业累计未分配利润和累计盈余公积按减少实收资本比例计算的部分,确认为股息所得免征企业所得税;其余部分确认为投资资产转让所得或损失。

总而言之,PPP项目从设立、建设、运营到移交的全生命周期中,每个阶段均涉及不同的税收成本,投资主体应加大对税收风险的防范。同时,PPP相关的税收制度依然存在不确定性的问题,需要根据PPP项目的特点及规律尽快在政策、法规上予以完善及明确。

第八章 PPP未来发展改革方向

一、PPP未来可应用的领域

(一)"一带一路"

"一带一路"是"丝绸之路经济带"和"21世纪海上丝绸之路"的简称,源于2013年9月和10月由中国国家主席习近平分别提出的建设"新丝绸之路经济带"和"21世纪海上丝绸之路"的合作倡议。它将充分依靠中国与有关国家既有的双多边机制,积极发展与沿线国家的经济合作伙伴关系,共同打造政治互信、经济融合、文化包容的利益共同体、命运共同体和责任共同体。"一带一路"沿线国家呈"两头强,中间弱"的特征。"中间"国家存在基础设施薄弱、产业结构不合理、技术水平落后等问题。"两头"国家中,中国虽然近年来经济迅速发展,但仍存在产能落后、基础设施不足等问题;欧洲国家也面临基础设施更新换代等问题。这些都需要大量的资金投入,但在全球经济复苏艰难,各国"债台高筑"的背景下,财政资金和金融机构贷款是不足以满足"一带一路"建设的巨大资金需求的。而若引入社会资金,将我国PPP项目成功经验应用于"一带一路"建设中,将对"一带一路"建设大有裨益:有助于提高沿线国家基础设施水平;有助于我国企业"走出去",破解"逆全球化"难题;有助于创新投融资模式、提升资本配置效率;有助于通过引领世界走向联通大未来、推动全球治理新变革;有助于在沿线国家产生规模经济和产业链联动效应,推动世界经济转型升级,解决其失业问题,进而从根本上铲除恐怖主义生长的土壤,促进世界和平;等等。

1. "一带一路"PPP模式的价值

"一带一路"PPP模式的主体主要有两个:公共部门主要指东道国政府,私人部门主要是指中国企业或投资联合体,在坚持"共商、共建、共享"原则基础上,签订合作协议、订立合作框架。"一带一路"PPP模式合作基本框架为由两个主体共同组建PPP项目公司,负责PPP项目融资、建设和运营,并根据事先订立的合作协议确定利益分配原则,企业获得经营收益或财政支付,东道国政府以税收等形式取得收益或提供财政补贴,并按照协议在合约期满取得基础设施经营权。"一带一路"PPP模式的价值,则体现在其既有现实需求,又符合供给侧结构性改革方向的方面。

(1) 基于需求侧的价值。

一是"一带一路"沿线经济体基础设施等领域建设的需要。"要想富,先修路","一带一路"沿线大多是发展中国家,工业基础薄弱但发展潜力巨大,基础设施建设前景广阔。做好基础设施建设,将有利于发展中国家经济发展。长期以来,发达国家始终扮演着推动世界经济发展引擎的角色。但近年来,发达国家对世界经济的贡献有所下降,新兴经济体开始以高速的经济增长率,推动着世界经济舞台上角色的转换。以亚洲地区为例,据国际货币基金组织(IMF)发布的亚太地区经济展望显示,亚洲地区经济表现优于全球且增长强劲,2017年、2018年区域经济产出增长率均达到5.5%。新兴经济体的快速发展倒逼基础设施领域加快建设步伐,迫切需要将PPP模式应用于"一带一路",加快沿线基础设施建设进程,实现沿线设施互联互通、资金融通,深化经济合作,促进区域经济协同发展。沿线基础设施建设比较成熟的欧洲国家,也存在巨大的基础设施更新投资需求,这同样需要大量资金投入。

二是PPP模式巨大的市场需求。以基础设施建设投资为例,根据亚洲开发银行预测,未来10年,仅亚洲基础设施投资就需要8.22万亿美元,即每年需要新增投入8 220亿美元基础设施资金。在东南亚地区,每年基础设施建设投资为80亿美元,但实际需要的投资额高达2 100亿美元。公共部门资金无法满足亚洲基础设施需求。在很多"一带一路"沿线经济体,交通严重拥堵,高速公路、铁路等交通运输缺乏。从总体来看,"一带一路"沿线国家对PPP项目的应用还存在巨大的需求与发展空间。

三是现有融资渠道供给能力与"一带一路"沿线经济体建设资金需求的巨大缺口。长期以来,提供基建投融资供给的大型国际金融机构主要包括世界银行、亚洲开发银行、欧洲复兴开发银行等。根据亚洲开发银行预测,亚洲每年基础设施的投资至少需要8 000亿美元,目前的融资来源包括:亚洲基础设施投资银行,其资本规模为1 000亿美元,其中中国出资400亿美元;丝路基金,首期规模为400亿美元,资金来自外汇储备、中国投资公司、中国进出口银行、国开金融,资本比例分别为65%、15%、15%、5%;金砖国家银行,资本金规模为1 000亿美元;上合组织开发银行。中国还将向南亚、上合组织、非洲分别提供200亿美元、50亿美元、300亿美元的信贷配套支持。此外,区域性和国际性组织也为"一带一路"的基础设施建设提供部分资金。上述各种融资渠道目前能向"一带一路"跨境基础设施提供的融资总规模为3 500亿美元左右,远远不能满足融资需求。① 总体而言,单纯依靠国际金融机构提供融资与沿线国家基建资金需求尚存在较大缺口,而通过 PPP 模式吸收大量社会资本参与投融资及项目建设,有利于各方达到"双赢""多赢"的效果。在某些基础经济领域产业结构合理化、技术水平升级等投入大、见效慢的领域,社会资本也往往不愿意单独进入,需要政府资本与社会资本合作。

(2) 基于供给侧的价值。

一是有助于改变国有企业在"一带一路"建设中"单打独斗"的局面。目前,我国"一带一路"沿线建设的承建单位主要是大型国有企业,近年来在境外的建设也取得了一系列重要的成果,为进一步推动民间资本加入树立了标杆作用。国有企业在基础设施领域占据资金和技术优势,具有丰富的境外投资建设经验。但一些国有企业机构冗杂、融资模式单一、决策效率和运营效率较低,仅靠国有企业难以支撑沿线建设重任,且国有企业的境外建设项目往往是基础设施建设、交通、能源领域,容易引起当地政府警惕,加大了国家利益受损的风险,不利于项目建设的可持续发展。而我国社会资本发展迅速,资金力量雄厚,近年来"走出去"步伐加快,PPP 模式作为私人资本参与沿线国家基础设施建设的有效途径,将极大地克服国有企业单独建设的缺陷,通过形成合理的股权结构、风险分担和收益分配机制,提升 PPP 项目运营效率,扩大建设收益。

二是为我国大量富余资本提供投资方向。近年来,我国城乡居民储蓄额呈现逐年上升态势,2016 年年末住户存款余额为 60.65 万亿元,同比增长 9.9%。据 IMF、世界银行和美国中央情报局 2015 年度《世界概况》称,卡塔尔、科威特和中国内地在收入储蓄排行榜上居前三位。2011 年年初,央行公布的储户问卷调查报告显示,高达 85.8%的城镇居民倾向于储蓄,只有 14.2%的居民倾向于更多地消费。而由于国内有效需求不足,居民储蓄转化为有效投资受阻。科学使用我国高额的社会储蓄资本,将部分国内储蓄通过 PPP 资产证券化等途径合理引导于"一带一路"沿线建设,既有助于解决"一带一路"跨境基础设施的资金供给问题,又为国内大量资本保值增值提供了新的方向。

三是为我国优质产能寻找建设新渠道。我国在高铁、核电等领域已经形成有国际竞争力的优质产能,即使在钢铁等产能过剩行业也并不意味着产能落后,更多的只是国内有效需求不足所致。让这些优质产能"走出去",既有利于"一带一路"沿线国家的经济建设和技术水平的提高,也能使前期技术投入得到回报,还可以消耗国内过剩产能。近年来,我国企业在"一带一路"沿线国家相继建设落成一系列重大项目,其中,交通和能源占据了重要地位,这对于释放我

---

① 张茉楠,"私人资本参与'一带一路'可补资金不足",《国际先驱导报》,2015 年 7 月 22 日,http://ihl.cankaoxiaoxi.com/2015/0722/860986.shtml。

国目前过剩的优质产能、积累境外建设经验具有重要意义,更重要的是,有助于深化国际产能合作,帮助其他国家建立更加完整的工业体系。国务院《关于推进国际产能和装备制造合作的指导意见》指出,力争到2020年,与重点国家产能合作机制基本建立,一批重点产能合作项目取得明显进展,形成若干境外产能合作示范基地。这对于我国相关行业发展是重大契机,符合我国国内供给侧结构性改革的方向。

四是我国社会资本已具备跨境投资能力。改革开放以来,社会资本不断积累经验和增强自主创新能力,一部分企业已经成长为投资能力强、经营管理先进的现代化企业,并开始着眼于世界,谋求全球发展路径。在国内近年的PPP项目建设中,一些社会资本已具备基础设施投资和建设经验,使其在境外投资大型基建项目成为可能。2016年,我国PPP项目落地率不断提升,其中,社会资本单独或者作为牵头人中标的项目个数占比为51%。随着PPP模式在我国的不断深化实践和探索,国内民间资本已初步具备投资建设PPP项目的能力,为进一步推广至境外建设项目储备了相应的经验和资源。

2. "一带一路"PPP模式的风险

(1) 政治风险。

政治风险包括政局的不稳定性、政策的不连续性和国际关系变化。首先,"一带一路"沿线65个国家,贯通亚欧非大陆,大多数都是新兴经济体和发展中国家,地缘政治复杂,民族宗教冲突,有的地方甚至时有战争发生。政局不稳带来的不稳定的境外投资环境严重制约着中国企业在境外的投资。其次,沿线国家政治情况复杂,有可能会出现政府频频换届的情况,若新政府推翻旧政府的政治决策与承诺,将会导致项目拖延甚至停工,甚至可能存在由于政权更迭等因素,新政府将PPP项目国有化这种极端情形。再次,主权国家违约风险,即由于经济改革或经济发展计划失败,东道国经济困难、政府负债高企,无法按照既定合约来偿还债务,给项目投资带来风险。最后,国际关系变化对社会资本的境外投资也会产生不可控的风险。由于建设周期较长,期间国际关系充满不确定性,也会对项目成败产生至关重要的影响。

(2) 法律风险。

从横向角度看,"一带一路"沿线国家除了在基础设施、贸易投资等领域的合同法、外汇管制、税收规定等与国内相关规定有很大不同,其本身法律体系也不尽相同。中东部分国家属伊斯兰法系,俄罗斯及东欧国家属大陆法系,阿拉伯国家和伊朗属阿拉伯法系。从纵向角度看,沿线大多国家自身法律体系并不完善,还处于发展过程中,而基础设施建设项目周期长,法律变更的风险也可能会对我国企业的境外投资带来不可预估的损失。另外,除当事国法律适用的风险外,还存在国际仲裁的认定和执行风险。《承认及执行外国仲裁裁决公约》是多国加入的国际条约,专门针对国际仲裁执行问题,但"一带一路"的沿线国家如哈萨克斯坦、土库曼斯坦等,既不是 WTO 成员,也非上述公约的缔约国,PPP 项目争端即使同意提交 WTO 或国际仲裁委解决,并且得到有利于中国的判决,最终执行判决的难度也非常大。同时,PPP 模式作为一种基础设施和公共服务的提供方式创新,涉及建设、运营、环境、金融、财税、劳工、知识产权等多方面法律制度问题,一些国家在上述某些方面与国内差异较大,管理普遍较严格,稍有不慎就可能带来较高的法律风险。

(3) 宗教风险。

"一带一路"沿线国家大多具有悠久的宗教文化信仰,是伊斯兰教、佛教、基督教等多种宗教的发源地。在中亚、中东地区,伊斯兰教深刻地影响着地区政治经济和社会发展进程;在东南亚和南亚地区,佛教在各国经济社会发展中留下了深刻印记;而在一些欧洲国家,基督教对政治、经济、社会生活产生了深远的影响。这些国家政教关系复杂,部分国家政教合一或以某项宗教为国教。一些宗教国家有其特殊的文化禁忌,例如伊斯兰教地区的金融系统就是一个特殊的金融系统,其禁止投机行为、投资博彩业等。国内企业在"一带一路"沿线国家实施 PPP 项目时若不深入了解其宗教文化状况,而触碰了当地的宗教文化底线,不仅会造成重大经济损失,而且会伤害两国人民的情谊。

(4) 投资回报风险。

"一带一路"PPP 项目的建设由于回报周期长、跨国投资等原因,其能否获得合理投资回报受多方因素制约。首先,"一带一路"PPP 模式大多应用于基础设施领域,而基础设施的特点之一是投资回报周期长(一般都在 20 年以上),这期间项目能否获得稳定现金流受经济环境等因素影响。其次,汇兑和税务风险是形成投资回报风险的重要因素。PPP 项目的还款及回报与汇率关系密切,汇率波动有可能极大程度上抵消 PPP 项目的利润率,并且东道国关于外汇进出的规定及其通货膨胀率水平也会影响投资回报率。税务对 PPP 项目投资回报影响巨大,特别是一些国家和地区税制不健全,缺乏与境外投资对接的税制法规,税收随意性大,对 PPP 项目投资回报构成威胁。最后,大国间乃至本国企业间的恶性竞争也会影响 PPP 项目投资回报,例如,中日在印度尼西亚、泰国、印度的高铁项目竞争等案例,在很大程度上降低了投资回报率。

(5) 建设及运营风险。

"一带一路"PPP 项目的建设风险主要包括征地拆迁、生态环保、技术标准、规划设计、公民参与等。由于"一带一路"PPP 项目中不少是基础设施建设工程,涉及的征地拆迁、生态环保问题易诱发利益冲突和群体性事件。一些国家制度环境相对落后,技术标准不完善、不一致,给规划设计及建设带来了困难。同时,一些国家的公民参与决策程度高,许多事项并非政府部门可以决定,如果只注重与政府打交道而忽视社区和当地群众的支持,则有可能使项目建设遭遇当地社区和群众的阻力,乃至半途而废。运营风险主要包括成本增大、需求变化、人才缺乏及技术障碍等。例如,由于原材料及人工等成本增加,或由于需求达不到最低要求而导致项目不可持续;项目无法解决关键技术障碍、相关专业及管理人才缺乏等,都可能形成项目运营风险。

3. "一带一路"PPP模式的风险规避

(1) 加强政府高层互通互信。

跨境PPP项目建设与国内PPP项目相比,最大的不同就是对于相同的问题,不同国家可能存在不同的政策,这就需要国家间高层加强沟通对话,达成共识,深化政治互信,为项目顺利建设运行开启政策绿灯。"一带一路"倡议要求实现"五通",即政策沟通、设施联通、贸易畅通、资金融通、民心相通。其中,政策沟通是重要保证。"一带一路"倡议实施以来,中央各部委和地方相继出台一系列政策措施保证"一带一路"倡议的顺利推进。2017年5月在北京举行的"一带一路"国际合作高峰论坛上,中国政府与巴基斯坦、克罗地亚、马来西亚等有关国家及UNDP、联合国人类住区规划署(UN Habitat)等国际组织签署了"一带一路"合作文件,与老挝、柬埔寨政府签署了共建"一带一路"政府间双边合作规划。下一步重在认真研究、落实好相关项目与规划,加强双边、多边交流,进一步完善PPP项目建设推进机制,注重绩效评估与反馈修正,力争先期建成一批示范性成功项目,作为样板工程、品牌工程向世界展示"一带一路"PPP项目的成就和可行性合作路径,带动更多国家、更多社会资本参与项目建设,推动"一带一路"建设早日取得更大成果。

(2) 加强与项目地社会环境的融合。

由于宗教、文化等原因,项目东道国与我国市场惯例、社会规则等可能存在较大差异。因此,我国政府和企业在推进PPP项目时不宜太过强调中国特色或将国内相关做法不分条件地应用到国际项目中,而应加强与社区、公众、非政府组织(NGO)、地方政府的沟通与合作,尤其是通过参与公益事业、雇用当地员工、与当地企业合作等途径,树立良好企业形象,有效规避相关风险。

(3) 对投资环境进行事前调查。

"一带一路"沿线国家复杂的投资环境可能使企业投资面临巨大风险,因此,有必要对东道国的投资环境进行调研,包括经济环境、法律环境等。经济环境是指当地经济发展水平、市场发育程度、配套基础设施建设情况等;法律环境是指东道国与投资和经营相关的法律法规规定。对东道国的法律查明尤为重要,尤其是与PPP项目紧密联系的税收、外汇管制、合同法、金融体系及国际贸易相关领域的法律问题。

（4）推动人文交流合作。

境外的 PPP 项目建设不仅需要政治和经济上的沟通,由于东西方文化差异巨大,更重要的是需要人文情怀的相通和价值观上的认同。因此,要更进一步促进民间组织交流,进一步拓宽留学生学习涉及领域,通过高校间的合作交流,展开各领域各专业的人才交流。促进各国民间的情感交流,增强彼此之间的认同感,不仅能为境外 PPP 项目建设开启政策绿灯,也能让当地人民发自内心认同,为项目的可持续发展提供源源不断的动力。

（二）精准扶贫

1. PPP 模式的优势

（1）有利于弥补贫困地区资金投入的不足。

截至 2017 年年末,我国还存在集中连片特殊困难地区 14 个、国家扶贫开发工作重点县 592 个、贫困人口 3 046 万,扶贫攻坚任务仍然十分艰巨。据国务院扶贫办测算,未来五年直接用于县级以下脱贫攻坚资金需求高达约 4 万亿元,其中易地搬迁、乡村基础设施需求约 2.3 万亿元,特色产业发展需求约 1.5 万亿元,包括整村推进项目贷款 1 万亿元、易地扶贫搬迁贷款资金 3 500 亿元、教育扶贫贷款 1 000 亿元、投资收益型扶贫开发贷款 1 000 亿元。而贫困地区资金投入严重不足是制约贫困地区和贫困人口脱贫的重要原因,并影响着相关精准扶贫工作的深入开展,这需要全社会共同参与扶贫,通过引进社会资本来解决贫困地区扶贫资金不足等问题。在贫困地区实施精准扶贫、精准脱贫中,通过引入 PPP 模式,打破社会资本进入贫困地区提供各项公共产品和服务的不合理限制,鼓励社会资本通过参股、合资、独资等形式投资到贫困地区的公共产品和服务建设中,不断完善贫困地区的公共产品和服务供应体系,有效弥补贫困地区财政资金投资的不足,加快推进贫困地区公共服务均等化,为贫困地区注入新的经济增长活力。

（2）有利于深入推进精准扶贫方略的实施。

贫困地区在交通、水利、电力、教育、医疗卫生、生态环境、产业发展及其他民生工程等领域都迫切需要改善,在项目和资金安排等方面都非常欠缺,扶贫攻坚形势异常严峻。习近平总书记多次强调的"六个精准"中,要求在扶持对象、项目安排、资金使用、脱贫成效等方面要精准,而 PPP 模式可以切合"精准扶贫、精准脱贫"的要求,重点在针对贫困地区、贫困村和贫困人口的扶贫项目实施中引入 PPP 模式,从而在财政资金安排及社会资本的引入上重点向贫困地区、贫困村和贫困人口倾斜,鼓励社会资本参与到精准扶贫、精准脱贫中来。

2. PPP 模式的主要应用领域

PPP 模式在我国贫困地区从基础设施建设、教育、医疗卫生、住房、产业发展、生产和生活条件等领域都具有广泛的应用前景,该模式已成为贫困地区引入社会资本来缓解投资资金不足、解决贫困落后状况、加快推进精准扶贫的重要途径和方式。因此,应积极推广PPP模式在贫困地区的应用和推广,以消除贫困,其应用领域主要集中在以下几个方面:

(1) 交通、桥梁、水电等基础设施建设。

贫困地区的交通、桥梁、供水、供电等基础设施建设相对薄弱,基础设施服务水平比较落后,建设投入严重不足,现有基础设施建设水平和服务能力远不能满足贫困地区脱贫致富和建设发展的需要,供需矛盾比较突出,因此迫切需要加大贫困地区基础设施建设的投入力度。在中国经济新常态下,引入PPP模式解决贫困地区资金投入的不足,已成为进一步完善贫困地区基础设施建设体系,缓解贫困地区基础设施建设资金投入不足,加快推进精准扶贫、精准脱贫的重要选择和可行方案。贫困地区的基础设施服务既拥有属于非排他性和非竞争性的纯公共物品的服务设施,又有属于排他性但非竞争性的准公共服务的服务设施,而在贫困地区中引入PPP模式,不仅有利于政府简政放权和加快政府职能转变,而且有利于减轻政府财政预算压力和债务压力,并加快推进贫困地区基础设施体系的建设,为深入推进精准扶贫提供强大的发展动力。同时由于贫困地区的基础设施建设具有区域性、分散性、利用效率低、投资回报慢、收益率低等特点,需要充分发挥财政资金在引导社会资本参与到贫困地区基础设施建设中的作用,确保社会资本得到合理的投资回报,从而更好地实现经济效益和社会效益。

(2) 产业扶贫。

贫困地区由于资金、人才等较为缺乏,经济社会发展水平相对较低,产业发展基础较为薄弱,人民日益增长的精神和物质文化需求不相适应。虽然贫困地区的制造业、服务业等产业的发展水平较低,但是大部分贫困地区也有着良好的自然资源优势,并在农业、林业、渔业、畜牧业等传统产业具有一定发展基础。因此,在政府财政资金投入不足的情况下,可以尝试引进PPP模式推进产业扶贫。我们可以依托贫困地区现有的资源优势和劳动力优势,制订贫困地区特色产业发展规划,完善贫困地区市场投资环境,发挥财政资金对社会资本的引导作用,鼓励和引进社会资本和银行信贷资金等通过多种投资及合作方式积极参与到贫困地区的产业发展中来,积极推动农村特色农业生产基地、农产品加工产业园区、农产品网上销售平台等的建设,推进贫困地区种养殖业、传统手工业、农产品加工业、农村互联网和物流产业、中医药休闲养生旅游业等产业的发展。

(3) 教育、医疗卫生等公共服务领域发展。

贫困地区的教育、医疗卫生等产品和服务具有公共品属性。目前,我国贫困地区教育水平比较低,学校的师资力量、教学设施、办学资金等资源都比较缺乏;医院的医疗技术、设备和人员等也比较缺乏,医疗卫生服务工作仍比较薄弱,管理和服务运行体系不健全,医疗卫生投入严重不足。可见,贫困地区的公共服务产品和服务亟须改善。而贫困地区传统的教育、培训、公共医疗卫生等产品和服务主要由政府提供,依靠财政资金支持,这给政府带来了巨大的财政支出压力。同时,政府提供服务往往具有效率较低的特征,不利于促进贫困地区公共产品服务效率的提升。PPP模式是解决上述问题的一个选择。通过在贫困地区的教育、医疗卫生等公共服务领域引进PPP模式,鼓励和引进社会资本参与到这些领域的技术、设备、设施、人才等的投资和建设中,签订长期合作协议,明确各方的权利和责任,确保私人收益与公共利益之间的平衡,对减轻政府财政预算压力、提高公共服务供给效率、降低经营风险、实现资源优化配置具有重要意义。

3. PPP模式推进精准扶贫存在的问题

在将PPP模式应用到贫困地区精准扶贫的过程中,由于PPP模式在贫困地区的应用推广尚处于初始阶段,仍面临诸多挑战,有以下几个问题需要重点关注和解决。

(1)如何实现PPP模式与精准扶贫之间的有效衔接。

实现PPP模式与精准扶贫之间的有效衔接,是发挥PPP模式对精准扶贫推动作用的重要条件,直接关系到在精准扶贫中能否充分利用PPP模式为贫困地区的脱贫攻坚任务提供服务,对拓展PPP模式的应用和推广范围及推动精准扶贫的深入实施具有重要的现实价值。只有当PPP模式的应用和推广切实与贫困地区、贫困村和贫困户的利益和积极性连接起来,做到PPP模式的应用和推广能够从根本上解决或缓解贫困地区、贫困村和贫困户的贫困状况,帮助农户增收和改善其生产生活条件,才能充分发挥PPP模式对精准扶贫的推动和影响作用。因此,在实施PPP模式的过程中,需要综合考虑贫困地区、贫困村和贫困户的条件与环境状况,因地制宜,采取合理的投资合作方式,真正改善贫困地区、贫困村和贫困户的公共产品与服务提供状况,帮助贫困地区的贫困农户实现脱贫致富。

(2)如何处理好政府与社会资本之间的合作伙伴关系。

PPP模式的运营方式包括OM、MC、BOT、BOO、TOT和ROT等多种方式。但由于各种运营方式在项目设计、采购和预算管理、建设、财务、运营维护、收费定价、绩效评价、风险评估等方面存在较大差异,政府和社会资本之间的权利和义务划分尚无统一的界限和标准,贫困地区的项目具有利用程度低、收费难度大、运营维护成本高、复杂程度高的特点。因此,如何处理好贫困地区政府与社会资本之间的合作伙伴关系,选择合适的PPP运营模式,明晰政府和社会资本之间的权利和义务关系,充分发挥政府对贫困地区公共产品和服务的调节作用及市场在资源配置中的决定性作用,实现私人利益与公共利益之间的平衡,是在贫困地区采用PPP模式推进精准扶贫需要面对的一个重要问题和挑战。这需要强化政府对社会资本的引导作用,增强政府与社会资本之间的项目合作与交流,共同探讨可行的合作方式,进而推动PPP模式更好地为贫困地区精准扶贫服务。

(3)如何在精准扶贫中推广PPP模式。

PPP模式在贫困地区的主要应用领域包括交通、桥梁、水电等基础设施建设领域,产业扶贫领域,教育、医疗卫生等公共服务领域,以及生产条件、生活条件改善领域等。由于贫困地区的经济发展条件比较薄弱,在基础设施建设、产业发展、公共服务、生产条件与生活条件改善等领域仍处于比较薄弱的发展环节,并且各领域之间的发展条件、基础和水平差异也较大,在贫困地区各领域推广PPP模式面临不同程度的风险和困难。另外,由于受到贫困地区经济发展水平低下和贫困村、贫困户分布分散的影响,PPP项目的利用效率相对较低,面临投资回收难度大、回报周期长、利润水平低、投资风险高等诸多问题,这严重制约着PPP模式在贫困地区各领域中的应用。尽管PPP模式作为一种可行的项目投融资模式,可以为贫困地区的脱贫致富带来大量的投资和发展资金,但是PPP模式在贫困地区各领域的推广和应用仍面临较大的困难及挑战。因此,需要依据贫困地区的实际情况为社会资本构造一种合理的、持续的、风险可控的和可操作的投资合作机制,充分发挥财政资金对社会资本的引导和投资保障作用,为社会资本的进入创造一种良好的政策和服务环境。这样才能深入推动PPP模式更好地为贫困地区发展服务,更好地推动精准扶贫、精准脱贫方略在贫困地区的深入实施。

4. PPP模式推进精准扶贫的建议

(1)明确和规范PPP项目相关法律法规。

PPP项目相关法律法规制度的完善,有利于明确和规范政府在PPP项目中应承担的责任和义务,更好地发挥政府作为PPP项目监督者和合作者的作用,充分激发社会资本参与PPP项目建设的活力和积极性,提升公共产品和服务的供给质量和效率,更好地实现政府对社会资本参与PPP项目建设的引导和推动作用。为此,首先,我们要明确PPP项目立法的参与机构,协调好各职能部门之间的相关工作职责,加快推进我国PPP项目的立法进程,加快完善贫困地区推广PPP项目的相关法律法规体系。其次,应对现有涉及PPP项目推广和应用的相关法律法规进行补充、修改和完善,进一步强化现有法律体系与PPP项目推广与应用之间的衔接和有效协调,避免和减少各种法律法规的争议与冲突。再次,加快推进PPP项目立法,进一步明确政府与社会资本参与PPP项目建设各自应承担的法律责任和义务,进一步明确其责权利关系,最终推动PPP项目单一法案的形成。最后,加强PPP项目文件和内容的规范与管理,制定统一规范的管理制度及优惠政策,对贫困地区推广和应用PPP项目,可以从土地、税收、投资、信用贷款、审批手续等方面给予政策支持,并且地方政府还可以通过制定推动贫困地区PPP项目建设的相关规章制度,进一步推动PPP项目投资和制度环境的完善,为社会资本参与PPP项目建设营造良好的发展环境。

(2)提高PPP项目扶贫的精准性。

为达到使贫困地区脱贫的目的,我们应根据贫困地区公共产品和服务提供状况及项目建设条件的成熟状况,有选择性地引进PPP项目,进一步强化PPP项目为贫困地区精准扶贫服务的功能。在引入贫困地区PPP精准扶贫项目的过程中,要注重提升项目扶贫的精准性,需要将PPP项目的引进、建设与对贫困地区、贫困村和贫困户的脱贫任务对接起来。既要将PPP项目引入到贫困地区的交通、供水、供电、供气等公共产品与服务的建设中,更好地帮助贫困地区、贫困村和贫困户解决公共产品和服务供给不足等诸多问题,又要将PPP项目与贫困户的自我能力提升、收入增加及脱贫相结合,确保全面、深入推动贫困地区精准扶贫任务的实施。

(3)完善PPP精准扶贫项目收益风险分担机制。

首先,加快完善贫困地区PPP项目投资回报机制。通过对PPP项目确定合理的价格和收费标准,构建科学合理的价格形成机制,确保社会资本取得合理的收益,同时实行损益分担机制,合理分享超出的部分收益及合理分担协议约定的投资亏损,此外,还要综合考虑社会资本的投资收益及亏损情况,实行可以动态调整的投资补贴机制,尽可能降低贫困地区PPP项目的经营成本和企业投资压力,确保企业获得合理的投资回报。其次,建立合理的风险分担机制。通过合理划分政府和社会资本之间的责权利关系,明确各方的投资风险承担范围,并根据投资风险的变动情况,对风险实行动态调整,尽可能地降低投资风险,同时要加强投资风险防范,强化对贫困地区PPP项目的财政承受能力论证和物有所值评估,将投资风险控制在可控的范围之内。最后,构建PPP项目投资退出机制。通过明确贫困地区PPP精准扶贫项目的退出条件,在出现PPP项目无法按照合同约定的情况继续履行时,应为社会资本退出项目合作提供可行的渠道,并在退出审批方面提供支持,同时明确违约方应承担的违约金及赔偿责任等。

(4)加强PPP项目典型树立和宣传。

PPP项目在精准扶贫领域的应用方兴未艾,故应积极推进贫困地区PPP精准扶贫示范项目的建设,为贫困地区PPP项目的引进和落地实施提供示范,并采用多种手段对PPP模式进行宣传。根据贫困地区的状况,结合其资源条件、优势及其面临的实际问题,注重PPP扶贫项目的财政承受能力、合作伙伴选择、风险管理和绩效评价等,针对交通、供水、供电、供气、医疗、教育、扶贫产业等重点扶贫领域,筛选一批扶贫项目实施PPP项目示范,供其他地区学习。这将有利于发挥PPP示范项目的示范和带动效应,推动更多的PPP扶贫项目在贫困地区落地实施。我们还应加强PPP模式在贫困地区的宣传和推广,通过报纸、杂志、网站等多种形式,加强对PPP精准扶贫项目的宣传,强化舆论引导,提升社会对贫困地区PPP精准扶贫项目的认可度,从而营造良好的投资环境氛围,更好地吸引社会资本参与到贫困地区的基础设施建设、产业发展、公共服务、生产条件与生活条件改善等领域的建设中。

(5) 加强PPP精准扶贫领域人才培养。

人才是推进PPP精准扶贫的关键因素,要加强对PPP精准扶贫项目的人才培养。首先,应开展对PPP模式相关工作人员的基础业务培训,实行全方位和多层次的培训,使得相关工作人员能熟悉掌握PPP精准扶贫项目的相关运行特点、操作规程及其要点。其次,应制订相关PPP项目培训规划,整合有关PPP项目培训资源,有针对性、选择性地开展专题培训,培养出一批高端、复合型的技术人才,从而更好地推进PPP精准扶贫、精准脱贫项目的推广。最后,应加强PPP项目专家人才库的建设,强化学界、政界、业界专家对PPP精准扶贫项目的指导,提升PPP项目的实施质量和水平。

(三) 区域振兴

1. PPP模式对区域经济的作用

(1) 提升基础设施水平。

我国在城镇化过程中,基础设施投资需求存在巨大的缺口,而基础设施建设具有投资金额大、投资周期和回收期长的特点,这导致社会资本不愿意进入。而财政资金的不足严重限制了政府以改善投资环境为目的的基础设施投资建设行为。由于财政资金不足,我国基础设施建设总量无法满足需求,且基础设施供给的东、中、西部地区布局不合理。基础设施供给不足严重削弱了地区公共服务的供给,影响了社会生产,进一步导致社会总供给不足。这制约了地区经济发展,拉大了地区间的经济差距。基础设施投资不足对经济的影响具体表现为影响生产率的提高、减缓工业化进程、影响扩大就业、降低城市间的贸易竞争等。经济性基础设施投资不足、建设水平落后,会降低整个地区的生产力,影响其他生产要素发挥作用。社会性基础设施投资不足和水平落后就会影响社会生产力水平的提高,制约生产力的发展。基础设施的重置投资不足,导致基础设施维护不善,引起基础设施浪费增加、效益下降、服务质量降低等。

公共部门通过 PPP 模式撬动私人资本投资基础设施,私人部门通过该模式进入以往无法进入或不愿进入的公共产品和服务的供给与生产中来,私人部门作为一个以盈利为导向的组织,其运用新技术和创新能力往往高于政府部门,从而可以改善基础设施建设和运营效率,降低交易成本,弥补公共部门的市场失灵,提升社会福利,为经济和社会发展提供强大动力。

(2)促进公共就业。

我国公共服务供给体系由供给制度、供给机制、供给主体、供给对象、供给手段和供给方式等一系列要素构成。随着经济社会的发展,公共服务需求的增长导致政府等公共部门提供的服务已无法满足,需要借助外部力量来提高公共服务供给的数量和质量。政府需要广泛吸引社会力量参与,以拓宽公共服务供给的途径,解决政府部门在公共服务供给领域的资金投入不足、管理效率低下和服务不到位的问题,实现公共服务社会化供给。公共服务社会化供给是指政府作为主导地位调动社会各方力量参与公共服务供给,充分调动社会各方积极性,从资金来源、供给主体、供给渠道进行社会多元化,由过去由单一的完全免费的政府供给模式转变为部分付费的多元化的供给模式,以达到增加供给数量和提高供给质量的目标。

在公共服务供给发展中,单一政府供给模式出现"政府失灵"的现象,随后市场化的供给过程中同样出现了"市场失灵"的困境。为了避免"政府失灵"和"市场失灵"问题,政府可以借助 PPP 模式。公共服务领域采用 PPP 模式供给服务能够提高供给效率、变革管理水平和促使资金投入的多元化。对于政府来说,采用公私合作模式进行公共服务建设有诸多益处。首先,采用公私合作拓宽了政府融资渠道,缓解了地方政府的财政压力。其次,采用公私合作模式,政府可以直接利用私人部门的技术和管理为公共就业服务,提高了政府部门的效率。对于私人部门来说,采用 PPP 模式进入公共服务供给领域,一方面为私人部门的资本投资打开了一条全新渠道,另一方面,私人部门获得了原来由政府垄断的公共服务市场,这对私人部门来说是一个市场扩大的过程,将为其发展注入新的活力。

(3)促进资本在地区间的流动。

在我国改革开放初期,国家采取了一系列政策引导政府公共部门和外商向东部地区进行投资,这加速了东部地区的经济发展,而中西部地区经济基础薄弱、外部资本环境欠佳,这导致中西部地区与东部地区的资本存量存在很大的差距。相比东部地区,中、西部地区的资本市场发育程度落后,这制约了中、西部地区市场对资本的配置功能,拉大了中、西部地区与东部地区的经济发展差距。由于 PPP 模式的主要投资方向基础设施的公共服务在中、西部较为欠缺,大力推进 PPP 模式可以使大量东部地区资本流入中、西部地区。而且,PPP 项目可能为私人部门或者项目所在地提供更多的商业机会,私人部门会改变服务方式或者承诺未来一段时间扩大业务,如发展上游产业、进行产品深加工等。一个私人企业的存在,可能成为其他私人企业在此地区投资的一个诱因。同时,一个成熟的 PPP 项目或者一个新的生产过程,会吸引更多的成熟劳动力到这个区域。这会进一步扩大资本由东部向中、西部的流动,从而为中、西部地区剩余劳动力创造更多就业机会,促进经济持续稳定增长。

(4) 促进产业升级,调整经济结构。

在一个独立的经济体系中,合理的产业结构是经济发展的基础和前提,产业结构和经济增长总是紧密相连的,主要体现在两个方面:第一,产业结构是国民经济发展的速度和效益的基础。社会生产过程都是以一定的所有制为基础,劳动者、劳动资料和劳动对象必须按照一定的技术结构有比例地配置,随着科技水平的发展变化不断调整资本技术构成比例,配置的方式、数量和层次将对社会经济效益产生直接影响,各地区表现出不同的经济发展速度。第二,优化产业结构以最小的投入获得最大的产出,是提高效益最根本的方法。优化的产业结构能以较小的投入获得较大的产出,即投入产出比才能上升,这将为经济的持续增长提供源源不断的动力。

在市场经济结构下,市场在资源配置中起决定性作用,但是由于垄断、外部性和信息不对称,市场失灵的现象时有发生。社会资本虽然效率较高,但其追求利润最大化的目标可能会使其投资方向存在一定程度的盲目性和无序,这将引起整个社会的投资结构不合理,造成经济增长的"瓶颈"。政府资本不以逐利为目的,投资方向更加考虑整个国家的发展和产业升级,但往往效率较低,且政府资本规模有限。而 PPP 模式可以结合政府资本和社会资本各自的优点。政府可以充分利用 PPP 模式对社会资本进行引导、补充和矫正,使社会资本进入发展"瓶颈"的领域,如具有正外部性的基础科技研发等,以此来达到调整经济结构、促进技术进步、实现产业升级的目的。

2. PPP 模式未来的发展方向

(1) 创新资产证券化融资方式。

资产证券化对盘活 PPP 项目存量资产、加快社会投资者的资金回收、吸引更多社会资本参与 PPP 项目建设具有重要意义。将资产证券化与 PPP 项目深度融合,推动建立完善 PPP 资产交易平台,打通资产流通的"筋脉",有利于盘活资产、降低融资风险、拓宽资金渠道,解决融资瓶颈。此外,由于项目运营周期通常较长,期间可能由于发生严重违约事件或者不可抗力事件导致双方无法继续履行合同,或特许期届满导致合约中止,因此需要在项目投资之初就在相应的回购合同和运营合同中针对不同类型的项目设计合理的退出机制,实现社会资本退出,解决投资回报周期长带来的不确定性,以及合约期满的平稳移交问题。

(2) 加大政策扶持力度。

从目前国内 PPP 项目的落地情况来看,虽然落地率日益上升,但总体仍然偏低,政府有必要从政策层面给予相关的支持。首先,应完善各种配套融资产品,继续广化和深化金融支持,为企业投资提供融资便利,解决融资难问题。其次,应增加政府对 PPP 项目的税收和非税收补贴,提高 PPP 项目的资本回报率,刺激社会资本投资积极性。最后,应加大对 PPP 项目的非补贴支持,如土地、水电气等方面的优惠等,助力 PPP 项目的落地和运营。

(3) 加快培养 PPP 项目的专业人才。

PPP 项目的运作过程十分复杂,涉及金融、法律等多个领域,需要大量具有复合背景的人才。而我国 PPP 模式不论在理论上还是在实践中,都尚处于探索和发展过程中,需要加快培养一系列高端人才,用于 PPP 项目中。首先,应开展一系列 PPP 相关领域知识的培训。其次,应支持 PPP 咨询公司积极参与到 PPP 模式的理论探索和实践中来,派遣优秀人员到国外学习先进理论和成功经验。最后,应将专家咨询、机构实践及高校科研结合起来,理论联系实际,促进 PPP 模式的良好发展。

(4) 健全风险分担机制。

已实施 PPP 项目的经验表明,其成功的核心是风险分担机制。在 PPP 项目中,对于投资者而言,他们最关心的问题是如何规避风险,只有具备合理的风险分担机制才能吸引足够的资金到 PPP 项目中来。PPP 项目风险分配应该遵循以下三条原则:一是由对某种风险最具控制力的一方主要负责该风险,二是承担的风险与收益相匹配,三是承担的风险要有上限。通过将风险合理分配,由利益相关者对风险进行合理管控,把不利影响降到最低,从而保障 PPP 项目各方利益的最大化。

(四) 乡村振兴

1. 现有农村基础设施供给存在的问题

PPP 模式的主要应用领域为社会资本不愿意单独进入的公共品和准公共品领域,而在农村,薄弱的基础设施供给是 PPP 模式能发挥作用的主要领域,基础设施的供给也是振兴乡村的基石,对未来一个阶段乡村的发展至关重要。目前农村基础设施供给主要存在如下问题。

(1) 政府投入不足。

农村基础设施的提供首先要解决其建设资金从何而来的问题。从财政体制框架看,农村基础设施建设事权(职责)主要落在低端层级(县乡),过去农村的小型基础设施建设资金主要是由基层政府投入,大型基础设施则有些能得到上级政府转移支付的支持。而由于分税分级财政体制在1994年财税配套改革后迟迟未能在省级以下特别是在县乡基层实质性地贯彻到位,过渡体制的负面因素积累造成县乡财政普遍困难,基层政府财力往往不够雄厚,很难拿出足够资金用于农村基础设施建设。即便在一些较为发达的地区,基层政府往往重视城镇基础设施的建设,追求城镇化,而鲜有把农村基础设施建设置于较高支出优先级。而农村基础设施建设"欠账"太多,现阶段上级政府的转移支付远不足以全面满足农村基础设施的供给。

(2)管理效率低。

农村基础设施通常为纯公共品,难以采用使用者付费等方式形成稳定现金流,管理者无法从基础设施管理中获得经济收益,从而易造成只有建设、无人管理运营的情况。例如政府在农村建设的小型水利基础设施,由于国家、集体、受益农户三者的职责和义务没有明确界定,导致建设、管理、使用三个环节脱节,经常出现"国家管理不到、集体管理不好、农户管理不了"的尴尬局面。

2. 引用PPP管理模式的可能性和必要性

(1)理论依据。

公共品可分为纯公共品和准公共品。纯公共品必须同时具有两个属性:非竞争性和非排他性。所谓非竞争性就是指一个人对公共品的使用并不减少其他人对公共品的使用;非排他性是指一旦提供某公共品,就不可能排除任何人对它的使用。现实生活中纯公共品较少,大量存在的是准公共品,而准公共品没有必要完全由政府来提供,可以通过私人参与的方式让政府与市场来共同提供。特别是具有排他性的"俱乐部物品",为私人提供创造了条件。由于排他性,可以把使用者和没有使用者区别开来,对于使用者可以收费。

(2)PPP模式的优势。

第一,开展多渠道融资,可以为农村基础设施建设提供资金,弥补财政投入的不足。目前,我国农村基础设施建设的水平远远不能满足广大农民生产生活的需要,距离建设社会主义新农村的目标有很大差距。如果仅仅依靠财政投资,既不能适应形势发展,也不符合市场经济的环境特点。运用多渠道的融资方式来为农村基础设施建设筹集财力,在经济较发达的沿海地区和中部某些地区,已首先具备了可能性。即使在欠发达的西部地区,也不应排除结合土特产基地、旅游资源项目开发等活动,在"招商引资"中,运用适当方式吸引民间资金介入相关基础设施投融资。PPP管理模式能够为农村基础设施建设提供多渠道的融资模式:一方面可以利用社会资本的自有资本,另一方面也可以通过社会资本向银行贷款等方式融到更多的资金,这样有利于加快我国社会主义新农村建设的进程。

第二,可以提高农村基础设施的经营管理效率。我国在农村基础设施供给不足的同时,对已经建设的基础设施往往也没有能够很好地维护。农村基础设施和城市基础设施相比,重建设、轻管理的现象更为严重,常出现有人建设、有人使用,却没有人管理的情况。例如建设出来的乡村道路,往往只有使用没有维护,时间不长便被破坏了。农村基础设施和公用事业的经营管理效率低下是一个普遍现象,主要是由于责权不明晰所导致的。如果以 PPP 模式建设并管理农村基础设施和公用事业,借鉴社会资本高效的管理经验,其管理效率有望得到大幅提高。

3. 如何在农村基础设施领域采用 PPP 模式

(1) 基础设施的 PPP 模式。

政府与社会资本合作可在以下三个领域进行合作:

第一,已有基础设施的管理。对于已有的基础设施,政府可以通过出售、租赁、运营和维护合同承包等形式与社会资本合作,由政府向社会资本发放特许经营权证,让社会资本进行经营和管理。社会资本可以直接向使用者收费,也可以通过政府向使用者收费。如果社会资本通过购买或租赁的形式获得基础设施的使用权,社会资本就可以在政府的特许经营权下,自己向用户收费。如果是社会资本对政府拥有的基础设施进行经营和维护,那么就由政府向社会资本支付一定的费用。通过出售、租赁、运营、维护合同承包等形式的合作,可以提高基础设施的使用效率。在出售和租赁的形式中,还可以为政府融资和置换资金,从而为新的基础设施建设提供资金。

第二,现有基础设施的扩建和改造。政府可以通过租赁—建设—经营、购买—建设—经营、外围建设等形式与社会资本合作。政府向社会资本发放特许经营权证,由社会资本对原有的基础设施进行升级改造,并对升级改造后的基础设施进行经营管理。经营者在特许权下向使用者收费,并向政府缴纳一定的特许费。通过这种形式,可以加快提升农村基础设施的功能和基础设施升级、改造的速度。在提升原有基础设施的同时,也可为政府新建其他基础设施筹集一定的资金。

第三,新建基础设施。对于基础设施的新建,政府可以采用建设—转让—经营、建设—经营—转让、建设—拥有—经营等形式与社会资本合作。建设—转让—经营是指由社会资本对基础设施进行建设,建设完成后转交给政府部门,然后再由社会资本进行经营管理。这种形式有利于提高基础设施建设的效率和质量,也可以提高经营管理的效率。在社会资本对基础设施进行经营管理期间,所有权仍属于政府。社会资本以租赁的形式获得经营权,同时也可以把建设时所使用的资金作为租金,从而获得优先租赁权。建设—经营—转让是指由社会资本对基础设施进行建设,建成后由社会资本进行经营管理,按照特许经营的合约时间,经营到期后转交给政府。在经营管理期间,基础设施的所有权是属于政府的,但不需要向政府缴纳使用费,只是在经营到期后,无偿交还政府。在交给政府之前,必须保证基础设施的完整性、正常功能等。建设—拥有—经营是指由社会资本建设基础设施,建设完成后,社会资本获得基础设施的所有权,同时获得基础设施的"永久性"经营权。当然这里的"永久性"经营权是个相对概念,是在特许权下面的"永久性"经营。这三种合作的形式主要目的是为新建基础设施融入民间资本,同时提高资金的使用效率和基础设施的建设质量。

(2) PPP模式的关键问题。

与城市基础设施相比,农村基础设施的建设和运营存在自身特性,例如可营利性较低等。因此,在农村基础设施建设中,要想成功推行PPP模式,必须注意以下几个问题:

第一,选择合适的项目。在我国选择农村基础设施项目采用PPP管理模式时,首先要选择盈利能力较强、具有较好现金流量的项目,如果项目本身的盈利能力较弱,则应注意构造较好的盈利模式。一些基础设施项目有较强的正外部性,即具有较高的间接经济效益,而直接的经济效益较弱,因此构造盈利模式时可合理加入垄断性。如水厂项目的供水、电厂项目的供电,都是政府的垄断项目,产品的定价和出售都可通过同有关部门签订合同而得到一定保证。垄断性有利于保证项目有足够把握实现财务平衡。如果所选择的项目盈利能力较强,其垄断性可以低一些;如果项目的盈利能力较弱,其垄断性应该高一些。

第二,适当给予优惠政策。根据项目的特点,政府应该为经营者提供相应的优惠政策。通常有如下几个方面:①最低经营收入保证。为了确保项目的成功实施,政府应在一定时期内以固定价格购买一定数量的产品或服务如电厂、水厂等,或者在现金流大幅下降时,政府给予适当的补贴,如隧道或公路交通等。即使补贴产生财政压力,也会比政府自己办项目的财政压力低很多。②授予经营现有收费设施的专营权。③商业自由空间。准许项目公司在授权范围之内进行符合公司利益的开发。④无第二设施担保。必要时政府应该担保在该项目经营期内不再建设第二设施,以保证该项目的独家经营权。

第三,强调技术创新和管理效率提升。在新农村的基础设施建设中,强调使用新的技术和管理模式是非常关键的。例如现代的水利灌溉技术在我国农村水利基础设施中的应用、农村能源的有效利用等。如果缺乏技术创新的公私合作,不能给农村基础设施建设带来技术和管理效率的提升,PPP模式的意义就会大打折扣。公私合作的一个重要目的就是利用社会资本的管理效率和新技术。

第四,重视财务分析。传统的基础设施建设经济评价重点放在项目的社会经济效益上,而往往忽视项目本身的财务分析。重视财务分析是国际惯例,也正是我国以往基础设施建设项目的薄弱环节。政府如何对社会资本做出承诺和担保？如何商定项目设施的收费标准及收费标准的调整幅度？如何合理形成具体的 PPP 操作方案？这些都需要财务分析结果作为依据。由于目标不同，社会资本在利润最大化目标的驱动下倾向于把风险推给政府方，而政府部门判别风险分担的合理性与可接受性，其基础正是项目的财务分析。农村基础设施由于其盈利性往往较差，缺乏成熟盈利模式，更需要政府认真进行财务分析，从而与社会资本协商形成良好的农村基础设施 PPP 模式。

(五) 生态环保

1. PPP 模式的适用性

生态环保类项目基于项目自身特点，在国家政策的推动下与 PPP 模式天然对接，生态环保领域将成为 PPP 模式发挥作用的主要阵地之一。

(1) 生态环保类项目特点契合 PPP 模式。

生态文明建设作为我国社会发展的国家战略，以污染防治、生态保护、绿色发展为内容，旨在满足人民日益增长的对优美生态环境的需要。这意味着生态文明建设不仅是战略目标，而且要落实在生态产品供给的项目上。这类项目建设公益性强、资金投入大、技术要求高，与 PPP 模式的运作特点天然契合。首先，项目复杂多样，涉及水、大气、土壤、地质、生物、生态保护等多重要素，PPP 模式集聚政府和社会资本的力量，能够最大限度地吸引社会资金，合并技术力量，创新新能源、新材料等高新技术；其次，生态环保类项目具有公共物品属性，要求"功在当代，利在千秋"，这一点要求项目必须具有长久的建设运营期，符合 PPP 模式作为公益产品运作模式，项目全生命周期动辄十几年甚至几十年；最后，生态环保类项目一般具有稳定的现金流，PPP 模式可通过预期收益实现成本回收，使社会资本获取合理利益，实现互利共赢。

(2) 国家政策支持。

引入 PPP 模式拓宽生态保护投融资渠道，不仅是实现社会资本与环境保护需求有效融合的重要途径，也是我国推行生态保护投融资机制创新的客观需要。国家对 PPP 参与生态文明建设的政策支持既表现在 PPP 规范中，也落实在相关环保文件上。2015 年，国务院办公厅《关于在公共服务领域推广政府和社会资本合作模式指导意见的通知》(国办发〔2015〕42 号，以下简称"国办发〔2015〕42 号文")明确鼓励在环境保护等 13 个公共服务领域推广 PPP 模式；2017 年 7 月财政部、住房和城乡建设部、农业部、环境保护部《关于政府参与的污水、垃圾处理项目全面实施 PPP 模式的通知》(财建〔2017〕455 号)，强制在污水、垃圾处理项目全面推行 PPP 模式，通过"新建加速+存量盘活"的方式，推动相关环境公共产品和服务供给结构的优化。相较而言，环保文件对 PPP 模式参与生态文明建设的推进程度更为显著。2015年《国务院办公厅关于推进海绵城市建设的指导意见》(国办发〔2015〕75号)、《城市黑臭水体整治工作指南》,鼓励采取PPP模式实施海绵城市、城市黑臭水体整治养护;同年,国务院和各地人民政府相继印发《土壤污染防治行动计划》,强调通过PPP模式发挥财政资金撬动功能,带动更多社会资本参与土壤污染防治。在政策利好背景下,金融机构和投资者绿色投资的积极性也不断增强,越来越多PPP环保产业基金签约落地,为PPP参与生态文明建设营造了良好的发展环境。

(3) PPP模式参与生态环保类项目独具优势。

采用PPP模式,在市场竞争机制下引入具有较强资本实力和丰富运营管理经验的社会资本,较传统的融资模式,具有"强强联合、多方共赢"的独特优势。一方面,PPP模式下政府从过去做投资、融资、建设、运营等一系列工作,转变为侧重项目策划、合作规则制定、对社会资本服务的监管,避免了政府既当运动员又当裁判员的局面;另一方面,生态环保类项目投资规模大,过去在建设—移交(BT)模式下政府须在建设期内支付大量建设资金,采用PPP模式引进社会资金,既平滑了财政支出,又有效地保障了服务供给。此外,PPP模式中政府和社会资本间实质上是协商合作的平等关系。以契约精神约束政府和社会资本履行各项权利和义务,有利于充分发挥项目服务地方经济社会发展的作用,实现社会公共利益。因此,PPP模式参与生态文明建设,既符合地方经济转型和供给侧结构性改革要求,又是提高公共产品供给质量和效益的有效举措。

2. 我国生态环保PPP项目的现状及突出问题

财政部建立的全国PPP综合信息平台的公示信息显示,PPP模式覆盖下的基础设施和公共服务项目可划分为19个一级行业领域。其中"生态建设和环境保护"作为一大类别,下属的二级行业有湿地公园、水环境治理、河道治理、生态建设、生态修复与保护等。据该分类,截至2018年第三季度,生态建设和环境保护类PPP入库项目796个,占比9.6%,位列第三;投资额为8784亿元,占比为7.1%,位列第四;落地项目410个,占比为10%,位列第三;落地投资额为4812亿元,占比为7.6%。可见,生态建设和环境保护类项目推行PPP实践较为广泛。不仅如此,除"生态建设和环境保护"这一财政部PPP综合信息平台中一级行业划分类型,污水处理、垃圾处理、供水、管网建设、海绵城市、公共交通这些涵盖在"市政工程"领域,以及水利建设、可再生能源、教育、科技、文化、养老、医疗、林业、旅游等其他类别的PPP项目,都具有支持污染防治、生态改善和推动经济结构绿色低碳化的作用,当属生态文明建设的一部分。

生态环保类PPP项目,得益于其天然的项目优势,以及国家将环境保护上升到战略地位带来的政策支持,已形成较为成熟的市场模式,但仍存在以下突出问题:

（1）项目落地率低。

从前文数据可知，以一级行业划分标准下的生态建设和环境保护类项目为样本分析，最终 PPP 模式的落地率仅为 52%，刚刚过半。这可能因为，一方面，PPP 入库项目基数大，追溯到项目立项阶段，地方 PPP 项目数量往往与地方政府执政能力、政绩考核相挂钩，这使得地方政府过分看重"上项目，拿政绩"，在立项阶段不作把控，造成"PPP 入库大跃进"的现象频繁出现。另一方面，"一方案两报告"的流于形式也是项目停滞无法推进的重要因素。政府过分依赖市场咨询机构，但目前新兴的 PPP 市场中咨询机构没有行业准则，鱼龙混杂，往往未经科学论证，甚至套用模板即出具方案，待实际执行时诸多问题显露，造成落地受阻。

（2）监管不足。

生态环保类 PPP 项目与民生福祉息息相关，对供给质量和运营效率的要求很高；同时环境防治效果或生态效益的显现不在建成之时，需要漫长的运营时间、服务供给检验。因此，只有强有力的监管措施才能保障环境效益充分发挥。在 PPP 模式下，这类项目的投资、建设、运营、维护职责全在社会资本方，政府的监管职能对于项目的良好推进尤为重要。但目前政府在 PPP 项目中的监管力度还不足。PPP 作为新生事物，绝大部分项目进程距离移交验收尚为遥远，因此，免却了现实担忧，绩效考核指标模糊、要求宽松的现象不在少数。生态环保类项目公益属性显著，在社会资本作为项目自主运营者的 PPP 模式下，必须强化政府监管职能的履行，构建新闻媒体、行业自律、人民群众及其他利益相关者的多元化监管体制，确保遵循项目实施目的和意义。

（3）群众支持不足。

生态环保类项目尽管是符合社会利益、维系绿水青山的有效举措，但在推进过程中经常遭遇群体反对。这类项目在实践中呈现"一闹就停"，规划选址难、征地拆迁难、项目落地难、施工进场难的局面。原因在于项目区域周边的公众担心诸如污水处理、垃圾处理等项目的建设、运营对身体健康、环境质量和资产价值等带来负面影响，从而滋生"不要建在我家后院"的心理。这就使地方政府陷入"要环保不建不行，要建设阻力重重"的两难境地，也使当地群众在"既想要享受服务，又反对项目建设在其周边地区"的矛盾心态中无法获得任何生活条件上的实质性改善。这成为环保类 PPP 行业不得不面临的严峻问题，更是公众和政府信任机制的重大挑战。

3. 完善 PPP 模式参与生态文明建设的思考

（1）严格筛选项目。

只有做好严格论证和筛选，才能从源头上降低烂尾工程的可能性，提高 PPP 项目的质量。各地政府在识别 PPP 项目时必须以自身的管理能力为依据，增强应对项目管理的能力,重视却不依赖第三方咨询,避免财政承受能力论证和物有所值论证流于形式,严把PPP项目识别的入口关。同时,重视PPP项目准备阶段中的市场测试环节,通过与潜在投资人的接洽沟通,了解项目的市场吸引力和预设核心边界条件的市场响应度,根据测试的结果作出相应的调整,以确保项目采购实施。惟其如此,各地方政府才能在项目识别阶段甩掉"政绩"的羁绊,真正做好PPP项目识别的"守门员"。

(2)信息公开与民主协商。

信息公开与民主协商是获得民众支持的关键。信息公开,即实现项目选址、环评、建设等环节透明化,让每一个工作步骤、每一个不涉及商业秘密的技术指标都接受社会监督,同时也让项目真实隐含风险和带来的益处摆在阳光下。当然这不仅是简单告知,还要在信息公开过程中常态化科普宣传,变法定公开为全程公开,变单向发布为多层互动,落实当地群众的批评建议权,组织专家考察论证,形成双向的信息交流与反馈机制。民主协商则是进一步强调政府、社会企业与当地群众间的互动:要求政府彻底摒弃行政命令观,在环保类PPP项目中树立民主观念;要求社会企业尊重群众意见,培养与群众协商的良好习惯。政企合力,通过多元化沟通机制,最大限度地消除因各类设施选址决策而引发的社会顾虑及不满。

(3)提高社会资本责任感。

环保类PPP项目的公益性决定了参与其中的社会资本无法获得暴利,因而社会资本的经营理念是决定PPP推进成败的内在因素。不同于传统施工企业直接获取项目、赚取纯施工利润的回报方式,PPP项目中社会资本方的回报主要来自两方面:一方面是施工期的利润,另一方面是股权投资的回报。得益于PPP项目漫长的周期,社会资本可以"一次投资,收益多年",但与此同时,对企业精准化管理和成本费用控制的高要求也贯穿于项目全生命周期的始终。因此,对社会资本而言,应当提高责任感,形成企业、社会荣辱与共的意识。只有在最大限度保护环境、资源和社会效益的前提下追求企业利润,推动社会经济的可持续发展,社会才能反哺企业的发展。

(六)社会民生

1. 我国民生基础设施建设项目现状、问题及原因

在我国社会主义市场经济条件下,民生基础设施建设项目往往由政府部门发起设立,私人资本参与合作。在此过程中,由于二者所追求的目标存在不一致性——政府部门需要实现社会效益的最大化,而社会资本的目的则是实现其收益的最大化,从而两者之间可能会产生一定的利益冲突。在此前提下,实现二者的合作,主要就是将民生基础设施建设项目的责任合理的分配,以此来实

现项目合作效率的提升。

我国的公私合作项目逐渐深入民生基础设施领域,并引入多种投资竞争渠道,社会资本可以充分参与 PPP 项目建设,进而实现民生基础设施建设领域的市场化经营。相关部门出台的各类政策在一定意义上明确了 PPP 建设项目责任分担的初步要求,如《关于加强城市基础设施建设的意见》《政府和社会资本合作项目通用合同指南》《关于印发政府和社会资本合作模式操作指南(试行)的通知》《关于在公共服务领域推广政府和社会资本合作模式指导意见的通知》等。我国民生基础设施 PPP 项目中由政府部门垄断的现象正在改变,竞争机制逐步引入,但是由于我国长期以来形成的政府部门对公共项目的垄断管理模式,使得政府部门在 PPP 项目中的职能未能正确转变过来,同时公众与私人利益存在一定矛盾,导致了部分责任缺失和越位的现象,具体有如下几个方面的表现:

(1)民生基础设施建设 PPP 项目的运作缺乏健全的法律体系支持和约束。

目前,相关法律法规并未系统规范民生建设 PPP 项目所面临的主要问题,没有针对项目责任分担设计一个合理的框架,来应对 PPP 项目建设运营周期长、投资风险大的问题,使得在出现具体的项目责任划分的争议时没有明确的法律依据进行解决,从而难以保护双方的利益并提升 PPP 项目的运营效率。由于缺乏相应的法律框架的支持,合同契约的约束力显得更加重要,但政府部门作为项目的发起方,在项目建设过程中往往处于主导地位,再加上地方政府存在债务压力大、信用缺失等问题,会忽视契约精神的作用,从而在 PPP 项目中产生推诿责任等问题,社会资本在 PPP 项目中处于劣势,可能难以保障其自主经营的权利,部分官员甚至过分强调企业社会责任和义务,人为忽略企业盈利的必要性,使社会资本难以遵循市场规律做出反应,不利于 PPP 模式在民生基础设施建设领域的推广。

(2)政府部门疏于或难以对项目的责任分担等具体细节进行管理。

在 PPP 模式下,部分官员缺乏项目管理方面的专业知识,或出于自身利益考虑,为了摆脱财政压力会尽可能地将责任外推,导致了在民生基础设施建设领域应由公共部门承担的责任出现缺失。此外,由于民生基础设施产品和服务的非排他性、非竞争性、正外部性和自然垄断等特点,往往由政府和市场共同定价,但信息不充分及项目风险分担不均,使得对 PPP 项目的产品价格和项目责任的约定不够明确,此时若市场环境发生变化,私人部门将可能出现亏损或超额盈利的情况,利润空间较低的 PPP 项目对社会资本很难具有吸引力。而对于具有可观利润的民生基础设施项目,公共部门更愿意自主投资运营、限制私人部门的参与,否则如果私人部门获得大量超额利润,则难以发挥 PPP 项目的社会福利性。

(3) 风险与责任共担原则的缺失。

PPP 项目的持续时间长,各环节不确定性大,各类宏观和微观风险会出现在项目的各个阶段,宏观风险主要有三类:一是法律风险,当前我国针对 PPP 项目的相关法律体系还不够健全,很多细节问题还缺乏相应法律法规来规范;二是政策风险,针对 PPP 项目的行政审批环节可能影响民生基础设施 PPP 项目的责任分担;三是社会风险,民生基础设施 PPP 项目与公共福利密切相关,而在项目建设运营过程中,一旦出现环境污染、价格提升等问题,可能会引起社会的不安和反对,进而会导致 PPP 项目责任分担的不合理。微观方面的风险主要体现在收益和建设运营等方面。对于 PPP 项目的宏观风险,政府部门往往更有能力去识别和控制,而私人部门更能应对微观风险,但政府部门可能会出于融资方面的考虑而对民生基础设施项目给予更多的承诺和担保,然后在对项目进行授权的同时推卸掉自身的责任,使得 PPP 项目责任分担的结果发生扭曲,最终增加项目建设的无谓成本,降低合作效率。

2. 建议

(1) 设置专门第三方机构。

我国民生基础设施建设 PPP 项目责权配置的优化离不开宏观政策的支持。与传统基础设施投资模式下政府占据主导地位相比,在 PPP 项目中,政府部门应当注重合作与监督职能的发挥,通过制定有效的政策措施,将利益共享、风险共担的原则与合作预期引入责权配置过程中,降低并消除地位不对称等因素对于双方博弈时的影响,保障合作双方的平等权利,加大对私人资本的政策支持,进而提升 PPP 项目的合作效率。因此,可以通过设立第三方机构专门负责协调政府与私人部门的责任和控制权配置方案的涉及,根据具体的 PPP 项目所对应的社会责任和监管责任及双方的预期值来确定最优的责任分担比例,并负责对每一个 PPP 项目准备阶段的评估预测、实施阶段的激励和完成阶段的反馈,通过这一具体可操作的流程实现对控制权的合理配置。

(2) 形成多层次的法律框架。

目前,我国关于 PPP 项目的立法还停留在制定比较笼统的原则性规定的阶段,对于具体的规范方面还不够完善。所以,尽快形成全面的系统的 PPP 项目法律法规,对责任和控制权的配置将起到统筹、指导作用。

为了不限制 PPP 项目运行过程中的灵活性,全国性的立法应当以普适为原则,更注重顶层设计,同时吸收基层法律法规的经验,进而指导地方性的立法。而地方性的立法应当吸收更多专家学者进行调研和论证,从而加强法律法规对于本地区具体的 PPP 项目的适用性。针对 PPP 项目的责任和控制权配置设计一个合理框架,来应对项目信息及地位不对称与专用型资产投资导致的机会主义行为,为项目责权配置的争议解决提供明确的法律依据,进而保障合作双方的利益并提升PPP项目的合作效率。

(3) 完善约束机制。

对于PPP项目中政府和私人部门的利益约束条件的不同带来的利益冲突,需要通过完善规范的制度框架来引导,主要包括正式的和非正式的制度。在PPP项目中应当明确这种制度约束,使得政府部门的监管、法律法规的规范能够体现在PPP合约的制定和执行的具体过程中。同时,PPP项目产权的明晰可以引导合作双方形成合理的预期,进而确保双方通过博弈能够形成稳定且有效率的责任和控制权配置方案。而对于某些非契约化的权利和义务,则需要良好的契约精神来规范,使得双方不会因为地位的不对称而推诿责任,在规范合作双方行为、保证私人部门盈利的条件下加强双方的合作预期。

二、PPP未来发展趋势研判

(一) 监管严密化

PPP在国内是一个新生事物,而监管不可避免的滞后性特征使得PPP兴起之初的监管不足,这导致了一些乱象。而2017年以来,一系列密集政策的发布,表明国家对PPP项目的严管时代已经来临。2017年4月,财政部发布《关于进一步规范地方政府举债融资行为的通知》(财预〔2017〕50号),全面开展地方政府融资担保清理整改工作;2017年5月,财政部印发《关于坚决制止地方以政府购买服务名义违法违规融资的通知》(财预〔2017〕87号),禁止地方政府变相扩大政府购买服务范围,将PPP模式和政府购买服务等同起来;2017年11月10日,财政部办公厅发布《关于规范政府和社会资本合作(PPP)综合信息平台项目库管理的通知》(财办金〔2017〕92号),严格新PPP项目入库标准,并集中清理已入库项目;2017年11月21日,国资委公布《关于加强中央企业PPP业务风险管控的通知》(国资发财管〔2017〕192号),严控中央企业投资PPP业务风险,规范PPP股权投资;2017年11月28日,国家发展改革委印发《关于鼓励民间资本参与政府和社会资本合作(PPP)项目的指导意见》(国办发〔2017〕79号),鼓励民间资本参与PPP项目运作;2018年8月,财政部发布《关于做好地方政府专项债券发行工作的意见》(财库〔2018〕72号),要求加快地方政府专项债券发行和使用进度,更好地发挥专项债券对稳投资、扩内需、补短板的作用。

目前,关于PPP的监管政策和措施更多集中于"前端",即项目的设立、融资等,对于项目运行中地方政府和社会资本双方尤其是地方政府的履约约束还相对不足。而地方政府作为PPP合同关系中的强势方,一旦发生违约行为,仅靠社会资本自己的力量是难以有效制约地方政府的。为了PPP良性发展,未来在继续完善监管体系的同时,PPP项目的"中后端"监管即运行阶段的监管和约束必将加强。

此外,PPP项目涉及许多法律领域的问题,包括《中华人民共和国合同法》《中华人民共和国公司法》《中华人民共和国行政许可法》《中华人民共和国行政处罚法》《中华人民共和国担保法》《中华人民共和国保险法》《中华人民共和国会计法》《中华人民共和国建筑法》《中华人民共和国预算法》等,目前这些法律在PPP领域还相对空白。因此,未来随着PPP的发展,相应的法律体系也必将跟进完善。

(二)发展规范化

2014—2016年,我国PPP经历了一轮高速发展期。但正如上文所述,监管乏力的野蛮生长必然带来许多乱象,如明股实债、关联交易等,这不利于PPP领域的健康有序发展。2017年以来,随着监管的加强,PPP增速放缓,相关的风险也得到了良好的控制。目前PPP领域的监管还远没有达到成熟期,因此随着监管的继续完善,PPP领域将从高速发展转变为高质量发展,规范程度将越来越高。

(三)周边专业化

PPP项目的参与方不仅有地方政府和社会资本,还有第三方机构,包括招标单位、造价单位、会计师事务所、咨询公司、施工单位、律师团体、金融机构等。对于PPP这种新生事物,第三方机构还没有形成完善的业务服务模式和经验。以金融机构为例,PPP项目运作期一般较长,有的甚至达到30年,但是现在银行的融资产品期限大部分较短,二者从时间上是不匹配的。未来围绕PPP的周边产业将越来越专业化,通过专业机构、部门的设立和专门产品、服务的开展,助力PPP模式高效推进。

参 考 文 献

1. 爱德华·法夸尔森.新兴市场公私合作模式[M].中国电力出版社,2015.
2. 陈共、类承曜.关于我国债务负担率及债务依存度的考察[J].财政研究,2002,(11).
3. 陈志敏,张明,司丹.中国的PPP实践:发展、模式、困境与出路[J].国际经济评论,2015(4).
4. 丛树海、李生祥.我国财政风险指数预警方法的研究[J].财贸经济,2004(6).
5. 吉富星.PPP模式的理论与政策[M].中国财政经济出版社,2017.
6. 冀福俊.民间资本参与公共基础设施建设对城镇化的影响[J].云南财经大学学报,2015(4).
7. 贾康,孙洁.公私合作伙伴关系(PPP)的概念、特征与职能[J].财政部财政科学研究所《研究报告》,2009(34).
8. 贾康,孙洁.公私合作伙伴关系(PPP)的概念、起源与功能[J].中国政府采购,2014(6).
9. 贾康,孙洁.公私伙伴关系模式的特征与职能[J].经济纵横,2009(8).
10. 贾康.解决地方举债的治本之策[J].中国改革,2009,(12).
11. 鞠传霄.PPP的概念、模式及在中国的发展[J].现代管理科学,2017(8).
12. 赖丹馨,费方域.不完全合同框架下公私合作制的创新激励——基于公共服务供给的社会福利创新条件分析[J].财经研究,2009,35(8).
13. 李涛,黄纯纯,周业安.税收、税收竞争与中国经济增长[J].世界经济,2011(4).
14. 李永友,沈坤荣.辖区间竞争、策略性财政政策与FDI增长绩效的区域特征[J].经济研究,2009(5).
15. 刘穷志.经济结构、政府债务与地方政府债券发行成本——来自1589只地方政府债券的证据[J].经济理论与经济管理,2017(11).
16. 刘尚希,赵全厚.政府债务:风险状况的初步分析[J].管理世界,2002(5).
17. 刘尚希.我国城镇化对财政体制的"五大挑战"及对策思路[J].地方财政研究,2012(4).
18. 刘薇.PPP模式理论阐释及其现实例证[J].改革,2015(1).
19. 刘晓凯,张明.全球视角下的PPP:内涵、模式、实践与问题[J].国际经济评论,2015(4).
20. 刘艳华,洪功翔.地方政府融资平台实现机制研究述评[J].财政研究,2011(6).
21. 刘迎秋.论中国现阶段的赤字率和债务率及其警戒线[J].经济研究,2001(8).
22. 龙小宁,朱艳丽,蔡伟贤,李少民.基于空间计量模型的中国县级政府间税收竞争的实证分析[J].经济研究,2014(8).

23. 缪小林.我国地方政府债务可持续性测度研究——基于单一主体模型分析[J].当代财经,2014(8).
24. 倪筱楠.基于模糊综合判断法的地方政府债务风险评价[J].企业经济,2014(5).
25. 欧亚PPP联络网.欧亚基础设施建设公私合作(PPP)案例分析[M].辽宁科学技术出版社,2010.
26. 裴育,欧阳华生.地方债务风险预警程序与指标体系的构建[J].当代财经,2006(3).
27. 亓霞,柯永建,王守清.基于案例的中国PPP项目的主要风险因素分析[J].中国软科学,2009(5).
28. 世界银行.政府和社会资本合作(PPP)参考指南(第三版)[M].中国电力出版社,2018.
29. 宋丽颖.不完全合同视角下利率对PPP项目事前投资的影响研究[J].中南大学学报(社会科学版),2017(3).
30. 随陶,郑星珂.中国PPP模式的发展脉络分析[J].工程建设与设计,2017(21).
31. 唐祥来.公共产品供给的"第四条道路"——PPP模式研究[J].经济经纬,2006(1).
32. 王宏伟,郑世林,吴文庆.私人部门进入对中国城市供水行业的影响[J].世界经济,2011(6).
33. 王守清,柯永建.特许经营项目融资(BOT、PFI与PPP)[M].清华大学出版社,2008.
34. 王守清,柯永建.中国的BOT/PPP实践和经验[J].投资北京,2008(10).
35. 王亚芬.建立我国财政风险预警系统的政策建议[J].经济研究参考,2005(7).
36. 徐国祥.指数理论、方法与应用研究[M].上海人民出版社,2011.
37. 严成樑,龚六堂.基础设施投资应向民间资本开放吗?[J].经济科学,2014(6).
38. 姚东旻,邓涵.为什么PPP的行业使用分布不均——一个基于行业特征的最优合约设计[J].财贸经济,2017(10).
39. 袁诚,陆晓天,杨骁.地方自有财力对交通设施类PPP项目实施的影响[J].财政研究,2017(6).
40. 苑德宇.民间资本参与是否增进了中国城市基础设施绩效[J].统计研究,2013(2).
41. 张同功.新常态下我国地方政府债务风险评价与防范研究[J].宏观经济研究,2015(9).
42. 张维达.统计学理论与方法[M].吉林人民出版社,1983.
43. 张志华,周娅,尹李峰,吕伟,刘谊,闫晓茗.巴西整治地方政府债务危机的经验教训及启示[J].经济研究参考,2008(22).
44. 张志华,周娅,尹李峰,吕伟,刘谊,闫晓茗.哥伦比亚的地方政府债务管理[J].经济研究参考,2008(22).
45. 张志华,周娅,尹李峰,吕伟,刘谊,闫晓茗.国外地方政府债务的规模控制和风险预警[J].经济研究参考,2008(22).
46. 张志华,周娅,尹李峰,吕伟,刘谊,闫晓茗.日本地方政府债务管理[J].经济研究参考,2008(62).
47. 张志华,周娅,尹李峰,吕伟,刘谊,闫晓茗.印度地方政府债务管理[J].经济研究参考,2008(62).

48. 张志华,周娅,尹李峰.澳大利亚的地方政府债务管理[J].中国财政,2008(11).
49. 赵爱玲,李顺凤.地方政府债务绩效审计质量控制评价指标体系研究[J].西安财经学院学报,2015(2).
50. 赵福军,汪海.中国PPP理论与实践研究[M].中国财政经济出版社,2015.
51. 赵阳.公私合作模式(PPP)在中国的发展现状及面临问题分析[J].时代金融,2016(6).
52. 中央财经大学政信研究院.中国PPP行业发展报告[M].社会科学文献出版社,2018.
53. Andres, L. The Impact of Privatization on Firms in the Infrastructure Sector in Latin American Countries[J]. University of Chicago Dissertation, 2004.
54. Bennett, J. and Iossa, E. Building and Managing Facilities for Public Services[J]. Journal of Public Economics, 2006(90).
55. Besley, T. and A. Case. Incumbent Behavior: Vote Seeking, Tax Setting and Yardstick Competition[J]. American Economic Review, 1995(85).
56. Besley, T. and Ghatak, M. Government versus Private Ownership of Public Goods[J]. Quarterly Journal of Economics, 2001(116).
57. Buiter, W. H. Guide to Public Sector Debts and Deficits[J]. Economic Policy, 1985(1).
58. Chatterjee, S. Should the Private Sector Provide Public Capital? [J], Macroeconomic Dynamics, 2007(11).
59. Chen, Z., Daito, N., and Gifford, J. L. . Do State Fiscal Constraints Affect Implementation of Highway Public-Private Partnerships? A Panel Fixed Logit Assessment[R]. In Journal of the Transportation Research Forum, 2014, 53(2).
60. Clarke, G., K. and S. Wallaten. Has Private Participation in Water and Sewerage Improved Coverage? Empirical Evidence from Latin America[J]. Journal of International Development, 2009(21).
61. Devarajan, S., D. Xie, and H. Zou. Should Public Capital Be Subsidized or Provided? [J]. Journal of Monetary Economics, 1998(41).
62. Estache, A. and A. Rossi. How Different is the Efficiency of Public and Private Water Companies in Asia? [M]. World Bank Economic Review, 2006(16).
63. European Commission. Guidelines for Successful Private Public Partnerships[M]. European Commission, 2003.
64. Farquharson. E., de Mästle. C. T. and Yescombe. E. R. How to Engage with the Private Sector in Public-Private Partnerships in Emerging Markets[M]. World Bank, 2011.
65. Fink, C., Mattoo, A., and Rathindran, R. An assessment of telecommunications reform in developing countries[J]. Information Economics and Policy, 2003, 15(4).
66. Hart, O., Shleifer, A., and Vishny, R. The Proper Scope of Government: Theory and an Application to Prisons[J]. Quarterly Journal of Economics, 1997(112).
67. Hart, O. Incomplete Contracts and Public Ownership. Remarks and an Application to Public-Private Partnerships[J]. Economic Journal, 2003(119).

68. Iossa, E. and Martimort. D. The Simple Micro-Economics of Public-Private Partnerships[R], Working paper, 2008.
69. Krumm, T., and Mause, K. Factors. Explaining the Use of Public-Private Partnerships: Evidence from the UK[R]. In 60th Political Studies Association Conference. Edinburgh, 2010.
70. Makin, A. J. Public Debt Sustainability and Its Macroeconomic Implications in ASEAN-4[J]. ASEAN Economic Bulletin, 2005, 22(3).
71. Missale, A. Giavazzi. F. and Henigno. P. Managing the Public Debt in Fiscal Stabilization Evidence[R]. NBER Working Paper No. 6133, 1997.
72. Yescombe. E. R. Public-Private Partnerships-Principles of Policy and Finance[M]. Elsevier Monographs, 2007.

附　录　PPP 发展大事记

时间	事件	影响
1984/1/1	广东省沙角火力发电厂签署合资协议，1986年完成融资安排，1988年投入使用，总装机容量70万千瓦，总投资42亿港元	我国最早的一个有限追索的项目融资案例，事实上是我国第一次使用BOT融资概念兴建的基础设施项目
1994/10/5	福建省泉州市政府下发《关于泉州刺桐大桥及其附属工程建设的通知》，正式批准刺桐大桥投资公司按照BOT模式进行大桥的建设运营	国内首例以内地民营资本为主的BOT投资模式案例，开创了我国以本土民营经济主体为主组建特殊项目公司（SPV）、投资基础设施项目建设的先河，实现了以较小量国有资金引导较大量民营企业资金投资于基础设施建设的目的
1995/1/16	对外贸易经济合作部发布《对外贸易经济合作部关于以BOT方式吸收外商投资有关问题的通知》	以BOT投资方式吸引外资应符合国家关于基础设施领域利用外资的行业政策和有关法律。政府机构一般不应对项目做任何形式的担保或承诺（如外汇兑换担保、贷款担保等），如项目确需担保，必须先征得国家有关主管部门的同意，方可对外做出承诺
1995/5/8	国家卫计委批准BOT试点项目广西来宾B电厂，项目总投资额为6.16亿美元	我国早期BOT投资模式案例
1996/1/1	英国泰晤士水务/宝维士公司联合体作为投资人以BOT模式投资大场水厂BOT项目，投资额为6亿元人民币	我国早期BOT投资模式案例
1996/1/1	法国通用水务/日本丸红株式会社联合体作为投资人以BOT模式投资成都第六自来水厂，投资额为9亿元人民币	我国早期BOT投资模式案例

（续表）

时间	事件	影响
1997/1/1	广东省公路建设公司与香港合和我国发展（高速公路）有限公司联合体以BOT模式投资广深高速公路，投资额为122.17亿元人民币	我国早期BOT投资模式案例
2001/12/11	国家计委关于印发《促进和引导民间投资的若干意见》的通知（计投资〔2001〕2653号）	鼓励和引导民间投资以独资、合作、联营、参股、特许经营等方式，参与经营性的基础设施和公益事业项目建设
2002/12/27	建设部关于印发《关于加快市政公共行业市场化进程的意见》的通知（建城〔2002〕272号）	鼓励社会资金和外国资本采取独资、合资、合作等多种形式，参与市政公用设施的建设，形成多元化的投资结构，对供水、供气、供热、污水处理、垃圾处理等经营性市政公用设施的建设，应公开向社会招标选择投资主体
2003/10/14	党的十六届三中全会通过《关于完善社会主义市场经济体制若干问题的决定》，明确指出放宽市场准入，允许非公有资本进入法律法规未禁入的基础设施、公用事业及其他行业和领域	标志着民营资本可以全面进入基础设施和公用事业领域，成为我国形成具有现代意义PPP的重要标志
2004/2/24	建设部颁布并实施了《市政公用事业特许经营管理办法》（建设部令第126号）	将特许经营的概念正式引入市政公用事业，并在城市供水、污水处理及燃气供应等领域发起大规模的项目实践
2005/2/7	北京市交通委代表市政府与港铁首创联合体草签了《北京地铁四号线特许经营协议》，授予特许公司四号线项目投资、建设和运营的特许经营权	我国核准的第一个中外合作特许经营城市轨道交通项目
2005/2/19	国务院办公厅发布《国务院关于鼓励支持和引导个体私营等非公有制经济发展的若干意见》（国发〔2005〕3号）	进一步引导非公有制企业依法经营、诚实守信、健全管理，不断提高自身素质，促进非公有制经济持续健康发展

(续表)

时间	事件	影响
2010/5/13	国务院办公厅发布《国务院关于鼓励和引导民间投资健康发展的若干意见》(国发〔2010〕13号)	鼓励和引导民间资本进入法律法规未明确禁止准入的行业和领域,规范设置投资准入门槛,创造公平竞争、平等准入的市场环境
2013/6/20	山东省泰安市宁阳县统筹城乡发展有限公司(宁阳统筹)成立	根据国家PPP项目合作模式要求,成功打造了一批PPP项目经典案例,政府通过建设权、合作期的经营权和部分收益权的让利,提高了社会资本参与基础设施和公共服务领域的积极性
2013/9/16	国务院办公厅《国务院关于加强城市基础设施建设的意见》(国发〔2013〕36号)	强调深化投融资体制改革,充分发挥市场配置资源的基础性作用,确保政府投入,推进基础设施建设投融资体制和运营机制改革
2013/9/30	国务院办公厅《关于政府向社会力量购买服务的指导意见》(国办发〔2013〕96号)	充分认识政府向社会力量购买服务的重要性,正确把握政府向社会力量购买服务的总体方向
2013/11/9	中共十八届三中全会通过《中共中央关于全面深化改革若干重大问题的决定》	决定允许社会资本通过特许经营等方式参与城市基础设施投资和运营,研究建立城市基础设施、住宅政策性金融机构
2013/12/25	财政部部长楼继伟在全国财政工作会议上讲话	对于推广PPP模式的意义作出全面、深入、系统的阐述
2014/5/25	财政部成立PPP工作领导小组,财政部王保安副部长任组长,并于5月26日召开小组第一次会议	研究PPP管理机构设立方案,讨论完善PPP工作指导性通知,明确各成员单位职责分工,部署下一阶段工作
2014/6/14	国务院办公厅发布《关于加强城市地下管线建设管理的指导意见》(国办发〔2014〕27号)	切实加强城市地下管线建设管理,保障城市安全运行,提高城市综合承载能力和城镇化发展质量
2014/8/19	国务院印发《国务院关于近期支持东北振兴若干重大政策举措的意见》(国发〔2014〕28号)	抓紧实施一批重大政策举措,巩固扩大东北地区振兴发展成果,努力破解发展难题,依靠内生发展推动东北经济提质增效升级
2014/9/21	国务院印发《关于加强地方政府性债管理的意见》(国发〔2014〕43号)	鼓励社会资本通过特许经营等方式,参与城市基础设施等有一定收益的公益性事业投资和运营

（续表）

时间	事件	影响
2014/9/23	财政部下发《财政部关于推广运用政府和社会资本合作模式有关问题的通知》（财金〔2014〕76号）	部委级别首次专门就政府和社会资本合作模式提出框架性指导意见
2014/9/23	财政部印发《关于推广运用政府和社会资本合作模式有关问题的通知》（财金〔2014〕76号）	该通知被称为我国PPP模式的总动员
2014/10/2	国务院印发《关于加强地方政府性债管理的意见》（国发〔2014〕43号）	加强地方政府性债务管理，促进国民经济持续健康发展
2014/10/22	第21届亚太经合组织（APEC）财长会在京闭幕，会议发表了《2014亚太经合组织财长联合声明》及附件《APEC区域基础设施PPP实施路线图》	进一步通过PPP等融资方式吸引长期融资和撬动民间资本，解决目前亚太地区面临的巨大的基础设施融资缺口
2014/10/23	财政部印发《地方政府存量债务纳入预算管理清理甄别办法》的通知（财预〔2014〕351号）	进一步加强地方政府性债务管理，做好地方政府存量债务纳入预算管理相关工作
2014/10/24	国务院总理李克强主持召开国务院常务会议，决定创新重点领域投融资机制、为社会有效投资拓展空间	打破限制引入社会资本，有助于促进相关领域的竞争，提升效率和促进发展
2014/11/26	国务院下发《国务院关于创新重点领域投融资机制鼓励社会投资的指导意见》（国发〔2014〕60号）	提出要鼓励社会资本投资运营农业和水利工程、推进市政基础设施投资运营市场化、改革完善交通投融资机制、鼓励社会资本加强能源设施投资、推进信息和民用空间基础设施投资主体多元化、鼓励社会资本加大社会事业投资力度、建立健全PPP机制、充分发挥政府投资的引导带动作用、创新融资方式拓宽融资渠道
2014/11/29	财政部印发《政府和社会资本合作模式操作指南（试行）的通知》（财金〔2014〕113号），同时印发《政府和社会资本合作模式操作指南（试行）》	该通知指出PPP项目运作方式主要包括委托运营、管理合同、建设—运营—移交、建设—拥有—运营、转让—运营—移交和改建—运营—移交等，规范项目识别、准备、采购、执行、移交各环节操作流程

(续表)

时间	事件	影响
2014/11/30	财政部印发《关于政府和社会资本合作示范项目实施有关问题的通知》(财金〔2014〕112号)，并公布了第一批30个PPP示范项目名单	规范地推广运用政府和社会资本合作模式，保证PPP示范项目质量，形成可复制、可推广的实施范例，充分发挥示范效应
2014/12/2	国家发展改革委发布《关于开展政府和社会资本合作的指导意见》(发改投资〔2014〕2724号)，并随文下发了《政府和社会资本合作项目通用合同指南》	贯彻落实《国务院关于创新重点领域投融资机制鼓励社会投资的指导意见》有关要求，鼓励和引导社会投资，增强公共产品供给能力，促进调结构、补短板、惠民生
2014/12/15	财政部、民政部、工商总局关于印发《政府购买服务管理办法(暂行)》的通知(财综〔2014〕96号)	加快推进政府购买服务改革
2014/12/30	财政部印发《关于规范政府和社会资本合作合同管理工作的通知》(财金〔2014〕156号)，并以附件形式发布《PPP项目合同指南(试行)》	要求高度重视PPP合同管理工作，切实遵循PPP合同管理的核心原则，有效推进PPP合同管理工作
2014/12/31	财政部关于印发《政府和社会资本合作项目政府采购管理办法》的通知(财库〔2014〕215号)	贯彻落实《国务院关于创新重点领域投融资机制鼓励社会投资的指导意见》，推广PPP模式，规范PPP项目政府采购行为
2015/1/19	国家发展改革委公布关于《基础设施和公用事业特许经营管理办法(征求意见稿)》	鼓励和引导社会资本参与基础设施和公用事业建设运营，提高公共服务质量和效率，保护特许经营者合法权益
2015/3/10	国家发展改革委和国家开发银行发布《关于推进开发性金融支持政府和社会资本合作有关工作的通知》(发改投资〔2015〕445号)	对社会资本开出了更优厚的条件，其中包括贷款期限最长可达30年、贷款利率可适当优惠等
2015/4/25	国家发展改革委、财政部、交通部、住建部、水利部、中国人民银行等联合印发《基础设施和公用事业特许经营管理办法》	规定将"转变政府职能，强化政府与社会资本的协商合作"作为特许经营实施的四项原则之一，并强调"行政区划的调整、政府的换届、部门调整和负责人的变更都不得影响特许经营协议的履行"

（续表）

时间	事件	影响
2015/5/5	国务院转发文化部、财政部、新闻出版广电总局、体育总局等《关于做好政府向社会力量购买公共文化服务工作的意见》（国办发〔2015〕37号）	要求努力营造政府向社会力量购买公共文化服务的良好环境，积极有序推进政府向社会力量购买公共文化服务工作，并下发《政府向社会力量购买公共文化服务指导性目录》，成为公共文化服务领域推进PPP模式的首个指导性文件
2015/5/19	国家发展改革委办公厅《关于开展社会资本参与重大水利工程建设运营第一批试点工作的通知》（发改办农经〔2015〕1274号）	落实《国务院关于创新重点领域投融资机制鼓励社会投资的指导意见》，进一步鼓励和引导社会资本参与重大水利工程建设
2015/6/25	财政部印发《关于进一步做好政府和社会资本合作项目示范工作的通知》（财金〔2015〕57号）	进一步明确了加快推进PPP项目的实施和政策保障机制，并安排上报第二批PPP示范项目
2015/7/2	国家发展改革委关于切实做好《基础设施和公用事业特许经营管理办法》贯彻实施工作的通知（发改法规〔2015〕1508号）	总结国内外制度建设和实践经验，创新重点领域投融资体制机制，为基础设施和公用事业特许经营提供了基本制度遵循
2015/7/6	中信信托参与投资的PPP项目正式面世，信托计划为"2016唐山世界园艺博览会基础设施及配套项目"提供资金	信托进入PPP项目取得了实质性进展，信托公司可以利用自身领域的制度优势，撮合机构资金以债券、股权等多种方式投资PPP项目
2015/7/10	国家发展改革委、财政部、国土资源部、中国银监会、国家铁路局等联合下发《关于进一步鼓励和扩大社会资本投资建设铁路的实施意见》（发改基础〔2015〕1610号）	指出吸引社会资本进入是深化铁路投融资体制改革、加快铁路建设的重要举措
2015/7/16	上海市嘉定区人民政府拟采用PPP方式建设新建南翔污水处理厂，并指定上海市嘉定区水务局作为实施机构	项目的收费权质押为社会资本方融资，体现了政府的让利，政府的信誉为社会资本方作了有效担保
2015/9/12	财政部金融司巡视员刘健建议鼓励保险公司、养老金等机构投资者进入PPP投资市场	由于养老金和险资的投资布局与PPP的特性较为契合，另外《基本养老保险基金投资管理办法》中也有明确规定，20%的资金可以投资于国家重大项目和重点工程建设，预计未来养老金将加强对PPP项目的合作

（续表）

时间	事件	影响
2015/9/25	财政部发布《关于公布第二批政府和社会资本合作示范项目的通知》，发布了第二批PPP示范项目名单，总计206个，总投资金额6 589亿元	推动PPP示范项目建设，充分发挥示范效应
2015/9/30	财政部联合中国建设银行、中国工商银行等10家机构，共同发起设立中国政府和社会资本融资支持基金，基金总规模为1 800亿元，将作为社会资本方重点支持公共服务领域PPP项目的发展	中央财政和金融机构深化合作、共同支持PPP项目发展的重要探索，对创新财政金融支持方式、优化PPP项目融资环境、促进PPP模式发展具有积极意义
2015/12/8	财政部印发《关于实施政府和社会资本合作项目以奖代补政策的通知》（财金〔2015〕158号）	通过以奖代补方式支持PPP项目规范运作，保障PPP项目实施质量
2015/12/18	财政部关于印发《PPP物有所值评价指引（试行）》的通知（财金〔2015〕167号）	推动PPP项目物有所值评价工作规范有序开展
2016/1/8	财政部对外发布《中华人民共和国政府和社会资本合作法》（征求意见稿）	规范政府和社会资本合作，创新公共产品和服务供给模式，鼓励和引导社会资本参与公共产品和服务的提供，提高公共产品和服务的质量和效率
2016/1/20	国家发展改革委与联合国欧洲经济委员会正式签署合作谅解备忘录，双方将在合作推广PPP模式方面加强交流合作	我国政府机构与联合国有关机构首次签署PPP领域合作协议，标志着我国推广PPP模式进入了国际合作新阶段
2016/2/22	财政部、交通运输部联合下发《关于推进交通运输领域政府购买服务的指导意见》（财建〔2016〕34号）	明确要求通过引入市场机制，将公路水路交通运输领域部分政府公共服务事项从"直接提供"转为"购买服务"
2016/5/28	国家发展改革委、财政部联合下发《关于进一步共同做好政府和社会资本合作（PPP）有关工作的通知》（财金〔2016〕32号）	要求各地进一步加强部门间的协调配合，形成政策合力，积极推动PPP顺利实施

（续表）

时间	事件	影响
2016/6/12	财政部、住建部、交通部、国土部、环保部、水利部等20个部委联合印发《关于组织开展第三批政府和社会资本合作示范项目申报筛选工作的通知》（财金函〔2016〕47号）	对开展第三批示范项目全流程进行了详细介绍和规范
2016/6/21	中国保监会副主席陈文辉在"2016青岛中国PPP论坛"上发表讲话	讲话指出，我国PPP实践中保险资金有较高的参与意愿和动力，但涉及具体参与环节还会遇到一些问题，而解决这一问题的关键在于创新，监管部门将以最大的宽容度来对待创新及其带来的问题
2016/6/21	国务院下发《关于成立政府购买服务改革工作领导小组的通知》（国办发〔2016〕48号），国务院副总理张高丽任组长，财政部部长楼继伟任副组长，领导小组办公室设在财政部，承担领导小组日常工作	加快推进政府购买服务改革，加强对有关工作的组织领导和政策协调
2016/6/27	财政部、环保部联合下发《关于申报水污染防治领域PPP推介项目的通知》（财建〔2016〕453号）	各省级财政、环保部门要把好项目质量关，确保项目设计符合财政部关于PPP相关规定，申报项目需已纳入PPP综合信息息管理平台管理
2016/6/29	财政部、住建部联合下发《关于申报市政公用领域PPP推介项目的通知》（财建〔2016〕495号）	各省级财政、住房和城乡建设部门要把好项目质量关，确保项目设计符合财政部关于PPP相关规定，申报项目需已纳入PPP综合信息管理平台管理
2016/7/7	国务院总理李克强主持召开国务院常务会议，听取PPP模式推广情况汇报	明确要求由国务院法制办牵头，加快推进相关立法进程，以更好的法治环境更大激发社会投资活力
2016/8/10	国家发展改革委印发《关于切实做好传统基础设施领域政府和社会资本合作有关工作的通知》（发改投资〔2016〕2231号）	标志着我国推进PPP工作职责分工更加明确，由国家发展改革委牵头负责基础设施领域PPP项目推进获得国务院认可，分领域牵头负责工作机制正式建立

（续表）

时间	事件	影响
2016/8/19	上交所副总经理刘绍统出席"2016第二届中国PPP融资论坛"并发表讲话	讲话指出上交所将从以下方面支持PPP发展：PPP运营主体可通过发行公司债券、资产证券化、发行项目收益债券、在股票市场和上市交易来融资
2016/9/24	财政部印发《政府和社会资本合作项目财政管理暂行办法》的通知（财金〔2016〕92号）	进一步明确财政部门在PPP项目全生命周期内的工作要求
2016/10/11	财政部下发《关于在公共服务领域深入推进政府和社会资本合作工作的通知》（财金〔2016〕90号）	要求各级财政部门切实践行供给侧结构性改革的最新要求，进一步推动公共服务从政府供给向合作供给、从单一投入向多元投入、从短期平衡向中长期平衡转变
2016/10/13	财政部、环保部、交通部等20个部委联合下发《关于联合公布第三批政府和社会资本合作示范项目加快推动示范项目建设的通知》（财金〔2016〕91号）	确定北京市首都地区环线高速公路（通州—大兴段）等516个项目作为第三批PPP示范项目，计划总投资金额为11 708亿元
2016/10/24	国家发展改革委印发《传统基础设施领域实施政府和社会资本合作项目工作导则》的通知（发改投资〔2016〕2231号），适用于在能源、交通运输、水利、环境保护、农业、林业及重大市政工程等传统基础设施领域采用PPP模式的项目	指出PPP模式主要包括特许经营和政府购买服务两类
2016/12/21	国家发展改革委、中国证监会联合印发《关于推进传统基础设施领域政府和社会资本合作（PPP）项目资产证券化相关工作的通知》（发改投资〔2016〕2698）号	是国务院有关部门首次正式启动PPP项目资产证券化，对盘活PPP项目存量资产、提高PPP项目资产流动性、更好地吸引社会资本参与PPP项目建设，推动我国PPP模式持续健康发展具有重要意义
2016/12/30	财政部印发《财政部政府和社会资本合作（PPP）专家库管理办法》的通知（财金〔2016〕144号）	PPP专家库实行开放申请制，专家申请具体条件如学历、工作年限等也予以明确，入库专家工作职责、义务也有了说明
2017/1/6	国家发展改革委会同13个部门、单位建立"一带一路"PPP工作机制	与沿线国家加强合作，积极推广PPP模式，鼓励和帮助我国企业走出去

（续表）

时间	事件	影响
2017/1/9	国家发展改革委召开PPP项目资产证券化座谈会	推动传统基础设施领域PPP项目进行证券化融资，标志着PPP项目资产证券化工作正式启动
2017/1/23	财政部印发《政府和社会资本合作（PPP）综合信息平台信息公开管理暂行办法》（财金〔2017〕1号）	加强和规范PPP综合信息公开工作
2017/2/4	"太平洋证券新水源污水处理服务收费收益权资产支持专项计划"在机构间私募产品报价与服务系统成功发行	国内首单PPP资产证券化项目发行
2017/2/17	上海证券交易所、深圳证券交易所分别对各自的市场参与人发布了国家发展改革委、中国证监会《关于推进传统基础设施领域政府和社会资本合作（PPP）项目资产证券化业务的通知》（发改投资〔2016〕2698号）	交易所成立PPP项目资产证券化工作小组，明确专人负责落实相应职责，对于符合条件的优质PPP项目资产证券化产品建立绿色通道，提升受理、评审和挂牌转让工作效率
2017/2/20	国家发展改革委、住房和城乡建设部公布《关于进一步做好重大市政工程领域政府和社会资本合作（PPP）创新工作的通知》（发改投资〔2017〕328号）	确定了开展PPP创新工作的重点中小城市名单
2017/2/28	我国首家全国性PPP资产交易平台——由财政部PPP中心与天津金融资产交易所合作共建的天金所"PPP资产交易和管理平台"在天津成立	对今后各地的PPP交易平台建设产生了引领和示范意义
2017/3/2	财政部PPP中心与上海联交所在上海共建PPP资产交易流转平台	为社会资本资产流转提供便利，为新的社会资本进入存量项目提供通道
2017/3/22	财政部印发《政府和社会资本合作（PPP）咨询机构库管理暂行办法》的通知（财金〔2017〕8号）	进一步规范了PPP咨询机构库的建立

（续表）

时间	事件	影响
2017/4/11	首批三只PPP项目资产支持证券在上交所挂牌	有利于提高PPP项目的资产流动性,拓宽项目融资渠道,促进PPP项目规范发展
2017/4/25	国家发展改革委印发《政府和社会资本合作(PPP)项目专项债券发行指引》(发改办财金〔2017〕730号)	创新融资机制,拓宽政府和社会资本合作项目融资渠道
2017/4/26	财政部、国家发展改革委、司法部、中国人民银行、中国银监会、中国证监会六部门联合发布《关于进一步规范地方政府举债融资行为的通知》(财预〔2017〕50号)	进一步规范了地方政府举债融资行为,严禁地方政府利用PPP等方式违法违规变相举债
2017/5/4	中国保监会发布《关于保险业支持实体经济发展的指导意见》(保监发〔2017〕42号)	支持保险资金通过各种形式参与PPP项目和重大工程建设
2017/5/5	中国保监会发布《关于保险资金投资政府和社会资本合作项目有关事项的通知》(保监发〔2017〕41号)	支持保险资金通过基础设施投资计划,投资符合条件的PPP项目
2017/5/14	国家发展改革委与联合国欧洲经济委员会就"一带一路"PPP合作签署《谅解备忘录》	就推进"一带一路"PPP合作做出约定
2017/5/28	财政部发布《关于坚决制止地方以政府购买服务名义违法违规融资的通知》(财预〔2017〕87号)	坚持政府购买服务改革正确方向、严格按照规定范围实施政府购买服务、严格规范政府购买服务预算管理、严禁利用或虚构政府购买服务合同违法违规融资、切实做好政府购买服务信息公开
2017/6/19	2017年第二次金砖国家财长和央行行长会议提出加强PPP合作	为金砖国家开展PPP合作打下坚实基础
2017/6/20	财政部、中国人民银行、中国证监会印发《关于规范开展政府和社会资本合作项目资产证券化有关事宜的通知》(财金〔2017〕55号)	规范推进PPP项目资产证券化

(续表)

时间	事件	影响
2017/7/3	国家发展改革委印发《国家发展改革委关于加快运用PPP模式盘活基础设施存量资产有关工作的通知(发改投资〔2017〕1266号)》	指导地方加快运用PPP模式、规范有序盘活基础设施存量资产,形成投资良性循环
2017/7/22	上交所宣布支持PPP资产证券化优质项目"即报即审、专人专岗负责"	鼓励支持PPP资产证券化业务
2017/7/27	"华西证券—川投PPP项目资产支持专项计划"获得深交所资产支持证券挂牌条件确认的无异议函	标志着四川省资阳市雁江区停车场PPP项目资产证券化成功落地,是全国首单获批的停车场PPP资产证券化项目
2017/8/4	国家发展改革委和农业部两部门推出首批20个农业领域PPP试点项目	河北、江苏、安徽等省份的20个项目入围
2017/8/11	农业部、财政部在河北省石家庄市联合举办首期全国农业领域PPP培训班	推动PPP模式在农业领域的推广应用,促进财政支农模式和投融资机制创新,助推农业供给侧结构性改革
2017/8/14	财政部、民政部、人社部印发《关于运用政府和社会资本合作模式支持养老服务业发展的实施意见》(财金〔2017〕86号)	鼓励运用政府和社会资本合作模式推进养老服务业供给侧结构性改革
2017/8/18	中国PPP基金与农业部商谈在农业领域推广PPP模式等合作事宜	双方商定将建立稳定合作关系,共同打造一批农业领域应用PPP模式的示范典型项目,引导和带动更多社会资本投资农业
2017/9/30	财政部公布的全国PPP综合信息平台项目库第8期季报显示,全国入库项目达14 220个,累计投资额为17.8万亿元	PPP落地速度加快,环保养老受资本青睐
2017/10/31	PPP综合信息平台6 806个项目进入开发阶段	计划投资额10.2万亿元,覆盖全国31个省、自治区、直辖市,涉及市政、交通等19个行业领域

（续表）

时间	事件	影响
2017/11/1	2017年第三届中国PPP融资论坛，财政部副部长史耀斌发表讲话	史耀斌表示将从贯彻新发展理念创新发展动力、完善法规政策体系加强市场能力建设、规范创新并重坚持可持续发展、创造公平有序的营商环境提高民营企业参与度、统筹国内国际两种资源五个方面努力开创PPP改革事业新局面
2017/11/10	财政部印发《关于规范政府和社会资本合作（PPP）综合信息项目库管理的通知》（财办金〔2017〕92号）	包括总体要求、严格新项目入库标准、集中清理已入库项目、组织实施四项内容
2017/11/15	国家发展改革委投资司在山西省太原市组织召开促进民间投资推广PPP模式等工作座谈会	各地围绕促进民间投资快速增长、规范有序推进PPP模式、加强投资项目事中事后监管等工作进行了深入交流
2017/11/17	国资委印发《关于加强中央企业PPP业务风险管控的通知》（国资发财管〔2017〕192号）	要求提高中央企业境内PPP业务经营管理水平，有效防范经营风险，实现规范有序可持续发展，包括严格准入条件、提高项目质量、严格规模控制、防止推高债务风险、优化合作安排、实现风险共担等机制
2017/11/27	亚洲开发银行撰写并发布首份PPP监测报告《PPP监测》	该报告涉及中国、哈萨克斯坦等九个亚洲开发银行成员国
2017/12/7	国家发展改革委投资司举办全国发展改革系统规范有序推广PPP模式业务培训班	各省份以及各司局余约100人参加了培训
2017/12/30	财政部根据《关于规范政府和社会资本合作合同管理工作的通知》（财金〔2014〕156号），制定下发《PPP项目合同指南（试行）》	加强对PPP合同的起草、谈判、履行、变更、解除、转让、终止直至失效的全过程管理
2018/2/8	国家发展改革委办公厅、财政部办公厅发布《关于进一步增强企业债券服务实体经济能力严格防范地方债务风险的通知》（发改办财金〔2018〕194号）	规范以PPP项目发行债券融资，严格PPP模式适用范围，审慎评估政府付费类PPP项目、可行性缺口补助PPP项目的发债风险，严禁采用PPP模式违法违规或变相举债融资
2018/4/24	财政部发布《关于进一步加强政府和社会资本合作（PPP）示范项目规范管理的通知》（财金〔2018〕54号）	对核查存在问题的173个示范项目分类进行处置，引以为戒，加强项目规范管理，切实强化信息公开，接受社会监督

致　谢

本报告编写过程中得到各方鼎力支持,特别感谢:

财政部政府和社会资本合作中心焦小平主任,韩斌副主任,推广开发部夏颖哲主任,李文杰副主任,张戈、吴晁兵项目官员,信息管理部谢飞主任,高欣然、李明聪项目官员;财政部金融司董德刚副司长、阚晓西处长;财政部预算司债务处穆小天先生;北京大学政府和社会资本合作研究中心李博雅先生。

特别要说明的是,第七章"PPP相关热点评论"的编写得到了各方支持:"广义财政视角下的PPP"由中金公司陈健恒、但堂华、田新明撰写;"棚户区改造与PPP项目建设中的债务博弈"由昆仑银行总行张哲撰写;"PPP与政府购买服务:区别与融合"由大岳咨询公司宋雅琴撰写;"地方政府债券与PPP"由中信建投段小刚、深圳发改委钟泽铭撰写;"PPP与地方隐性债务风险防控"由嘉实基金关飞撰写;"PPP发展中的税收问题"由北京国家会计学院李旭红撰写。

诚挚致谢!

报告编写组